PIERLUIGI ROMEO DI COLLOREDO

FRECCE NERE!

LE CAMICIE NERE IN SPAGNA
1936-1939

Questo libro lo pubblico non per quelli che sono stati camicie nere, ma per gli altri, magari per quelli che furono loro avversari e nemici, perché vorrei che riconoscessero ai miei soldati una sostanza umana comune a tutti i soldati e a tutti gli eserciti. Per far sì che la guerra sia veramente perdonata.

Giuseppe Berto, *Guerra in camicia nera*, 1955

La bolscevizzazione della Spagna sarebbe un vero disastro per l'Europa, e darebbe alle attività del Governo sovietico un nuovo impulso minaccioso per tutti i paesi. Noi dobbiamo tutti augurarci che il comunismo spagnolo sia schiacciato.

Winston Churchill, 1936

Nessuno crederà che in Spagna noi non vogliamo nulla.

Galeazzo Ciano

ISBN: 978-88-9327-1578   1st edition: Dicembre 2016

Title **FRECCE NERE - Le camicie nere in Spagna 1936-1939**
By Pierluigi Romeo di Colloredo Mels
Editor: SOLDIERSHOP PUBLISHING. Cover & Art Design: L. S. Cristini.
Prima edizione a cura di Associazione Italia Storica

INDICE

PREMESSA	5
ABBREVIAZIONI	11
I. LE ORIGINI DELLA GUERRA DI SPAGNA	11
II. FRANCO	13
III. LE FORZE IN CAMPO	16
IV. "HAY UN VALLE EN ESPAÑA LLAMADO JARAMA". LE PRIME OPERAZIONI E LA MARCHA SOBRE MADRID	31
V. "EL REGRESO DE LAS LEGIONES". DA CADICE A MALAGA	43
VI. "¡NO PASARAN!" GUADALAJARA, LA DISFATTA CHE NON CI FU 75	49
VII. "¡FLECHAS NEGRAS!" DA BERMEO A SANTANDER	67
VIII. "UN INDESCRIPTIBLE INFERNO". IL LEVANTE E L'OFFENSIVA SU VALENCIA	87
IX. "¡PASARON!" DALLA CATALOGNA A MADRID	91
X. "NESSUNO CREDERÀ CHE IN SPAGNA NOI NON VOGLIAMO NULLA". CONCLUSIONI	100
FOTOGRAFIE E MAPPE	103
APPENDICI	175
BIBLIOGRAFIA E FONTI ARCHIVISTICHE	214

PREMESSA

La parola d'ordine dei rossi era questa: No pasaran
Siamo passati, e vi dico che passeremo!

Pochi argomenti sono ancor oggi tanto controversi come la Guerra Civile Spagnola.
Pochi sono solitamente trattati in maniera tanto schematica che manichea: i buoni e i cattivi.
Da ragazzino ci colpì, in un documentario trasmesso dalla Rai su Hemingway, la frase, che diceva, più o meno: "È in Spagna, dalla parte giusta, quella repubblicana".
L'inizio della sentenza inoppugnabile non la ricordiamo parola per parola, ma rammentiamo benissimo la frase: *dalla parte giusta, quella repubblicana.*
La parte giusta?
Da una parte Stalin, la Francia del Fronte Popolare, dall'altra Franco, Mussolini, e, in maniera poco più che insignificante, Hitler.
Nella storia non esistono buoni o cattivi. Ma questa volta c'era un male maggiore, quello dei *rojos*, contro un male minore, quello di Franco.
Precisiamo sin da ora che la parte da cui combatterono le Camicie Nere non è *la parte giusta*. E' la parte *meno sbagliata*. Quella delle chiese profanate, distrutte o trasformate in osterie, come la chiesa madrilena dei santi Giusto e Pastore, dei quadri del Greco, di Tintoretto, del van der Veyden, del Velàsquez, di Ribeira, di Tiziano, distrutti perché di soggetto religioso, dei preti, dei borghesi e degli ufficiali scannati, delle suore stuprate, dei *paseos*, delle camere di tortura, è l'altra, quella che taluni spacciano per la *parte giusta*.
Vero è che i plotoni di esecuzione li ebbe anche Franco, ma è vero anche che i nazionalisti non massacrarono i loro alleati in purghe interne, come a Barcellona, quando vennero scannati trotzkisti del POUM[1] ed anarchici delle FAI[2] dagli uomini di Stalin, inclusi gli italiani Ercoli (Togliatti), Longo, Vidali, Barontini[3].
Vero è che dalla supposta *parte giusta* c'era quell'André Marty che si guadagnò il soprannome di *carnacero de Albacete* per aver fatto fucilare cinquecento volontari delle Brigate Internazionali, gente andata in Spagna volontariamente per combattere il fascismo, con l'accusa di *deviazionismo trotzkista*.
Vero è che Hitler non inviò in Spagna la GeStaPo[4], e Stalin la NKVD ed il GRU[5] sì.
Non si può parlare di *parte giusta* quando Stalin fornì alla Spagna Repubblicana 47 milioni di rubli, raccolti tramite il *Comintern*, cui si aggiunsero altri 70 milioni forniti direttamente dal governo sovietico, negli anni delle purghe e del massacro dei kulaki.
Secondo le stime del governo inglese, tra il luglio del 1936 e il dicembre 1938, l'Unione Sovietica fornì alla Spagna Repubblicana 250 aerei da combattimento, 1.400 autocarri, 731 carri armati, 1.230 pezzi d'artiglieria, senza contare l'armamento individuale, e senza contare le decine e decine di mi-

---

1   *Partito Obriero de Unificaciòn Marxista.*
2   *Federaciòn Anarquista Iberica.*
3   Sul ruolo dei comunisti italiani nelle purghe spagnole: A. Kolpakidi, *La barricata spagnola*, in S. Bertelli, F.Bigazzi, *P.C.I.: la storia dimenticata*, Milano 2001, pp. 113-157.
4   I tedeschi non inviarono in Spagna elementi delle SS o del partito nazionalsocialista, ma solo unità militari della *Luftwaffe* e della *Heer*, al comando del Generale Volkmann, e, per la parte aeronautica, del Generale Sperrle, oltre a alcune unità della *Kriegsmarine*, cfr. H. Hidalgo Salazar, *Ayuda Alemana a España 1936-1939*, Madrid 1975.
5   *Narodnij Kommisariat Vnutrennik Del*; Commissariato del popolo per la sicurezza interna, poi, dopo varie denominazioni, KGB; *Glavnoe Razvedyvatel'noe Upravlenie*, servizi segreti militari. Sui servizi sovietici in Spagna, cfr. C. Andrew, O. Gordiewskij, *KGB. The Inside Story of Foreign Operation from Lenin to Gorbaciov*, New York 1991 (tr. it. Milano 1993, pp. 173 segg.).

gliaia di tonnellate di rifornimenti e attrezzature militari di tutti i tipi sbarcate nel corso del conflitto dai piroscafi russi nei porti di Valencia, Alicante, Cartagena e Barcellona. No, decisamente chi aveva legami così stretti con la dittatura staliniana non poteva essere dalla *parte giusta*. Lo scopo di Stalin, tutt'altro che umanitario, era ovviamente di creare una repubblica "sorella" da utilizzare quale porto mediterraneo ed atlantico dell'Unione Sovietica. Il controllo del Mar Nero e della Spagna avrebbe fatto del Mediterraneo un mare sovietico.

Chi si scandalizza, forse ignora questo giudizio:

La fascistizzazione della Spagna sarebbe un altro colpo per le istituzioni parlamentari in Europa. D'altra parte il comunismo in Spagna sarebbe un disastro più grave e più irreparabile, e bisogna augurarsi che esso venga schiacciato [...] Armando i comunisti il governo spagnolo si è assunto una tremenda responsabilità ed ha firmato il proprio decreto di morte [...] In Ispagna si rivela chiaramente la tattica del Comintern, che consiste nel favorire la nascita di un governo debole per poterlo poi facilmente rovesciare con le armi e stabilire un regime sovietico. La bolscevizzazione della Spagna sarebbe un vero disastro per l'Europa, e darebbe alle attività del Governo sovietico un nuovo impulso minaccioso per tutti i paesi. Noi dobbiamo tutti augurarci che il comunismo spagnolo sia schiacciato, e questo è indubbiamente il sentimento oggi prevalente in Inghilterra, anche se, di fronte agli avvenimenti spagnoli, siamo decisi a mantenere un atteggiamento di neutralità[6].

Queste parole di Winston Churchill possono essere ancor oggi sottoscritte *in toto*, ancor più alla luce degli avvenimenti spagnoli prima - i massacri di sindacalisti, anarchici e trotzkisti, considerati concorrenti dei comunisti stalinisti - e poi di quelli europei ed extraeuropei del secondo dopoguerra e della *Guerra Fredda*[7].

In appendice, per vedere cosa fosse realmente *la parte giusta, quella repubblicana*, riporteremo l'esposto fatto alla Procura di Roma nel 1956 dal maggiore Penchienati, già comandante della XII Brigata Internazionale *G. Garibaldi* nel 1937-1938. Una testimonianza fondamentale per capire contro chi combattevano i legionari.

Detto ciò, molte cose della parte nazionalista non ci piacciono. Non ci piace la retorica della *cruzada*. Non ci piace la figura dello stesso Franco, per esempio, che evirò le istanze rivoluzionarie e sindacali della *Falange* di Jose Antonio Primo de Rivera, giungendone a perseguitare ed arrestare i capi[8], per trasformare nel dopoguerra la Spagna in una grigia e plumbea dittatura reazionaria legata a doppio filo con la Chiesa e con l'*Opus Dei* di quell'Escrivà de Balaguer[9] che da Franco ricevette un falsissimo titolo di *marquis de Peralta*.

Troviamo grave che sul sito di *alleanza cattolica* si legga a proposito della difesa dell'Alcazar che

---

6   Winston Churchill, colloquio con l'ambasciatore italiano a Londra Dino Grandi, 8 agosto 1936, trascritto nel rapporto intitolato *Rivoluzione spagnola- atteggiamento inglese. Colloquio con Winston Churchill*, 9 agosto 1936 XV, MAE I, busta 102.

7   Si veda R. Radosh, M. R. Habek, Georgi Sevostyanov (curr.) *Spain Betrayed: The Soviet Union in the Spanish Civil War*, Yale 2001, basato sugli archivi militari sovietici.

8   Nel 1938 Franco stabilì la confluenza della Falange, dei carlisti e del *Movimiento de Recostruciòn Española* di Goicoechea, monarchico e apertamente fascista, nel *Movimiento Unificado de la Falange Espanola Tradicional y de las JONS*, ed i falangisti che si opposero vennero arrestati e processati. Il capo del movimento Manuel Hedilla, che rifiutava di riconoscere l'autorità politica di Franco, fu addirittura condannato a morte nel 1937 per *tradimento*. La condanna venne poi commutata, grazie all'intervento italiano, nella reclusione, ed Hedilla rimase in carcere fino al 1947. L'attività politica dei falangisti dissidenti continuò nella clandestinità sino alla morte di Franco nel 1975. Franco sterilizzò gradualmente gli impulsi innovatori e rivoluzionari, utilizzando il *Movimiento* e la sua ideologia per contrapporsi simbolicamente alle ideologie che riteneva nemiche dalla tradizione spagnola.

Il programma politico e sociale della Falange non venne mai realizzato, neppure in minima parte, e dopo la fine degli anni quaranta, con la graduale emarginazione di Ramón Serrano Súñer, i suoi uomini non occuparono più significative posizioni di potere e di governo, soppiantati dagli appartenenti all'*Opus Dei*.

9   Il vero cognome era Escribar y Albas – in spagnolo si indica anche il cognome della madre – cambiato poi nel più *nobile* Escrivà de Balaguer y Albas.

[…] Né è minore l'importanza militare della conquista di Bilbao, nel giugno del 1937, da parte dei reparti carlisti.

Facendo finta di ignorare che il ruolo principale nella conquista di Bilbao fu quello delle Camicie Nere e dei legionari italiani del C.T.V., cui i baschi si erano arresi, e che si diedero da fare per evitare la *limpieza* che Franco voleva fortemente. *Limpieza* che non mancò di colpire parecchi sacerdoti baschi di idee separatiste[10].

Ma è vero anche che una vittoria dei *rojos* non sarebbe stata una vittoria repubblicana, ma comunista, avrebbe aperto per la Spagna una stagione ben peggiore e che, al posto della grigia Spagna *clericheggiante e feudale* (come la definì Anfuso) del *Caudillo* si sarebbe avuta con tutta probabilità una Spagna rosso sangue (ben più di quanto non fosse il sangue versato dai *nacionales*, che non fu certo poco). Che è poi ciò che era iniziato sotto il governo di Negrin. Basterebbe leggersi *Omaggio alla Catalogna* di Orwell per comprendere, se non si è dei sognatori incalliti o totalmente in malafede, che una vittoria repubblicana avrebbe represso ogni istanza libertaria con ancor più forza rispetto a quanto avvenuto a Barcellona nel 1937-1938. Del resto, l'Europa orientale comunista era molto più grigia della pur grigia Spagna franchista.

Detto ciò, aggiungeremo che non faremo qui una storia politica o diplomatica della Guerra Civile, argomento complicatissimo e vasto, e neppure del ruolo italiano in nel campo diplomatico, le trattative per il ritiro dei volontari, gli accordi italo-britannici per il riconoscimento dell'Impero, il comitato di non intervento. Sono argomenti che esulano dal presente lavoro e che avremmo potuto trattare solo con consapevole superficialità; pertanto rinviamo ai numerosi testi sull'argomento, alcuni dei quali citati nella bibliografia finale, ma ci limiteremo ad esporre i fatti d'armi di cui furono protagonisti, oggi dimenticati, i volontari italiani dei reparti di Camicie Nere[11].

Che furono tra i migliori reparti di tutta la guerra civile, ma delle quali ci si ricorda solo per la sconfitta (del tutto secondaria) subita a Guadalajara, dimenticando le ottime prestazioni durante il resto della guerra.

Guadalajara, insieme al bombardamento di Guernica, è una delle leggende più radicate e meno storiche nate nella guerra sino ad allora più seguita da reporter e giornalisti. E come le due Guerre del Golfo del 1991 e del 2004 la guerra di Spagna abbonda di falsi scoop, di invenzioni della propaganda, di falsificazioni della realtà: si pensi alla foto di Robert Capa del Miliziano fatto passare per morente, al quadro di Picasso rappresentante una corrida che diviene *Guernica*[12]… Da una parte e dall'altra, ed è una falsificazione che dura tutt'ora, a dispetto della disponibilità di eccellenti lavori come quello pubblicato dai generali Rovighi e Stefani per l'Ufficio Storico dello Stato Maggiore dell'Esercito.

A mò di esempio: su un sito *antifascista* si leggono queste perle su Guadalajara:

[…] Lister, con un violento contrattacco, annienta la 3ª divisione "Penne Nere" del generale Nuvoloni […]

Un'unità di Lister raggiunge il km. 97 della strada di Francia, praticamente da dove erano partiti i

---

10 A differenza di quello repubblicano, il governo separatista basco non perseguitava la chiesa cattolica, e numerosi sacerdoti avevano aderito alla causa *euzkadi*. I baschi erano altrettanto cattolici quanto i confinanti navarresi.

11 Non tratteremo qui che l'impiego delle unità della Milizia: rimandiamo, per un quadro più vasto, alle numerose storie militari del conflitto spagnolo, soprattutto al definitivo lavoro di Arrighi e Stefani. Per il ruolo fondamentale svolto nel conflitto spagnolo dalla Regia Marina e dall'Aviazione Legionaria, rimandiamo rispettivamente a P. Rapalino, *La Regia Marina in Spagna 1936-1939*, Milano, 2007, e F. Pederiali, 1992, *Guerra di Spagna e aviazione italiana*, Roma (2ª ed.), pubblicato dall'Ufficio Storico dell'Aeronautica Militare. Per i rapporti tra Spagna e Italia, consigliamo il recentissimo lavoro di Romano Canosa, *Mussolini e Franco. Amici, alleati, rivali: vita parallela di due dittatori*, Milano 2008.

12 Picasso, grande appassionato di corride, aveva commemorato in un suo grande quadro, che conservava nel suo studio parigino, la morte del celebre torero Joselito. Quando il governo repubblicano gli chiese un quadro da esporre all'*Esposition Universelle* di Parigi, del 1937, Picasso pensò di utilizzare l'opera già dipinta in memoria di Joselito, limitandosi a qualche modifica e al cambio del titolo, che divenne appunto Guernica, e che gli venne pagato dal governo spagnolo ben 300.000 pesetas.

fascisti l'8 marzo. I legionari sono rilevati da una brigata di navarresi; negli scontri hanno perso 1.500 uomini, 1.200 i prigionieri. La battaglia di Guadalajara è finita. Sarà ricordata come la "prima sconfitta del fascismo"[13].

Ovviamente, si tratta di fantasie: prima di tutto, nessuna divisione italiana è stata *annientata*, tanto meno la *Penne Nere*, formata da volontari della MVSN provenienti dagli Alpini; gli italiani rimasero padroni di venti dei quaranta km conquistati, le cifre di prigionieri e perdite sono totalmente inventate. Ma i *compagni* ieri come oggi sono fatti così, e non basta loro cambiar nome per perdere la terza narice che l'evoluzione (l'involuzione?) ha donato loro. Evitiamo, per nostro conto, di dire cosa pensiamo di questo voler gonfiare il numero di soldati italiani morti in battaglia, rallegrandosene apertamente per motivi di fazione politica[14].

No, quella repubblicana non fu, e non poteva essere, *la parte giusta*.

Ed è grave che dell'impiego in linea del C.T.V., durato dal febbraio 1937 all'aprile 1939, la storiografia e la pubblicistica corrente concentri la propria attenzione su un periodo di un mese, sino al marzo del 1937, quando avvenne la battaglia di Guadalajara, enfatizzando l'unico parziale insuccesso del C.T.V. (presentato come una batosta, una sconfitta internazionale, e via esagerando), ma trascurando i rimanenti venticinque mesi, forse per non dover dire che dalla primavera del 1937 al 1939 gli italiani in Spagna ebbero solamente successi, tanto a livello tattico che strategico, surclassando di gran lunga, quanto a prestazioni ed a risultati, tutte le formazioni militari nemiche ed alleate, sfondando il *Cinturon de Hierro*, conquistando Bilbao, Santander, dimostrandosi le migliori truppe nazionali nelle campagne di Aragona e del Levante, e costituendo il motore primo dell'offensiva di Catalogna e della conquista di Barcellona.

Fu una delle pagine più ricche di successi della storia militare italiana, ancor più degna di nota della campagna d'Etiopia del 1935-1936, anche perché di fronte i volontari avevano un avversario ben più numeroso, ben armato, dotato di una buona aviazione e con carri armati di produzione francese e sovietica di gran lunga superiori ai carri leggeri CV35 italiani, e che è ancor più sorprendente visti i risultati, non certo eccelsi, dell'Italia nella Seconda Guerra mondiale.

Ma per la storiografia antifascista tutto ciò non dov'essere ricordato, pena la reprimenda di *revisionismo*: come se il fatto di ricordare le azioni militari e i risultati favorevoli del C.T.V. implicasse una qualche adesione all'ideologia fascista; il che vuol dire che se si ci si occupa della battaglia di Zama lo si faccia per una forma di razzismo verso i nord africani, o che scrivendo della battaglia di Valmy si sia dei giacobini nostalgici della ghigliottina...

Cercheremo quindi di restituire ai legionari italiani il ruolo che spetta loro nella storia della Guerra Civile Spagnola, senza apologie, ma anche senza condanne tanto aprioristiche quanto antistoriche.

Non è un libro per fascisti o per antifascisti. E' un libro che parla di soldati italiani, di come vissero, di come combatterono, di come morirono.

Chi cercherà tesi a favore o contro il fascismo, Mussolini, Franco e così via, farà meglio a lasciare perdere questo libro, perché non vogliamo esporre tesi, ma fatti. Chi vuole conoscere un po' meglio chi furono le Camicie Nere che partirono per la Spagna, speriamo che apprezzi questo lavoro, che viene dopo le monografie sui fronti etiopico e russo, e che fa parte di una storia militare della M.V.S.N. che prevede in futuro un lavoro sui fronti greco e balcanico, dell'Africa Settentrionale e Orientale nella 2ª Guerra Mondiale.

---

13   http://www.storiaxxisecolo.it/antifascismo/Guerraspagna11.htm.

14   Esemplare in tal senso è il pessimo lavoro di Olao Conforti, *Guadalajara. La prima sconfitta del fascismo*, Milano 1967, che alla faziosità unisce un costante disprezzo per le fonti. Conforti non giunge a sostenere, come han fatto altri, che gli italiani ebbero *seimila* morti (il doppio della cifra reale dei caduti italiani in *tutta* la Guerra di Spagna!) ma si limita a *soli* millequattrocento, rispetto ai 423 realmente caduti nella battaglia (666 comprendendo i dispersi che non risultano tra i prigionieri).

Rispetto ai nostri lavori precedenti, abbiamo inserito numerosi estratti del diario e dei ricordi di due combattenti di Spagna di differenti estrazioni sociali e culturali, un sottufficiale della *23 Marzo*, il bresciano Franco Bonezzi, ed un ufficiale della *Littorio*, il veneziano, ma romano d'adozione, Renzo Lodoli, già CN in Somalia con il Btg. *Curtatone e Montanara*. Lodoli fu poi, sino alla scomparsa, Presidente dell'Associazione dei Combattenti di Spagna.

Ci è sembrato necessario, perché, se la Spagna non fu la prima guerra combattuta dall'Italia di Mussolini, fu indubbiamente la prima guerra veramente fascista ed ideologica (la guerra d'Etiopia, come scrivemmo altrove, si inserisce senza soluzione di continuità nelle guerre coloniali italiane iniziate nel 1885, e vendicare Adua aveva un significato politico ben diverso dal combattere contro comunisti e anarchici). Ci è sembrato dunque necessario affiancare alla descrizione degli avvenimenti militari delle testimonianze di chi visse gli avvenimenti stessi, per vederli come li vedevano loro: ci sembra la maniera migliore di comprenderne le motivazioni, le paure, le spinte ideali, e perché non ci si dimentichi che dietro l'asettica esposizione di un fatto d'armi ci sono storie fatte di carne e di sangue. Per ridare dignità storica e umana, al di là dei pregiudizi, a soldati d'Italia che per l'Italia dettero spesso la vita, e che, in cambio, l'Italia ha maledetto, e peggio ancora, dimenticati[15].

Pierluigi R. di Colloredo.

---

15 La Repubblica italiana riconosce l'Associazione dei combattenti antifascisti di Spagna ma non l'Associazione Italiana Combattenti di Spagna, composta da ex militari appartenenti alle FF.AA. dello Stato, inviati in Spagna dal legittimo Governo italiano dell'epoca, decorati con decorazioni italiane (le cui motivazioni sono reperibili sul sito istituzionale della Presidenza della Repubblica) e che, se appartenenti alle FF.AA., poterono portare finché in servizio i nastrini commemorativi della campagna. Non ci sono commenti da aggiungere.

ABBREVIAZIONI

CEDA   *Confederaciòn española de derechas autonomas*

CCNN   Camicie Nere

CNT   *Confederaciòn Nacionàl de Trabajo*

CTV   Corpo Truppe Volontarie

FAI   *Federaciòn Anarquista Iberica*

GRU   *Glavnoe Razvedyvatel'noe Upravlenie*

JONS   *Juntas de Ofensiva Nacionál Sindicalista*

MAE   Ministero degli Affari Esteri

MMIS   Missione Militare Italiana in Spagna

MVSN   Milizia Volontaria per la Sicurezza Nazionale

NKVD   *Narodnij Kommisariat Vnutrennik Del*

OMS   Oltre Mare Spagna

OVRA   Opera Volontaria Repressione Antifascismo

PCE   *Partido Comunista de España*

PCI   Partito Comunista Italiano

PCUS   Partito Comunista dell'Unione Sovietica

PNF   Partito Nazionale Fascista

PSI   Partito Socialista Italiano

POUM   *Partido Obriero de Unificaciòn Marxista*

SPD   Segreteria particolare del Duce

UGT   *Unión General de Trabajadores*

UME   *Unión Militar Española*

USSME   Ufficio Storico Stato Maggiore Esercito

SIM   Servizio Informazioni Militari (Italia)

SIM   *Servicio de Informaciòn Militar* (Spagna)

I
LE ORIGINI DELLA GUERRA DI SPAGNA

Dopo la prima Guerra Mondiale la Spagna fu teatro di una serie ininterrotta di crisi. I cambiamenti di governo divennero la normalità. La sconfitta nella guerra contro gli Stati Uniti del 1898 e poi la neutralità nella guerra 1914-1918 spinsero decisamente la Spagna ai margini della storia europea. La ribellione in Marocco fu dura, e costò agli spagnoli gravi disfatte, come Anual (1921) ed un numero ingente di caduti.

La dittatura del generale Miguel Primo de Rivera durò dal 1923 al 1930. Seguì un governo repubblicano; dal 1933 prense il potere la destra cattolica e sempre nello stesso anno, venne fondata da José Antonio Primo de Rivera, figlio dell'ex-dittatore, la *Falange*, la cui ideologia era ispirata a quella fascista. Era un movimento rivoluzionario, sindacalista, corporativista, laico e repubblicano.

La destra moderata si costituì nella CEDA, *Confederación Española de Derechas Autonomas*.

I partiti di sinistra a loro volta costituirono il *Fruente Popular*, cui gli anarchici, per motivi di principio, restarono estranei, pur invitando gli aderenti alla FAI a votare per il Fronte.

Il processo che portò il Fronte Popolare, nonostante il ridotto risultato elettorale[16], a mettere insieme una maggioranza alla Camera grazie al premio di maggioranza, ebbe il suo culmine nella illegale destituzione del Presidente della Repubblica Alcalà Zamora, e nella sua sostituzione con Manuel Azaña, ciò che costituì un vero colpo di stato in violazione della costituzione repubblicana.

Durante i mesi che trascorsero dal febbraio al luglio del 1936 si assisté allo smantellamento dello Stato di diritto attraverso provvedimenti quali l'amnistia concessa per decreto-legge; l'obbligo di riammettere le persone destituite per la loro partecipazione ad atti di violenza politico-sociale; la riabilitazione davanti alla *Generalitat* di Catalogna di coloro che erano stati protagonisti del golpe del 1934, le espropriazioni anti-costituzionali, il ritorno all'arbitrarietà dei giurati misti, le coazione del potere giudiziario.

Il 14 marzo 1936 Josè Antonio Primo de Rivera ed il fratello Miguel vennero arrestati e tradotti nel carcere di Madrid; il 5 giugno dello stesso anno furono trasferiti nella prigione di Alicante, ritenuta più sicura.

Il 1° novembre 1936 Josè Antonio venne condannato a morte (il fratello Miguel a 30 anni di reclusione) e fucilato nel cortile del carcere il 20 novembre dello stesso anno[17].

Nel contempo, gli attivisti del Fronte Popolare si resero protagonisti nella più totale impunità di episodi che vennero denunciati in Parlamento senza ottenere altra risposta se non minacce come quelle profferite da Dolores Ibarruri, la *Pasionaria*, contro José Calvo Sotelo. Il governo irrigidì la sua posizione verso l'opposizione, gli assalti contro gli avversari politici si moltiplicarono, coinvolgendo anche gli ecclesiastici e il 13 luglio venne assassinato il capo del partito monarchico, Calvo Sotelo.

La democrazia ormai era un ricordo lontano, come lo Stato di diritto.

---

16 Le elezioni del 16 febbraio 1936, cui parteciparono il 73% degli elettori, videro i seguenti risultati:
Fruente Popular voti 4.206.156 (34,3 %)
CEDA voti 3.783.601 (33,2 %)
Centro voti 681.447 (5,4 %).

17 Primo de Rivera si rivolse al plotone d'esecuzione con queste parole: *Vi hanno detto che sono un avversario da uccidere, ma voi ignorate che il mio sogno era "Patria, pane e giustizia" per tutti gli spagnoli, specie per i miseri e diseredati. Credetemi! Quando si sta per morire non si può mentire.*
Rifiutandosi di accettare la sua morte, i falangisti lo ribattezzarono *el Ausente*, così, nell'appello dei Caduti, anziché *Presente!* quando veniva gridato *José Antonio!*, la risposta era *Ausente*! Ossia, vivo.

Era possibile venir prelevati dietro semplice denuncia anonima o semplice sospetto e senza mandato dagli uomini del *Servicio de Infomaciòn Militar*, da quelli del *Departamento Especial de Informaciòn de l'Estado*, come dai membri delle milizie dei partiti della sinistra.

Gli arrestati venivano portati nelle *Cekas*, da cui non si usciva quasi mai vivi. Nella sola Madrid erano attive quelle della *Calle del fomento*, del *Subdirector de Seuridad*, del Ministero della Guerra, della *Calle del Marqués del Riscal*, del *Destrito de Buenavista*, della *Agrupacion Socialista Madrileña*, di *Garcia Atadell*, della *Linces de la Republica*, della *Escuadrilla del Amanecer* (così chiamata perché operava i prelevamenti all'alba), praticamente ogni sezione comunista, anarchica, sindacalista aveva la propria *Ceka* e il proprio gruppo di esecutori.

Nell'esercito qualcosa stava accadendo: stanchi dell'anarchia e della violenza delle sinistre i militari accelerarono la preparazione di un colpo di stato che doveva portare alla presa di potere del generale José Sacanell Sanjurjo, il *Leone del Riff*, esiliato in Portogallo dopo un fallito colpo di stato nel 1932. Per la storia, la firma dell'allontana-mento dal comando di Sanjurjo portava la firma del Capo di Stato Maggiore, il generale Francisco Franco y Bahamonde.

Anima dell'*alzamiento* furono le truppe dell'Africa e delle Canarie. Insieme a Sanjurjo furono a capo dell'insurrezione i generali Enrico Mola, Gonzalo Queipo de Llano e Francisco Franco y Bahamonde. Sanjurjo si era recato a febbraio del 1936 in Germania, ufficialmente per assistere alle olimpiadi di Berlino; nella capitale tedesca si era incontrato con l'ammiraglio Wilhelm Canaris, capo dell'*Abwher* e probabilmente con il *Reichsmarschall* Hermann Göring, allo scopo di stringere accordi riguardo il prossimo *golpe de Estado*; proprio Canaris e Göring convinsero Hitler, all'inizio piuttosto tiepido, dell'utilità per la Germania dell'appoggiare i nazionalisti. Nello stesso tempo vennero cercati contatti anche con il governo italiano, soprattutto tramite il ministro degli Esteri Galeazzo Ciano.

Mente dell'insurrezione militare fu Emilio Mola, appoggiato dagli industriali, da parte dei monarchici, dai cattolici tradizionalisti ed anche dai falangisti, pronti, per il bene della Spagna, a rinunciare alla tendenza repubblicana data da José Antonio.

II
FRANCO

Francisco Franco y Bahamonde era nato ad El Ferrol, in Galizia, nel 1892, da una modesta famiglia borghese, con sangue italiano - Vietti - ed ebreo. Piccolo, grassoccio, un volto molliccio ed una voce in falsetto (Queipo de Llano lo chiamava *Paca la Culona*) non aveva nulla di carismatico. Non aveva mai fatto politica, se non in Marocco, trattando con i ribelli del Riff, dividendone i capi, tradendoli per non dare loro il tempo di tradire lui. Non aveva mai viaggiato fuori della Spagna e del Marocco, non parlava le lingue. Era un uomo facile da sottovalutare: errore in cui molti caddero, dai capi marocchini a quelli repubblicani, dai suoi colleghi a Hitler e Mussolini sino ai leader sovietici e statunitensi della Guerra fredda.
Era invece un uomo di incredibile freddezza e capacità, di intelligenza straordinaria, probabilmente il più grande politico in dodici secoli di storia spagnola, un uomo che aveva imparato a trattare con gli uomini nella sua Legione straniera e durante la rivolta del Riff, quando bisognava alternativamente combattere e negoziare. Il Duce e il Führer non si rendevano conto che, per quanto potessero atteggiarsi a condottieri, Franco lo era davvero: un Generale, un militare di professione che i gradi se li era guadagnati con le promozioni sul campo, e non un caporale. Anche se, come affermò, a ragione, Filippo Anfuso, il Generale Francisco Franco era esperto di battaglie coloniali che comportavano *piccole operazioni, molte fucilazioni.*
Figlio di un commissario navale iscritto alla Massoneria[18], il giovane Francisco avrebbe voluto entrare all'Accademia Nvale, ma questa aveva sospeso gli arruolamenti, e Franco entrò in quella militare. Nel 1910, a diciott'anni, venne subito inviato in Marocco, per inquadrare i *Regulares*, ebbe la sorte di scontrarsi con uno dei capi della rivolta, el Mizzian, di cui i berberi dicevano che solo una pallottola d'oro potesse ucciderlo. Lo uccise una mitragliatrice di Franco. Divenne Capitano. Poco dopo una pallottola toccò a lui, e lo ridusse in fin di vita. Per farlo morire Maggiore venne promosso: non morì, e venne mandato ad Oviedo come comandante di battaglione; richiamato in Marocco passò come *lugarteniente* di Millan Astray nel costituendo *Tercio Etranjeros*: uomini cui era più facile chiedere di morire che di osservare una rigida disciplina. Franco riuscì ad imporla, ed a fare in pochissimo tempo del *Tercio* la migliore unità spagnola, la più dura, la più efficente e la più disciplinata. Il giornalista americano Webb Miller raccontò un aneddoto di cui fu personalmente testimone. Franco stava ispezionando un reparto avanzato durante la distribuzione del rancio, quando un legionario gli gettò addosso una gavetta protestando per il vitto immangiabile. Franco rimase impassibile, estrasse la pistola e sparò in faccia legionario, poi proseguì l'ispezione senza una parola. Quando Millan Astray venne ferito gravemente, Alfonso XIII volle che il Tercio fosse affidato a Franco: *no hay quien lo supere.*
Allorché Primo de Rivera, divenuto dittatore proprio per risolvere la crisi marocchina, propose il ritiro di tutte le guarnigioni sulla costa, si opposero solo i colonnelli Mola e Franco. Questi propose uno sbarco di sorpresa ad Alhucemas, roccaforte dei ribelli. Era un'impresa rischiosissima, e dopo molte esitazioni, si decise di attuarla. Franco e i suoi legionari avrebbero dovuto creare la prima testa di ponte. Alhucemas fu una grande vittoria che salvò il Marocco spagnolo, e Franco divenne generale a 32 anni, ricevendo la sua seconda *medalla militar* e venendo nominato comandante dell'Accademia di Saragozza.

---

18 Sicuramente massone fu anche il fratello di Fancisco, Ramòn, e secondo alcune fonti, anche lo stesso Franco fu iniziato in una loggia militare, prima di diventare, per opportunismo politico, ferocemente avverso alla Massoneria.

All'abdicazione di re Alfonso XIII, Franco ordinò ai cadetti di rispettare le istituzioni, e di ubbidire sempre al legittimo governo, qualunque esso fosse. Rifiutò di aderire al complotto antirepubblicano organizzato da Sanjurjo e Mola; ma il ministro della Guerra, Manuel Azaña, futuro presidente della Repubblica nel 1936, colui che aveva giurato di *triturare l'esercito*, non solo non fu riconoscente al generale Franco, ma sciolse l'Accademia.
Franco rispettò l'ordine, invitando i cadetti ad ubbidire anch'essi disciplinatamente. Ma concluse il proprio proclama con *Viva la Spagna!* Anziché con *Viva la Repubblica!*
Azaña lo convocò, e glielo fece notare, aggiungendo che si augurava fosse una distrazione. Franco rispose
Signor ministro, io non dico niente senza averlo prima scritto, e non scrivo niente senza averci prima riflettuto.
Nel 1934, quando, dopo la sconfitta delle sinistre, i comunisti e gli anarchici catalani ed asturiani insorsero, Franco venne inviato nelle Asturie. Chiese prima che fossero concessi i pieni poteri all'esercito, e poi spezzò la schiena ai minatori. Come ricompensa, Franco ebbe dal presidente Gil Robles la carica di Capo di Stato Maggiore. Fu lui a destituire Sanjurjo e Miaja, giudicati troppo di destra.
Quando però le sinistre, malgrado gli scarsi risultati elettorali, tornarono al potere, Azaña, adesso primo ministro, allontanò Franco dalla Spagna, inviandolo nelle Canarie (Franco era ritenuto troppo fedele alla repubblica per essere rimosso: nel 1930 il fratello Ramon aveva anche tentato un colpo di stato filo repubblicano insieme con Queipo de Llano), richiamando invece in servizio Miaja.
Prima di partire, Franco venne contattato da José Antonio Primo de Rivera, che lo invitò ad incontrare i generali Mola e Varela ed il colonnello Yagüe.
Mola avvisò Franco che il *Frente Popular* si stava preparando a processarlo in quanto responsabile della repressione nelle Asturie. Franco non disse nulla sul momento, e partì per Las Palmas.
Quando però, dal discorso tenuto da Largo Caballero davanti alle *Cortes*, Franco ebbe la conferma della realtà delle parole di Mola, tramite il cifrario che gli era stato consegnato, contattò gli insorti, dando la propria adesione all'*alzamiento*.
Ma Franco rimase fedele ai suoi principi di ubbidienza alle autorità: il 23 giugno inviò una lettera al primo ministro Gaspar Quiroga, che era anche ministro della Guerra, in cui denunciava la progressiva disgregazione delle forze armate da parte delle sinistre, ed affermava:
[...] Assumerei una grave responsabilità e mancherei alla lealtà se non facessi presenti i pericoli rappresentati, per la disciplina dell'esercito, dalla mancanza di intima soddisfazione e dallo stato di inquietudine materiale e morale che sono diffusi tra gli ufficiali ed i sottufficiali [...]

Elencando le provocazioni e le aggressioni contro i militari da parte delle sinistre, non contrastate dalle autorità, i trasferimenti punitivi, i sospetti contro le Forze Armate.
[...] Mentono coloro che Le presentano l'esercito come ostile alla Repubblica e che fanno apparire come cospirazione l'inquietudine, la dignità ed il patriottismo degli ufficiali.
Invitava il ministro a prendere immediate misure di *equità, e di giustizia* per evitare *future lotte civili*.
Franco si volle mettere in pace la coscienza: cospiratore sì, ma aveva anche dato al governo la possibilità di evitare una strage che il futuro *Caudillo* non avrebbe mai voluta. Non ebbe risposta.
La ebbe invece dai generali cospiratori. Franco avrebbe avuto il comando delle sue vecchie truppe d'Africa, i *Regulares* e i legionari del *Tercio*; ma i ribelli non seppero - o forse, non fidandosi ancora del tutto, non vollero - dire la data precisa *dell'alzamiento*.
Francisco Franco la seppe solo a mezzogiorno del 17 luglio, quando alla radio sentì che un certo

Pedro faceva gli auguri di compleanno ad un tal Rodriguez. Era il messaggio che significava *Le truppe d'Africa si sono sollevate stamattina*.

Nello stesso momento decollava da Londra un bimotore della *Olley Company*, affittato da un certo Bolin, con a bordo un funzionario di *Scotland Yard*, Pollard, sua moglie Diana, e una donna quasi sicuramente appartenente ai servizi segreti britannici, Dorothy Watson. Bolin aveva chiesto al pilota di seguire la rotta Londra Croydon-Tetuan, facendo scalo a Las Palmas per imbarcare un *tale*. Il *tale* era, ovviamente, Franco, in borghese e con gli occhiali scuri. Il giorno seguente, 18 luglio, il futuro *Jefe del Estado*, il futuro *Caudillo* raggiunse Tetuan e le truppe d'Africa.

Lo stesso giorno il primo ministro Largo Caballerò telefonò al ministro della guerra Quiroga: *Che fa Franco?*, chiese. *Franco è ben guardato alle Canarie*, gli fu risposto.

III
LE FORZE IN CAMPO

LA REPUBBLICA

L'Esercito Popolare Repubblicano (*Ejército Popular Republicano*), dopo l'*Alzamiento*, inquadrava circa 36.000 soldati e ufficiali dell'Esercito regolare; 20.000 *Guardias Civil* (la *Guardia Civil* venne ridenominata *Guardia Nacional Republicana*), 25.000 *Guardias de Asaltos*, una milizia del ministero degli Interni costituita nel 1931 per difendere la Repubblica, e 10.000 *Carabineros*.
Le forze della Marina Repubblicana assommavano a una corazzata, la *Jaime Primero*, tre incrociatori, *Miguel de Cervantes*, *Libertad* e *Mendez Nunez*, otto cacciatorpediniere, le navi *Lepanto*, *Almirante Valdés*, *Almirante Antequera*, *Sanchez-Barcáiztegui*, *Almirante Miranda*, *Gravina*, *Jorge Juan y Escaño*, cinque torpediniere, una cannoniera, cinque guardacoste e cinque sommergibili.
L'Aviazione Repubblicana disponeva all'inizio del conflitto di circa 200 aerei di modello superato.
Alle truppe regolari si devono poi aggiungere quelle volontarie reclutate in Spagna (nelle file repubblicane militarono ben 400.000 "miliziani", oltre alle milizie anarchiche (F.A.I.) alle *milicias obreras* della Confederacion Nacional de Trabajo e della Union General de Trabajo, ai minatori asturiani ed alle milizie di partito di scarsissimo peso militare[19].
I governi separatisti basco e catalano ebbero anch'essi le proprie milizie, quali i *gudaris* e la *Ertzaintza* baschi.
Degne di nota per le loro prestazioni in combattimento furono le *Brigadas Internacionales*. Tra il 1936 e il 19337, a difesa del governo repubblicano, giunsero in Spagna volontari provenienti da 52 paesi.
Gli internazionali furono circa 40.000, ed ebbero 9.934 caduti e 7.686 feriti gravi.
I primi contingenti, organizzati dalla Terza Internazionale, entrarono clandestinamente in Spagna attraverso la frontiera francese nell'ottobre 1936 e, dopo aver ricevuto un sommario addestramento ad Albacete, raggiunsero Madrid, assediata dai nazionalisti l'8 novembre.
La ripartizione per nazionalità dei volontari delle Brigate Internazionali è la seguente: 8.500 francesi, inquadrati, insieme ai belgi, nella XIV brigata[20], 5.000 tedeschi, battaglioni *Thaelmann* e *Edgar Andre*, brigata *Hans Heimler*, 3.350 italiani, in varie unità, tra cui i battaglioni *Nannetti* e *Garibaldi*, 2.800 statunitensi, *Brigada Abraham Lincoln*, 2.000 britannici, *British Battaillon*, 1.000 canadesi, btg, *Mackenzie-Papineau* (i *Mac-Paps*).

Ad essi vanno aggiunte diverse centinaia di volontari slavi, ungheresi (*Grupo Rakosi* e *Esquadron ungaro*, montato), belgi (inquadrati con i francesi), polacchi (btg. *Dombrowski*), bulgari, cecoslovacchi, svizzeri, scandinavi e anche messicani. Dal 1938 cominciarono a diventare numerosi anche gli spagnoli, tanto che alcuni reparti furono internazionali soltanto di nome, come il battaglione *Asturia-Heredia* dell'XI brigata, mentre altri furono misti, come il *Bataillon Palafox*, ispano-polacco, comandato da ufficiali dell'Armata Rossa sovietica.

---
19   Per un rapido quadro di tali milizie, si veda C. Hall, *Revolutionary Warfare: Spain 1936-1937*, Upton 1996.
20   La brigata comandata dal generale Walter (Karol Świerczewski), era formata dai battaglioni: *Commune de Paris, Domingo Germinal, Henri Barbusse, Louise Michel I, Louise Michel II, Marsellaise*
Premiera Unitad de Advance, Pierre Brachet, Sans noms o Des Neuf Nationalités, 6 de Febrero, Vaillant-Couturier.
Dopo la battaglia di Brunete l'unità venne ridotta a due battaglioni.

La partecipazione dei fuoriusciti antifascisti italiani, inquadrati nei battaglioni *Nannetti* e *Garibaldi*, ed in reparti minori, come la batteria *Gramsci*, fu consistente.

Oltre ad essi va ricordata la presenza in Spagna di alcuni tra i maggiori esponenti antifascisti: i comunisti Togliatti (nome di battaglia Ercole Ercoli), Luigi Longo (Gallo), Giuseppe Di Vittorio (Mario Nicoletti), Giuliano Pajetta e Vittorio Vidali (Carlos Contreras), il socialista Pietro Nenni, il repubblicano Randolfo Pacciardi, futuro ministro della difesa[21].

Tra gli italiani che combatterono in Spagna figuravano anche l'anarchico Camillo Berberi - assassinato dai comunisti nel 1938 - e il dirigente di Giustizia e Libertà Carlo Rosselli, tra i primi ad accorrere in Spagna.

Rosselli e Berneri già nell'agosto del 1936 costituirono la *Colonna Italiana Francisco Ascaso*, una formazione di circa 300 volontari di ogni fede politica.

In Spagna caddero dalla parte dei repubblicani 547 italiani. Ventidue di loro sono sepolti nel sacrario militare di San Antonio de los Italianos a Saragozza, mausoleo dedicato, come afferma la dedica incisa sull'arco della torre *L'Italia a tutti i suoi caduti in Spagna*.

Secondo la volontà di Mussolini i morti fascisti e quelli antifascisti non sono divisi tra loro, ma sepolti insieme.

Modestissimo fu invece il numero dei *volontari* sovietici (quasi tutti commissari politici o alti ufficiali e piloti militari), appena 557[22].

Tra i Generali inviati dall'Armata Rossa in Spagna si possono ricordare il capo della missione militare sovietica Jan Berzin, e i consiglieri Malinovsky, Rokossovsky e Konev, futuri Marescialli sovietici nella Grande Guerra Patriottica del 1941-1945, e il Generale Kulik. Tra quelli che presero parte attiva alle oprazioni ricorderemo il Generale Dmitrij Pavlov (Pablo) comandante dell'Omonima brigata corazzata, Lazar Stern (Emile Kleber) il *Salvatore di Madrid*, e alcuni ufficiali di origine straniera ma appartenenti all'Armata Rossa, come il romanziere ungherese Mate Zalka (Lukaś), forse il comandante più popolare delle Brigate Internazionali, l'altro ungherese Janos Galicz (Gall), forse il più impopolare, e il generale Karol Sierczewski (Walter), poi viceministro della Difesa polacco nel dopoguerra.

Per ciò che riguarda gli aiuti stranieri alla Repubblica, contrariamente a quanto sostenuto, essi non mancarono, e non furono assolutamente insignificanti. L'U.R.S.S. di Stalin fornì alla Spagna Repubblicana 47 milioni di rubli (raccolti tramite sottoscrizione del *Comintern*) più altri 70 milioni di rubli forniti direttamente da Mosca. È da sottolineare a questo proposito che Stalin concesse al governo di Madrid tali somme soltanto in cambio del deposito delle riserve auree spagnole trasferite allo scoppio della guerra nella capitale sovietica, (questo oro, per inciso, non venne mai più restituito alla Spagna). Complessivamente, secondo le stime del governo inglese, tra il luglio del 1936 e il dicembre 1938, l'Unione Sovietica consegnò alla Spagna Repubblicana 250 aerei da combattimento (tra cui caccia I-15 *Chato* e I-16 *Rata* e R-5 *Natasha*, bombardieri SB-2 *Katiusha*, chiamati *Martin Bomber* dagli spagnoli), 1.400 autocarri, 731 carri armati BT-5 e T-26 A e B, 1.230 pezzi d'artiglieria, centinaia di migliaia fucili e bombe a mano, senza contare le decine e decine di migliaia di tonnellate di rifornimenti e attrezzature militari di tutti i tipi sbarcate nel corso del conflitto dai piroscafi russi nei porti di Valencia, Alicante, Cartagena e Barcellona.

---

21 Pacciardi, ex ufficiale dei Bersaglieri, repubblicano, tendenzialmente anticomunista tanto quanto antifascista, ebbe un duro contrasto con i comandi comunisti delle Brigate Internazionali, quando si rifiutò di eseguire l'ordine di rastrellare una zona interna dove erano presenti dei trotzkisti e degli anarchici.
Egli affermò che i suoi volontari erano in Spagna per combattere il fascismo e non per fare attività di polizia politica interna.
I comunisti gli affiancarono un "secondo" politicamente più fidato, il comunista Ilio Barontini.

22 J.L. Alcofar Nassaes, *Los asesores sovieticos en la guerra civil española*, Barcelona 1971.

Notevole fu anche il contributo fornito nascostamente alla causa repubblicana dalla Francia governata dal *Front Populaire* social-comunista di Leon Blum, che, tra l'altro, fornì alla Repubblica 260 modernissimi aerei da combattimento.

Si calcola che tra il luglio del 1936 e il luglio del 1938 siano giunti, attraverso i Pirenei, al governo di Madrid 198 cannoni, 200 carri armati leggeri e medi (in parte carri *Renault* FT.17 risalenti al primo conflitto mondiale), 3.247 mitragliatrici, 4.000 camion, 47 moderne batterie d'artiglieria, 9.579 veicoli di vario tipo[23]. Complessivamente, nel corso della guerra la Repubblica mise in campo 2.461 apparecchi contro i circa 1.500 appartenenti all'aviazione nazionalista. In territorio francese vennero creati anche i centri di raccolta dei volontari e dei mercenari di tutta Europa che volevano arruolarsi nelle *Brigadas Internacionales*. Il governo francese, che pure era tra i membri del Comitato internazionale di non intervento, aggirò sempre l'embargo di armi alla Repubblica, e, durante l'offensiva nazionalista in Catalogna, fu sul punto di appoggiare direttamente i *rojos*, malgrado l'opposizione dei vertici militari, venendo trattenuto solo dalle proteste britanniche e della minaccia italiana di intervenire a propria volta direttamente, *anche a costo di iniziare una guerra europea*, come avvertì Galeazzo Ciano, aggiungendo che in caso di intervento francese in Spagna il Regno d'Italia avrebbe fatto sbarcare immediatamente due divisioni a Valence, capoluogo del dipartimento della Drôme *anche se ciò dovesse provocare la guerra mondiale*.

La Francia, anche al di là di ragioni di affinità ideologiche, aveva infatti un fortissimo interesse strategico perchè la Catalogna diventasse indipendente, sia per motivi commerciali, come grande mercato aperto alle esportazioni francesi, sia per motivi strategici: una Spagna divisa e debole avrebbe incrementato l'influenza di Parigi nel Mediterraneo occidentale, anche con la concessione di basi nelle Baleari.

Dal diario di Ciano del 15 gennaio 1939:

Le notizie dell'avanzata in Catalogna sono sempre migliori. Il generale Gambara si è felicemente assunto il ruolo di trascinare tutte le forze spagnole. Cominciano a circolare voci di un intervento massiccio dei francesi. Io non lo credo. Per intervenire adesso, nelle condizioni attuali della guerra, i francesi dovrebbero mandare molte forze, altrimenti sarebbero travolti insieme ai catalani.

Non sono in grado di farlo: dovrebbero mobilitare molta gente. Poi, un paese che nello scorso semestre dell'anno precedente ha avuto quarantamila morti in più dei nati, non può permettersi il lusso di sprecare dei suoi molto scarsi figli.

Comunque è certo che se la Francia interverrà, noi faremo altrettanto. Mussolini ha detto stamani: "Se Parigi manda forze, noi sbarchiamo trenta battaglioni a Valenza. Anche se ciò dovesse provocare la guerra mondiale".

Il giorno dopo, il ministro degli esteri italiano avvisò ufficialmente di ciò anche il governo britannico, tramite l'ambasciatore inglese a Roma, lord Perth:

Vi prevengo che se i francesi intervengono in forze a favore dei rossi di Barcellona, noi attacchiamo Valenza. Trenta battaglioni in assetto di guerra sono pronti a venire imbarcati al primo allarme. Agiremo così anche se ciò dovesse determinare la guerra europea. Quindi vi prego di invitare i francesi alla moderazione ed al senso di responsabilità che è necessario[24].

Il comportamento ostile verso l'Italia del governo francese contribuì a rompere definitivamente il legame tra i vecchi alleati della Grande Guerra, già messo a dura prova dal conflitto italo etiopico, all'abbandono degli accordi di Stresa, ed a spingere Mussolini all'alleanza con Hitler per non rimanere isolato in campo internazionale.

---

23 Questo capitolo ha utilizzato alcuni dati (integrandoli e correggendoli) pubblicati da A. Rosselli in www.digilander.libero.it/fiammecremisi/dopoguerra1/spagna.htm.
24 Ciano 1990, pp. 240-241.

Complessivamente l'esercito repubblicano diede prove alquanto mediocri, soprattutto per lo scarso valore degli ufficiali, in gran parte restati fedeli alla Repubblica perché non potevano fare altrimenti, essendosi trovati in zone deve la rivolta non era riuscita, per timore di essere uccisi, e con lo scopo di passare agli insorti appena possibile[25]. I migliori generali repubblicani, con l'eccezione di Miaja e Rojo[26], furono quelli di provenienza comunista e non militari di carriera: come El Campesino ed Enrique Lister[27].

La migliori truppe dell'esercito repubblicano furono proprio le truppe della 5ª Divisione di Lister, formate da comunisti, che diedero ottime prove, tanto che l'unità venne ampliata progressivamente, fino a raggiungere le dimensioni di un Corpo d'Armata (V). Era nato come Quinto Reggimento della milizia comunista, organizzato da Lister e da Vittorio Vidali (Carlos Contrera). Secondo il Dipartimento della Guerra sarebbe dovuto essere il V battaglione di un reggimento in formazione, ma Lister rispose che era il Quinto Reggimento: in pochi giorni l'unità ebbe seimila uomini, mentre gli altri battaglioni non videro mai la luce. Venne creata anche una compagnia speciale, la *Compañia de Aciero*, per *dare a tutti un'esempio di disciplina*, disse Contreras-Vidali. La disciplina infatti era ferrea, con delle regole speciali, quale: *Se un compagno avanza o retrocede senza ordini, ho il diritto di spargli*[28].

Ciò rese i comunisti di Lister i più duri avversari del legionari del C.T.V. prima a Guadalajara e poi in Aragona e Catalogna.

Le milizie di partito e dei sindacati ebbero un valore assai scarso sul piano militare, ancora una volta con l'eccezione dei comunisti, meglio addestrati e disciplinati, e dei reparti formati da minatori asturiani, i *dinamiteros*, eccellenti guastatori ma dalla disciplina discutibile. Gli anarchici erano per parte loro molto motivati, ma più pericolosi per le popolazioni che per il nemico, e tendevano a disertare ed a non voler eseguire ordini impartiti da ufficiali non scelti da loro. Tuttavia nella città universitaria di Madrid riuscirono a fermare e a respingere gli attacchi delle migliori truppe di Franco, i *Tabores* marocchini ed i legionari del *Tercio*, in una lotta casa per casa che anticipò certe battaglie sul fronte orientale.

I vari partiti e le loro milizie rifiutavano di collaborare tra loro, e spesso si detestavano di più le milizie delle varie tendenze di quanto non odiassero i fascisti. Un articolo dell'agosto del 1936 pubblicato su *CNT*, la rivista degli anarchici della *Confederaciòn Nacional de Trabajo*, esprime bene le idee dei miliziani circa la disciplina militare e le gerarchie:

Un membro della CNT non sarà mai un miliziano disciplinato, con una bella e gallonata uniforme, che cammina fiero e marziale per le strade di Madrid[29].

Concetti ribaditi dalla risoluzione adottata dal congresso regionale della *CNT* di Valencia:

Quando un compagno entra in una caserma della CNT deve tenere ben presente che la parola "caserma" non significa soggezione alle odiose regole militari di saluti, *parate e altre sciocchezze simili, del tutto teatrali e contrarie ad ogni spirito rivoluzionario*[30].

Il giornale della milizia anarco-sindacalista *Frente Libertario* si spingeva ancora oltre, mentre si combatteva alle porte di Madrid:

Non vogliamo un esercito nazionale. Vogliamo delle Milizie Popolari, che incarnano la volontà del

---

25   Il caso più emblematico è quello dello stesso generale José Miaja, di estrema destra (era iscritto alla Uniòn Militar Española), favorevole dapprima agli insorti, divenne poi il comandante repubblicano, spostandosi su posizioni comuniste.
26   Vincente Rojo, insieme a Miaja, Mola e Queipo de Llano collega di accademia di Franco, fu l'unico generale repubblicano a rientrare in Spagna durante il franchismo, dopo un esilio in Sud America durato diciotto anni, nel 1957, ed ad esser sepolto con gli onori militari
27   C. De Arce, Militares republicanos de la guerra de España, Barcelona, 1981.
28   Bolloten 1961, p. 212.
29   *CNT*, 22 agosto 1936.
30   Pubblicato su *Fragua Social*, 18 novembre 1936.

popolo e sono le uniche forze in grado di difendere la libertà e la vita del popolo spagnolo. Come prima di questa guerra sociale, torniamo ora a gridare: "Abbasso le catene! L'esercito rappresenta la schiavitù ed è il simbolo della tirannia. Si sopprima l'esercito!"[31].

Insomma, in piena guerra l'estrema sinistra chiedeva addirittura la soppressione dell'esercito!

Le unità miliziane erano raccolte in *columnas*, formate da un numero variante di *centurias*, ciascuna formata da dieci *grupos*, ognuno dei quali comprendeva dieci miliziani. Ogni *grupo* eleggeva un delegato, con funzioni simili a caporale; a sua volta ogni *centuria* eleggeva il proprio delegato che partecipava al Consiglio di guerra della *columna*. I miliziani potevano deporre in qualsiasi momento il proprio deputato se questi avesse tentato di imporre una qualche forma di disciplina. Nella colonna Durruti, per dare un'idea, i turni di guardia venivano assegnati per sorteggio, con l'estrazione casuale di bigliettini di carta su cui veniva segnato un numero, corrispondente ad un miliziano *per non litigare, poiché tutti avrebbero voluto montare nelle prime o nelle ultime ore*[32]!

Da ricordare la presenza di miliziane anarchiche nella colonna *Durruti*, che godettero della fama di essere alquanto disponibili verso i loro compagni, ma che causarono, per via delle malattie veneree, più perdite dei combattimenti. Le ausiliarie vennero per questo motivo soprannominate *las ametralladoras*, mitragliatrici.

Secondo alcune fonti, alla fine Durruti fece fucilare tutte le *miliziane* infette alla stazione di Bujaraloz. Furono l'80% del totale[33].

Del tutto opposta invece l'idea di disciplina dei miliziani comunisti.

Il 22 luglio 1936 il giornale comunista *Mundo Obrero* era molto chiaro al riguardo, scrivendo che il miliziano rosso doveva rendersi conto di appartenere ad un corpo militare:

Disciplina, gerarchia ed organizzazione. Ogni uomo deve ubbidire al suo gruppo, ogni gruppo al suo organismo immediatamente superiore. Solo in questo modo il trionfo sarà davvero nostro[34].

Il danno fatto dagli eccessi degli anarchici e dai trotzkisti fu tale che nel 1937, su pressione di Stalin, e del suo proconsole Ercole Ercoli (Palmiro Togliatti) i comunisti iniziarono la liquidazione degli avversari. A Barcellona Camillo Berneri fu prelevato in casa da una *ceka* di sei comunisti, e ammazzato nella pubblica strada con un colpo alla testa. Dopo gli anarchici fu la volta dei trotzkisti del *Partido Obriero de Unificaciòn Marxista*[35]; di questa purga resta la testimonianza di George Orwell in *Omaggio alla Catalogna*. Cervello dei massacri di Barcellona furono i comunisti italiani, i più legati a Stalin: da Ercoli-Togliatti sino al triestino Vittorio Vidali (Carlos Contrera) esecutore materiale di un gran numero di esecuzioni.

L'ordine di arrestare tutta la direzione del POUM venne dato personalmente da Togliatti e da Dolores Ibarruri, la *Pasionaria*, alla *Guardia de Asalto*[36].

Vittorio Vidali - che fu implicato personalmente nell'assassino di Leon Trotzskij in Messico nel 1940 - partecipò insieme al rappresentante dell'NKVD Orlov anche all'arresto ed all'interrogatorio sotto tortura, durato trenta ore, di Andresog Nin, segretario del POUM: *dopo alcuni giorni la sua*

---

31   *Frente Libertario* del 27 ottobre 1936, cit. in Bolloten 1961, p. 228.
32   *Fragua Social*, 8 settembre 1936, cit. in Burnett Bolloten., *The Great Camouflage. The Communist Conspiration in Spain 1936-1939*, London 1961 (tr.it. Roma 1966, p. 205).
33   Scrive José M. Bueno, il massimo esperto di uniformologia spagnola ed uno dei maggiori conoscitori della Guerra civile che *Rafael Garcia Serrano, en su libro 'Diccionario para un macuto' nos cuenta que eran llamadas por los mismos milicianos, "las ametralladoras", por el gran nùmero de bajas que causaban entre los combatientes republicanos al contagiarles infermidades venéreas. Gironella cuenta que Durruti, en la estàcion de Bujaraloz, hizo fusilar a todas las infectadas, un 80% de las que acompañaban a su culumna*: J. M. Bueno, *Uniformes Militares de la Guerra Civil Española*, Madrid 1997, p. 95.
34   *Mundo Obrero*, 22 luglio 1936, cit. in Bolloten 1961, p. 210.
35   Usiamo il termine con i quali i marxisti del POUM sono ancor oggi comunemente chiamati, anche se non avevano legami con Leon Trotzskij.
36   R. Conquest, *The Great Terror*, London 1968, p. 654 della trad.it.

faccia non era che una maschera di sangue[37].
Nin morì probabilmente sotto le torture, anche se Vidali disse che era stato fucilato senza che avesse parlato.

L'anarchico italiano Carlo Tresca, che era stato amico dello stalinista triestino negli anni Venti, definì il Vidali *capo di spie, traditori e assassini. Quando appare lui sento l'odore di morte. Mi domando: chi sarà la sua prossima vittima*[38]*?*

Tresca fu assassinato nel 1943, a New York, dove aveva fondata la *Società G. Mazzini*, da killer tra i quali c'era, quasi certamente, lo stesso Vidali, cosa data per assodata dai trotzkisti [39].
Secondo il giornale francese *La Lotte Oùvriere* del 16 maggio 1937, le vittime della *controrivoluzione borghese staliniana* furono novecento solo nei primi giorni.
Mussolini commentò:
Nella capitale della Catalogna, durante alcuni giorni e alcune notti, i fratelli hanno ucciso i fratelli, i cugini hanno scannato i cugini, i socialisti, insieme ai comunisti "staliniani" hanno massacrato gli anarchici e i comunisti "trotzkisti" [...]
Mentre gli anarchici sono in uno stato di terribile esasperazione contro i comunisti, costoro, dalle colonne del loro giornale, Il Grido del popolo, non solo approvano l'azione del governo catalano, ma incitano il Governo a ripulire la Catalogna dai nemici interni superstiti, che sarebbero gli anarchici, i "trotzkisti", i sindacalisti. Dopo di che l'ordine regnerà a Barcellona, come già a Varsavia! Questo è l'antifascismo internazionale nella sua più genuina espressione: odio e sangue![40]
Le autorità repubblicane cercarono di imporre una disciplina rigida, con il ricorso frequentissimo alle esecuzioni sommarie, ma le diserzioni afflissero in modo sempre crescente i reparti repubblicani. Si pensi che sul fronte di Madrid i camion di miliziani arruolati a forza erano scortati dai *Carabineros* che provvedevano alla distribuzione delle munizioni solamente una volta arrivati in linea, per evitare le frequentissime diserzioni. I fiumi Jarama e Manzanarre erano costantemente pattugliati di notte da barconi armati per dare la caccia ai disertori.
Le brigate internazionali, inquadrate, armate ed addestrate in buona parte dai sovietici, furono le migliori unità della Repubblica, sebbene non tutti i battaglioni fossero sullo stesso piano: molto buone le prestazioni degli italiani e, meno, dei tedeschi, particolarmente motivati, dovendo combattere contro connazionali di opposta ideologia e desiderosi di vendetta, buoni i francesi e i polacchi, di nessun valore statunitensi, inglesi e canadesi, usati solo per scopi di propaganda. Francesi e statunitensi tendevano a disertare molto più frequentemente rispetto ai tedeschi e agli inglesi. Furono i tedeschi del battaglione *Thaelmann* e gli italiani del *Garibaldi* infatti a fermare prima gli spagnoli sul fiume Jarama e poi gli italiani a Guadalajara, salvando Madrid.
È scarsamente noto il fatto che durante la Guerra Civile spagnola l'anarchico italiano Malatesta creò un battaglione "internazionale" detto *Battallòn de la Muerte* (soprannominato poi *Battallòn de la Nebla* per come scomparve dandosi alla fuga al primo scontro coi Nazionalisti), che aveva come motto *Ni dio ni amor*, ispirato agli Arditi italiani della Grande Guerra anche nell'uniforme, avente come emblema teschio e tibie sul basco nero, giacca aperta, maglione nero e pugnale alla cintura; come detto nel suo primo combattimento questa unità scomparve, perdendo tutti i propri effettivi nello scontro di Santa Quiteria[41].

---

37 Ibid.
38 Cit. in Kolpakidi, in Bertelli, Bigazzi 2001, p. 149.
39 Su Vidali ed il suo ruolo nei massacri spagnoli, ibid. pp. 122 segg.; *Cahier Leon Trotsky* 3, 1979. Vidali era l'amante della fotografa comunista friulana Tina Modotti.
40 B. Mussolini, *Barcellona*, Il Popolo d'Italia n.140, 21 Maggio 1937 XXIV.
41 Josè M. Bueno, *Uniformes Militares de la Guerra Civil Española*, Madrid 1997 p. 104 e tav. 233. Con gli occhi di oggi, il

I volontari venivano arruolati presso le sezioni dei partiti di sinistra e nelle fabbriche, e trasferiti in Spagna con l'aiuto delle autorità parigine, che provvidero ad armarli con armi prese dagli arsenali dell'esercito, malgrado la contrarietà dei militari francesi, ostili al *Front Populaire* ed ai repubblicani, e preoccupati di un possibile conflitto con l'Italia a seguito della crisi spagnola. Non furono i primi volontari francesi: André Malraux aveva creato già all'inizio della guerra la squadriglia omonima, presto spazzata via dai CR32 italiani e spagnoli.

Non va commesso l'errore di considerare i brigatisti soltanto come degli idealisti, ansiosi solo di combattere per le proprie idee, contro il fascismo e per la causa del proletariato. Molti reparti non ebbero che un valore propagandistico. Se, soprattutto tra i fuoriusciti italiani, ungheresi o tedeschi i volontari motivati politicamente furono evidentemente la maggioranza, un gran numero di altri si arruolò per cause meno disinteressate: la disoccupazione, l'alto premio di ingaggio[42],e, in Francia, venne data la possibilità di scegliere, per taluni reati penali, tra la detenzione e l'arruolamento nelle *Brigadas Internacionales*[43].

Che non si tratti di propaganda franchista, lo prova quanto srisse il medesimo Andrè Marty al Comitato Centrale del *Parti Communiste Français*:

In Spagna, frammisti con i buoni militanti comunisti, socialisti, antifascisti italiani, fuoriusciti tedeschi, anarchici d'ogni pelo e d'ogni razza, sono affluiti anche centinaia di elementi criminali internazionali. E mentre parte di essi si sono limitati a vivere grassamente senza far nulla e senza combattere, molti altri hanno iniziato, approfittando del disordine, una serie di delitti abominevoli, stupri, rapine, violenze, omicidi per pura malvagità, furti, sequestri di persona ecc. Non contenti di ciò, hanno iniziato sanguinose ribellioni contro le autorità e qualcuno si è dato allo spionaggio a favore di Franco.

Nei reparti inglesi, canadesi e statunitensi, con volontari provenienti da Paesi dove la presenza di partiti marxisti era secondaria o del tutto assente, la maggior parte dei volontari, oltre che per sfuggire alla crisi degli anni '30, si arruolò per mero spirito di avventura, ciò che ne spiega il limitatissimo risultato militare rispetto ai ben più motivati *internazionali* tedeschi, ungheresi e italiani, che dopo anni di violentissime lotte contro gli uomini delle S.A. o delle squadre d'azione, dopo l'esperienza rivoluzionaria di Bela Kuhn, lo spartachismo e l'occupazione delle fabbriche, avevano subito spesso il carcere e, ora, l'esilio.

Si deve poi ricordar come, se pure non mancarono combattenti internazionali non comunisti, le Brigate furono sotto pressante controllo sovietico, e quale fosse l'unica ideologia realmente accettata lo dimostra la stella rossa a tre punte, simbolo della Terza Internazionale, posta al centro delle bandiere brigatiste, e l'uso degli uomini come polizia politica contro anarchici e trotzkisti, in quanto considerati da Stalin e dal suo rappresentante Ercoli-Togliatti politicamente sicuri. A partire dalla fine del 1937 iniziò poi un processo di crescente stalinizzazione delle Brigate Internazionali, con l'allontanamento dei soggetti non comunisti e con l'imposizione di ufficiali politici che agivano in modo analogo ai commissari politici sovietici.

André Marty, francese, prediletto di Stalin, orchestrò una campagna pubblica di caccia alle streghe contro i dissidenti trotzkisti che, a dir suo, agivano all'interno delle Brigate per distruggerle.

Andrew e Gordievskij nella loro storia dei servizi d'informazione sovietici, citano un comunista francese, che affermò che per André Marty

---

basco nero con il teschio, il maglione nero, i pantaloni infilati negli scarponi e il pugnale ricordano molto le divise di taluni reparti della Repubblica Sociale!

42   Oltre al premio d'ingaggio, la paga di un internazionale era, ad inizio guerra,di dieci pesetas giornaliere, rispetto alle due pesetas di un legionario italiano.

43   A. Castells, *Las Brigadas internacionales de la guerra de España*, Barcelona, 1974.

il nemico era nelle fila delle Brigate Internazionali e in territorio lealista, più che dall'altra parte del fronte[44].

Ogni infrazione disciplinare per il Marty non era che parte della congiura trozkista per *dividere e scoraggiare le Brigate Internazionali*.

Le esecuzioni degli internazionali ritenuti meno ortodossi politicamente gli valsero la fama di *Carnicero de Albacete*. Chiamato a Parigi dai vertici del PCF, il Marty si vantò di aver fatto fucilare oltre cinquecento brigatisti internazionali, a suo parere *colpevoli di ogni sorta di reati* e di *spionaggio a favore di Franco*[45].

I reparti di carri erano formati in gran parte da mezzi (281 carri T-26 A e B[46] e 50 carri BT-5) e personale sovietici, e dimostrarono un'ottima efficienza, anche per la superiorità tecnica dei carri sovietici, specialmente i T-26B, rispetto ai CV35 italiani ed ai Pz.Kfw. I tedeschi. Oltre a questi mezzi, i repubblicani disponevano di 32 *Renault* FT.17 francesi del tutto obsoleti, e di 15-20 carri spagnoli *Trubia Naval*[47].

A Guadalajara si distinse la *Brigada de Carros de Combate* del Generale Dmitrij Pavlov (sovietica, su cinque Compagnie di carri T-26 B), il cui attacco provocò la crisi delle Camicie Nere della 1ª divisione *Dio lo Vuole*.

---

44   Andrew, Gordiewskij 1991, p. 179.
45   D.R. Richardson, *Comintern Army*, Lexington 1982, pp. 174-175; Andrew, Gordiewskij 1991, p. 179.
46   Ben 178 T-26 B caddero nelle mani di Franco, che ne riutilizzarono almeno 50 in combattimento: L. Molina, J. M. Manrique, *Blindados Soviéticos en el Ejército de Franco*, Madrid 2007.
47   I repubblicani disponevano anche di un carro italiano *Fiat* 3000 acquistato negli anni '20.

LE BRIGATE INTERNAZIONALI 1936-1938[48]

Brigate	Battaglioni	Nazionalità
XIª (ott. 1936)	1° *Edgar André*	Tedeschi
	2° *Commune de Paris*	Francesi e belgi
	3° *Dombrowsky*	Polacchi
XIIª (nov. 1936)	1° *Thaelmann*	Tedeschi
	2° *Garibaldi*	Italiani
	3ª *André Marty*	Francesi
XIIIª (dic. 1936)	1° *Louis Michel*	Francesi
	2° *Chapaiev*	Volont. Balcanici
	3° *H. Vuillemin*	Francesi
	4° *Mickiewicz*	Polacchi

---

48   La presente tabella presenta numerose differenze rispetto ai reparti citati nel testo (si noti come, nell'XI Brigata, manchi il Btg. *Nannetti* che combattè a Guadalajara). Ciò deriva, oltre che dalla contraddittorietà delle fonti, dal fatto che i vari Battaglioni tendevano ad essere spostati a seconda delle necessità, a venire disciolti in seguito a perdite o per motivi politici, a venir aggregati con altri reparti, e così via. La tabella si riferisce ai reparti che formavano le varie Brigate all'atto della costituzione delle stesse.

XIV^a (dic. 1936)	1° *Nueve Naciones*	Mista
	2° *Domingo Germinal*	Anarchici spagnoli
	3° *Henri Barbusse*	Francesi
	4° *Pierre Brachet*	Francesi
XV^a (feb. 1937)	1° *Dimitrov*	Jugoslavi
	2° *Inglés*	Inglesi
	3° *Lincoln, Washington, Mackenzie-Papineau*	Statunitensi, Statunitensi, Canadesi
	4° *6 de febrero*	Francesi

XIIª bis (apr. 1937); CLª (giu. 1937); XIIIª (luglio 1937)	1° - 4° *Rakosy*	Ungheresi
CXXIXª	1° *Masaryk* 2° *Djakovich* 3° *Dimitrov*	Cecoslovacchi Bulgari Jugoslavi e Albanesi

LA SPAGNA NAZIONALE

L'Esercito Nazionalista (*Ejército naciònal*) inquadrava 7.000 ufficiali e 25.000 soldati oltre a 30.000 militari appartenenti al *Tercio Etranjero* (la *Legiòn*, Legione straniera spagnola) e alle truppe marocchine inquadrate nei *Tabores* delle *Tropas Regulares de Marruecos*, più note col nome di *Regulares*[49]. I *Regulares* marocchini erano tutti volontari, e nel corso del conflitto raggiunsero i 78.000 uomini.

A questi si sommavano i 14.000 uomini della *Guardia Civil*, 1 0.000 *Guardias de Asalto* e i 6.000 *Carabineros* passati con i ribelli.

I corazzati nazionali, il cui nucleo principale era costituito dai carri italiani e tedeschi, comprendevano 64 *Renault* FT 17 oltre a tre carri spagnoli *Trubia* A4 totalmente inutili. Ad essi si aggiunsero nel corso del conflitto, all'incirca 50 carri sovietici T-26 B sui 178 catturati ai repubblicani, ed almeno un BT-5.

La Marina nazionalista era, all'inizio del conflitto, composta da una corazzata molto vecchia, la *España*[50], gli incrociatori *Almirante Cervera* e *Canarias*, cui si aggiunse poi il *Baleares*, in cantiere allo scoppio della guerra, un cacciatorpediniere, il *Velasco*, tre torpediniere, quattro cannoniere e quattro guardacoste. Le forze navali nazionali ricevettero anche un forte aiuto dalla Regia Marina italiana sotto forma di navi corsare e sommergibili che eseguirono azioni di attacco al traffico repubblicano; mentre le unità pesanti passarono, in linea di massima, sotto la bandiera nazionalista insieme a circa 7.000 uomini ed alla grande maggioranza degli ufficiali, la gran parte dei cacciatorpediniere e dei sommergibili, insieme a 13.000 uomini, rimase fedele alla Repubblica.

L'aviazione nazionale, allo scoppio dell'insurrezione, allineava un centinaio di aerei, tutti di modello molto antiquato.

A fianco dell'Esercito Nazionalista prestarono servizio contingenti di varia origine: 74.285 tra soldati, Camicie Nere, marinai e aviatori italiani, 16.000 tedeschi, circa 12.000 *Viriatos* portoghesi[51], 3.350 francesi inquadrati per lo più nella *Legion Jeanne d'Arc* (*Bandera Juana de Arco*) e nella *Bandera Francesa del Tercio*, 700 irlandesi (*Irish Brigade*, in spagnolo *Bandera Irlandesa*)[52], oltre a circa duemila tra inglesi, argentini, norvegesi, iugoslavi, rumeni, ed anche russi bianchi.

In un suo studio Cristopher Owen, autore di *Franco's International Brigades*, ha calcolato come i circa 183.000 volontari stranieri (Othen include in tale cifra i *Regulares*, tutti volontari, ma ciò è secondo noi totalmente sbagliato, trattandosi di truppe coloniali regolari dell'Esercito spagnolo e quindi non erano volontari stranieri) nell'esercito nazionalista, fossero di quattro volte più numerosi quelli nell'esercito repubblicano[53], cifra che ci pare eccessiva: riducendo il numero, togliendo dal

---

49   Non consideriamo qui le truppe coloniali del Marocco spagnolo, come la *Mehalla Jalifiana* le *Tropas Nòmades del Sahara*, e i *Tiradores de Ifni*, della Costa d'Oro e di Ceuta e Melilla, ma solo il Corpo d'Armata Marocchino di Juan de Yagüe Blanco che combatté in Spagna.
50   Ex *Alfonso XIII*.
51   È una cifra del tutto indicativa e non va ritenuta certa.
Le cifre circa il numero dei volontari portoghesi variano dai 30.000 di F. Nogueira ai 20.000 per H. Thomas, *no màs de 1000* secondo L. Sala Larrazabal. Ci siamo basati sulla cifra di 12.000, indicata da A. Beevor, che include anche il presonale aeronautico dei *Viriatos do Air* e i volontari nel *Tercio*. Certo è che non venne formato nessun grande reparto portoghese. Le prime Camicie Verdi volontarie in Spagna erano inquadrate nella *Legião Viriato* che prendeva nome da Viriato, eroe lusitano a capo della rivolta contro i romani nel II secolo a.C.; data la fama della legione, anche tutti gli altri volontari portoghesi, anche quelli del *Tercio Etranjero*, vennero denominati *Viriatos*.
52   La *Irish Brigade* fu organizzata da Eoin O' Duffy, Capo di Stato Maggiore dell'I.R.A. durante la guerra contro gli inglesi, e generale nella Guerra Civile del 1922- 23; fu anche il creatore delle *Blue Shirts* e leader del partito fascista irlandese *Fine Gael*. O'Duffy descrisse l'impiego della *Irish Brigade* nel suo *Crusade in Spain*, pubblicato a Dublino 1938.
53   C. Othen, *Armed Tourists. A Bare Bones Guide to Foreign Volunteers in the Nationalist Army during the Spanish Civil War*

computo i marocchini, si arriva ad una cifra intorno ai 106.700, secondo noi più attendibile, e che comunque è superiore di due volte e mezza rispetto ai circa 40.000 volontari dalla parte repubblicana, un fatto passato costantemente sotto silenzio dalla storiografia di impronta antifascista.

Alle truppe regolari si affiancavano le milizie volontarie che comprendevano nel 1936 circa 6.000 *Requetés* carlisti navarresi e circa 15.000 appartenenti alla Falange ed alle J.O.N.S., oltre alle *bojnas verdes* del Movimento di Rinnovamento Spagnolo.

L'Italia, oltre ad ingenti quantitativi di materiale aeronautico e logistico, inviò in Spagna circa 6.000 uomini della Regia Aeronautica tra aviatori, specialisti ed avieri, 763 aeroplani (tra cui 418 caccia, 180 bombardieri e 112 tra ricognitori-assaltatori, addestratori e idrovolanti), 1.930 cannoni, 155 (secondo altri 149) corazzati leggeri Ansaldo CV 33 e 35, anche nella versione lanciafiamme, 8 autoblindo Lancia, oltre 240.000 fucili e moschetti '91/38, 1.072 mitragliatrici, e 7.663 automezzi. L'Aviazione Legionaria fu la migliore aviazione delle due parti in lotta.

I piloti italiani abbatterono 903 aerei avversari in combattimento (tra i quali 242 I-16, 240 I-5, 48 SB-2 e 14 *Potez* 540[54]).

L'Aviazione Legionaria perse a sua volta 147 velivoli, di cui 68 in combattimento, 21 per contraerea, 7 distrutti al suolo, 3 CR32 catturati per un errore di rotta, gli altri apparecchi andarono perduti per incidente[55]. I piloti italiani decorati di Medaglia d'Oro al VM in Spagna furono 54, oltre a due Medaglie conferite all'asso nazionalista maggiore juan Garcia Morato ed al capitano Carlos Haya Gonzales.

Gli assi furono: Mario Bonzano con 15 vittorie, Adriano Mantelli con 12, Corrado Ricci e Guido Nobili con 10, Carlo Romagnoli con 9, Giuseppe Cenni con 6, Granco Lucchini e Enrico degli Incerti con 5.

Nel corso della guerra di Spagna, i piloti italiani totalizzarono 135.265 ore di volo, compiendo 5.318 azioni di bombardamento, nel corso delle quali vennero sganciate 11.524 tonnellate di bombe e spezzoni.

Alcune unità della Regia Marina vennero impegnate in azioni costiere e di interdizione della marina repubblicana. Nel febbraio 1937 gli incrociatori *Eugenio di Savoia* ed *Emanuele Filiberto*, senza inalberare alcun segno che ne denunciasse la nazionalità, bombardarono dal mare le città di Barcellona e Valencia. L'incrociatore *Barletta*, bombardato da velivoli dell'aviazione repubblicana, conterà i primi sei morti della Regia Marina in Spagna.

Nel canale di Sicilia, nel tentativo di interrompere il flusso dei rifornimenti russi, vennero impiegati gli incrociatori *Armando Diaz* e *Luigi Cadorna*. L'uso di unità di superficie rischiava, come è facile intuire, di rivelarsi troppo pericoloso per l'Italia, potendone facilmente compromettere la posizione in campo internazionale, coinvolgendola in un conflitto nel quale, ufficialmente, gli italiani rimasero sempre neutrali; venne perciò preferito l'impiego dei sommergibili.

Lungo le coste spagnole vennero impiegati trentasei sottomarini italiani in una serie di attività che andavano dall'interdizione del traffico repubblicano al bombardamento notturno delle coste. Attività di interdizione al traffico navale sovietico, diretto in aiuto ai repubblicani, violando l'embargo, venne poi svolta in Mediterraneo Orientale, dove i sommergibili italiani facevano base nelle isole del Dodecaneso.

(1936-39), in http://www.brightreview.co.uk/ARTICLE-Armed-Tourists.html. Othen crede erroneamente che i militari italiani (probabilmente intende la Divisione *Littorio*, formata dal personale del Regio Esercito) fossero precettati e non volontari come in realtà erano.
54   C. Shores, *Spanish Civil War Air Forces*, Oxford 1977, p.50. Sono esclusi dal computo gli aerei abbattuti dalla contrarerea o distrutti al suolo.
55   F. Pederiali, *Guerra di Spagna e Aviazione Italiana*, Pinerolo 1989, p.372.

Alla Marina nazionalista furono ceduti in prestito i sommergibili *Ferraris*, *Galileo Galilei*, *Onice* e *Iride* che vennero inquadrati nella *Armada nacional* solo per alcuni mesi e fecero rientro in Italia nel 1938[56].

La Germania nazista fornì alla Spagna di Franco 122 carri armati leggeri Pz.Kfw. I (i Pz.Kfw. II, contrariamente a quanto sostenuto da alcune fonti, non risultano aver operato in Spagna), e cannoni controcarro da 37 mm, batterie antiaeree equipaggiate con pezzi da 88 mm, Batterie di obici da 105 mm, mitragliere da 20 mm *Rheinmetall-Borsig*, mortai da 80 mm. Vanno poi aggiunti i 542 velivoli (di cui 246 caccia, 189 bombardieri e 107 tra trasporti ricognitori e idrovolanti) che andarono a formare la *Legion Condor* nella quale militarono numerosi di piloti e specialisti della *Lutfwaffe* oltre a personale di artiglieria e dei corazzati.

Il Portogallo del dittatore Antonio de Oliveira Salazar appoggiò sin dal principio la rivolta nazionalista e concesse il territorio lusitano per la raccolta ed il transito di aiuti e materiali per i nazionali, aggirando così l'embargo; ventimila *Viriatos* portoghesi combatterono al fianco di Franco, insieme a tre gruppi caccia (*os Viriatos do Air*).

Le forze armate nazionaliste erano decisamente superiori a quelle repubblicane, più motivate, più disciplinate e più addestrate, anche se fino al 1937 furono spesso inferiori nell'armamento. Le cose cambiarono grazie ad italiani e tedeschi, che rifornirono i nazionali di armi e mezzi moderni. Gli ufficiali erano buoni e ben motivati.

Particolarmente buone erano le brigate di Navarra, truppe addestrate al combattimento in montagna, in buona parte formate da ex *Requetés*, con un'eccellente conoscenza dei luoghi e della lingua basca. I *Regulares* marocchini e i legionari del *Tercio* erano le migliori truppe spagnole, militari di carriera, di morale altissimo, veterani delle campagne del Riff e fedeli fino alla morte ai propri comandanti, Franco e Millan Astray. Malgrado ciò si trovarono a mal partito negli scontri casa per casa a Madrid nel 1936, tanto che i *Regulares* vennero più di una volta sconfitti dalle milizie anarchiche e sindacaliste.

Combattivi, fanatici cattolici e coraggiosissimi erano i carlisti baschi e navarresi del *Requeté*, che combattevano anche una guerra civile nella guerra civile contro i baschi separatisti. Le tradizioni dei navarresi rimontavano alle guerre carliste contro i liberali nel 1837, ma le bandiere con la croce di Borgogna e l'aquila bicipite erano un richiamo a Carlo V (I per gli spagnoli) ed agli *Austrias*, sotto i quali i *tercios* navarresi erano state le migliori truppe del mondo. I *Requetés* si distinsero sempre dagli altri combattenti spagnoli per l'uso della tradizionale *bojna roja*, delle proprie bandiere e per il fatto di non usare mai il grido di battaglia nazionalista ¡Arriba España! ma il tradizionale ¡Viva España! Come avveniva in campo repubblicano, la motivazione ed il fanatismo si mutavano spesso in ferocia verso il nemico sconfitto, con la famigerata *limpieza*.

I reparti falangisti erano di vario livello: ve ne furono di molto buoni, che supplirono con l'elevato morale allo scarso addestramento, anche se la media non fu mai all'altezza dei reparti regolari o del *Requetè*, o dall'altra parte, dei reparti comunisti.

I 16.000 tedeschi della Condor diedero complessivamente una buona prova di sé, pur senza raggiungere il risultato degli italiani.

L'aviazione tedesca, da poco ricostituita da Göring dopo il diktat di Versailles, non aveva raggiunto

---

56 Dati ripresi dall'articolo di Daniele Lembo, *La partecipazione italiana alla guerra di Spagna*, http://www.ariannaeditrice.it/articolo.php?id_articolo=18392.
Recentissimo sull'argomento è I. Recalde, *Los submarinos italianos de Mallorca y el bloqueo clandestino a la República (1936-1938)*, Palma de Mallorca, 2011.

ancora i livelli addestrativi degli anni successivi, come si vide a Guernica nel 1937. Nel corso delle incursioni sulla cittadina basca l'Aviazione Legionaria colpì l'obbiettivo assegnato, il ponte di Guernica, mentre i piloti tedeschi, forse impediti nella mira dal fumo, gettarono le bombe a caso, creando gravi danni poi enfatizzati dalla propaganda repubblicana, che inventò migliaia di morti che non ci furono mai (se ne ebbero secondo le stime più attendibili al massimo duecento) e accusò i tedeschi di un bombardamento terroristico contro i civili, che i tedeschi, a differenza degli italiani su Barcellona, non si erano mai sognati di fare[57].

57
 Scrive Galeazzo Ciano nel proprio diario il 20 marzo 1938:
 [...] *La verità sui bombardamenti di Barcellona è che li ha ordinati Mussolini a Valle* [sottosegretario all'Aeronautica] , *alla camera, pochi minuti prima di pronunciare il discorso per l'Austria* [il 16 marzo]. *Franco non ne sapeva niente e ha chiesto di sospenderli. Mussolini pensa che questi bombardamenti siano ottimi per piegare il morale dei rossi, mentre le truppe avanzano in Aragona. Ed ha ragione. Quando l'ho informato del passo di Perth* [sir Eric Drummond, lord Perth, ambasciatore britannico a Roma, aveva chiesto la sospensione dei bombardamenti], *non se ne è molto preoccupato, anzi si è dichiarato lieto del fatto che gli italiani riescano a destare orrore per la loro aggressività, anziché compiacimento come mandolinisti. Ciò, a suo avviso, ci fa anche salire nella considerazione dei tedeschi, che amano la guerra integrale e spietata.*
 (Ciano 1990, p.115).
 Va ricordato però come anche i bombardieri repubblicani compissero frequenti incursioni sulle città in mano ai nazionalisti come Toledo, Siviglia e Burgos.

IV
HAY UN VALLE EN ESPAÑA LLAMADO JARAMA
LE PRIME OPERAZIONI E LA MARCHA SOBRE MADRID

La guerra civile scoppiò il 17 luglio 1936.
L'*alzamiento* iniziò nel Marocco Spagnolo.
Il 18 luglio, il Generale Francisco Franco y Bahamonde, un Generale veterano delle campagne del Riff e ritenuto vicino alla Repubblica, assunse il controllo delle truppe d'Africa mentre il Generale Queipo de Llano prese possesso di Siviglia; passarono ai *facciosos*, come i repubblicani chiamavano i nazionalisti, anche Granada e Cordoba.
Gonzalo Queipo de Llano y Sierra allo scoppio della Guerra Civile Spagnola, al comando di poche centinaia di uomini s'impadronì della città di Siviglia, e di lì di gran parte dell'Andalusia, tanto da venire soprannominato *El Virrey de Andalucía* (il viceré dell'Andalusia).
Queipo de Llano era stato dapprima favorevole, ma poi era divenuto ostile alla dittatura di Pimo de Rivera, e per questo rimosso dall'esercito e collocato in pensione. Nel 1930 aveva tentato un velleitario colpo di stato repubblicano insieme a Ramon Franco y Bahamonde - fratello del futuro Caudillo - e un piccolo gruppo di ufficiali con i quali aveva tentato di impadronirsi dell'aeroporto di Quatros Vientos presso Madrid.
Fuggito in Francia vi rimase sino alla nascita della seconda repubblica, e, rientrato in patria, aveva aderito al governo repubblicano, e proprio per questo nel 1936 era diventato Comandante Generale della II Regione Militare, l'Andalusia. Ma il generale, pur profondamente repubblicano, vedeva con crescente preoccupazione e disgusto la comunistizzazione e la crescente anarchia di quella repubblica per la quale aveva affrontato l'esilio.
L'adesione del Generale Queipo de Llano al colpo di stato nazionalista fu totalmente inaspettata, e proprio tale fattore sorpresa rese possibile la presa di Siviglia (una città di oltre 300.000 abitanti, in gran parte repubblicani) da parte di pochi uomini. Per Queipo de Llano la salvezza della Spagna veniva prima delle sue stesse idee politiche. Se il governo repubblicano stava scivolando verso il marxismo ed il comunismo, allora, dovere di un soldato era quello di combattere contro la Repubblica.
La situazione volse definitivamente a favore di Queipo del Llano e dei nazionali, con l'arrivo dall'Africa, grazie all'Aviazione Legionaria inviata da Mussolini, dei *Tabores* marocchini comandati dal colonnello Yagüe Blanco.
Strumento importantissimo nella presa del potere a Siviglia, nel resto dell'Andalusia e in parte dell'Estremadura, fu la radio. Popolarissime per il tono vivace e polemico divennero le sue *charlas radiofonicas* che dal 18 luglio 1936 al 30 gennaio 1938 furono trasmesse da *Radio Sevilla*; venivano ascoltate di nascosto dagli spagnoli ancora sotto il governo repubblicano, pur consapevoli che, se sorpresi ad ascoltare *Radio Sevilla*, sarebbero stati immediatamente passati per le armi dai miliziani.
Via radio il Generale Queipo dichiarava di avere assunto tutto il potere civile e militare in questa o quella città, invitava le mogli dei *rossi* di questo o quel villaggio andaluso a vestirsi a lutto perché il giorno dopo le sue truppe avrebbero preso il villaggio, dettava l'agenda politica, ma si scagliava anche contro i suoi avversari politici in termini feroci e irridenti, che piacevano molto all'uditorio. Tra questi non solo il presidente della Repubblica Manuel Azaña, non certo noto per la propria avvenenza, del quale diceva che *la natura ha creato un mostro e il parlamento l'ha fatto presidente*, ma anche

lo stesso generalissimo Francisco Franco, da lui soprannominato *Paca la Culona*.

Il 30 gennaio 1938 quando *la Junta Tecnica del Estado* si convertì in Governo della Spagna Nazionale, Queipo de Llano tenne la sua ultima *charla* radiofonica.

I contrasti con Franco, che non gradiva molte cose del suo ultimo concorrente rimasto, a cominciare dal fatto di venir chiamato *Paca la Culona*, e che lo riteneva, come scrisse a Mussolini, un *antifascista peligroso*, portarono, una volta finita la guerra, Queipo de Llano lontano dalla Spagna e dal potere, per lo più in missioni onorifiche all'estero, la più significativa delle quali a Roma durante la Seconda Guerra Mondiale quale capo della missione militare spagnola.

In Navarra ed in città importanti quali Vigo, La Coruña, Oviedo, Burgos, Valladolid, Salamanca, Pamplona, Saragozza, tradizionalmente conservatrici, le milizie operaie cedettero davanti ai militari, ai *Requetès* carlisti, ed ai falangisti delle JONS. Il governo di Madrid aveva inutilmente ordinato alle navi da guerra - la flotta era rimasta fedele in quanto gli equipaggi avevano sopraffatto gli ufficiali che volevano aderire alla rivolta, massacrandoli o affogandoli - di presidiare lo stretto di Gibilterra, così da contenere la ribellione in Marocco e nelle Canarie impedendo ai legionari del *Tercio* ed ai *Tabores* marocchini di raggiungere la Spagna continentale.

Josè Giral, nominato primo ministro, ordinò di distribuire le armi al popolo, fatto che a Madrid consentì ai lealisti di stroncare la rivolta, massacrando gli ufficiali nella caserma *Montaña*. I massacri durarono per giorni, con ufficiali fucilati o gettati dalle finestre; Pablo Neruda cantò la strage, esaltandola come una *vittoria* delle forze popolari. Anche a Barcellona i ribelli vennero bloccati dagli operai, in prevalenza anarchici, e dalla *Guardia Civil*, rimasta fedele al governo.

Il generale Sanjurjo, che avrebbe dovuto guidare la Spagna dopo la rivolta, morì in uno strano incidente aereo mentre tornava dall'esilio, il 20 luglio 1936. Franco fu immediatamente sospettato dell'eliminazione del suo vecchio superiore.

Un altro strano incidente aereo provocò la morte di Mola il 3 giugno del 1937, mentre Queipo de Llano cadde in disgrazia, come si è visto, e venne esautorato dopo la guerra ed inviato in una sorta di esilio dorato quale addetto militare in Italia, dove, per ogni evenienza, si recò in nave.

L'ascesa del futuro *Caudillo* fu inevitabile.

Tra il 30 luglio ed il 5 agosto 1936 trenta Junkers JU 52 tedeschi trasferirono a Siviglia i primi 1.500 legionari e *Regulares* marocchini. Sempre il cinque agosto avvenne il primo grande trasferimento di truppe dall'Africa via mare, con la protezione aerea italiana. Da Ceuta salparono per il porto di Algesiras tre piroscafi con imbarcati 4.000 uomini e 4 batterie di cannoni, oltre a munizioni, esplosivi e viveri, scortati da due piccole cannoniere. Il convoglio venne intercettato da due cacciatorpediniere repubblicane, ma intervennero otto bombardieri S81 del comandante Ruggero Bonomi (nome di battaglia Federici) che costrinse alla fuga i repubblicani. Fu il battesimo del fuoco della futura Aviazione Legionaria.

Toledo, con il palazzo reale dell'Alcazar, dove si trovava l'Accademia di fanteria comandata dal Colonnello José Moscardó Ituarte, divenne il rifugio di numerose *Guardias Civil*, falangisti, accademisti e loro familiari che furono assediati dai repubblicani. I cadetti erano, contrariamente a quanto si pensa di solito, una minoranza, poiché la maggior parte di loro era in licenza allo scoppio dell'insurrezione.

Il 26 luglio il Colonnello Moscardó Ituarte rifiutò d'arrendersi in cambio della vita del figlio Luìs, ventiquattrenne, fatto prigioniero dei repubblicani.

La telefonata tra il capo delle milizie toledane, il socialista Cándido Cabello, Luìs Moscardò e il difensore dell'Alcazar è entrata nella leggenda della Guerra Civile.

- *Voi siete responsabili dei crimini e di tutto quello che succede a Toledo*, disse Cabello. *Le dò dieci minuti di tempo per consegnare l'Alcazar, altrimenti farò fucilare suo figlio Luis, che è qui al mio*

fianco.
- Ci credo.
- Per dimostrarle che non dico storie, adesso viene all'apparecchio.
- Papà!
- Che succede, figlio mio?
- Niente. Dicono che mi fucileranno se l'Alcazar non si arrende, ma tu non preoccuparti di me.
- Se è così, figliolo, raccomanda l'anima a Dio, grida viva Cristo Re e viva la Spagna e muori da spagnolo. Addio figlio mio. Ti abbraccio.
- Ciao papà. Un bacio grande.
E al socialista, tornato al telefono:
- Può risparmiarsi il tempo che mi ha concesso, e fucilare mio figlio. L'Alcazar non si arrenderà mai[58].
Luis Moscardò venne fucilato tre giorni dopo.
Circondati da forze repubblicane preponderanti, privi di cibo, di luce e di aiuti, con solo l'acqua della cisterna medievale, 147 ufficiali e cadetti, 903 civili combattenti, falangisti e Guardie Civili, con 538 fra donne e bambini, resisterono strenuamente all'assedio per settanta giorni, e Franco, capendo l'importanza simbolica della città, ordinò la loro liberazione, rimandando la marcia su Madrid.
L'Alcazar, malgrado la mancanza di viveri e di munizioni, i bombardamenti dell'artiglieria e dell'aviazione rossa, l'esplosione di due mine piazzate dai *dinamiteros* asturiani, non cedette fino alla liberazione avvenuta il 28 settembre 1936 con l'arrivo delle truppe del generale José Enrique Varela Iglesias.
Quando Varela entrò nel cortile, accanto alla statua di Carlo V, che le cannonate repubblicane avevano fatto cadere dal piedistallo, pur restando in piedi, erano schierati i difensori della fortezza con Moscardò, che salutò Varela dicendo:
Mi general, sin novedad en el Alcazar.
Il giorno seguente, quando Franco si recò all'Alcazar venne accolto da Moscardò che, portano la mano alla visiera, esclamò:
Mi general, le entrego el Alcázar destruido, pero el honor queda intacto[59].
Venne decorato con la *Crux Laureada de San Fernando*, la più alta onoreficenza spagnola[60].
Il 29 agosto la *Junta de Defensa Nacional* stabilì l'adozione come bandiera nazionale della bandiera monarchica rossa e oro; le forze nazionaliste sino a quel giorno le forze nazionaliste avevano avuto la stessa bandiera dei repubblicani, il tricolore rosso-oro-porpora. Il 3 settembre, mentre Moscardò ed i suoi resistevano ai bombardamenti dei *rojos*, Giral diede le proprie dimissioni.
Largo Caballero, socialista, soprannominato il *Lenin español*, venne chiamato a formare il nuovo governo. Sia i nazionalisti che i repubblicani cercarono aiuto all'estero per sostenere la loro causa. Franco, che non aveva troppa simpatia per i fascisti, sperava nel sostegno dell'Inghilterra, vista la simpatia del governo britannico, che aveva inviato l'aereo che trasportò Franco da Las Palmas a Tetuan per prendere il comando dell'Esercito d'Africa. Londra tuttavia optò per il non intervento e

---

58 Alcuni autori hanno negato la realtà della telefonata, come Isabelo Herreros, *Mitología de la cruz de Franco. El Alcázar de Toledo*, Madrid, 1995, e Herbert R. Southword, *The Myth of Franco's Crusade*, Paris 1963, libello antifranchista pubblicato da *Ruedo Iberico*, l'associazione dei fuoriusciti spagnoli a Parigi di ispirazione comunista. Southword durante la guerra civile fu cronista del *Washington Post*, venendo notato per le sue simpatie dall'ambasciata repubblicana, che lo invitò a collaborare con il *Servicio de Informaciòn Militar*, i servizi segreti repubblicani. Dopo la sconfitta dei rossi, Southword continuò a lavorare per l'ex primo ministro comunista Negrìn ed a scrivere libelli antifranchisti, dai titoli come *Antifalange, The Myth of Franco's Crusade, Guernica, Conspiracy and the Spanish Civil War: The Brainwashing of Francisco Franco*. Pertanto, continuiamo a ritenere pienamente attendibile la versione della telefonata a Moscardò.
59 *Signor generale, le consegno l'Alcazar distrutto, ma l'onore rimane intatto.*
60 La città di Toledo dedicò nel 1941 una lapide al colonnello Moscardò. Tale lapide è stata rimossa dal governo socialista di José Luis R. Zapatero nel gennaio 2010. Il presidente Zapatero è esponente, per coincidenza, del medesimo partito di quel Cándido Cabello che fece fucilare Luis Moscardò.

sperava che anche Parigi faccesse lo stesso. La Francia del *Front Populaire* continuerà, in realtà, a spedire armi ed apparecchi al governo di Madrid sotto la copertura di altri Paesi, come il Messico. Mussolini, che temeva un'intesa Madrid-Parigi capace di turbare gli equilibri nel Mediterraneo, decise di intervenire a favore dei rivoltosi che riuscirono, grazie ai velivoli forniti dal Duce, a far sbarcare centinaia di uomini dal Marocco nella Spagna.

Per iniziativa francese, venne firmato da tutti le potenze europee un patto di non-ingerenza nel conflitto. Il patto era fasullo. Stalin e la Francia appoggiavano la Repubblica, Italia e Germania sostenevano invece la rivolta, la prima soprattutto con l'invio di volontari, aerei e con il blocco navale, la seconda con un centinaio di aerei, mezzi corazzati e uomini. Hitler era prudente, il suo sostegno limitato, i suoi ufficiali - tranne il capo dell'*Abwher* ammiraglio Canaris e il *Reichsmarschall* Göring - erano contrari all'intervento e ciò che premeva al Führer era che la guerra spagnola catalizzasse l'attenzione mondiale in modo da avere maggiore libertà d'azione in Europa. L'Italia e la Germania riconoscobbero ben presto il governo di Franco come quello legittimo di Spagna. Gli U.S.A. di Roosevelt si mantennero neutrali. La speranza della Gran Bretagna e Francia era comunque quella che il conflitto non diventasse mondiale e tentarono, la Francia almeno apparentemente, di restarne al di fuori, come, ufficialmente, il regno d'Italia, la Germania e l'URSS.

Il 22 ottobre 1936, con i *Regulares* marocchini ormai ad un passo da Madrid, Largo Caballero autorizzò la formazione delle brigate internazionali.

In tutto il mondo, i partiti comunisti e i sindacati si attivarono per reclutare volontari. La prima unità, l'XI *Brigada mixta internacional* venne inviata a Madrid. ne facevano parte i più svariati soggetti: operai, avventurieri, studenti, anarchici, socialisti, liberali, comunisti. Fuorono questi ultimi, appoggiati dall'Unione Sovietica, ad avere il predominio, anche grazie all'invio di ufficiali dell'Armata Rossa, che formarono la spina dorsale degli eserciti repubblicani, privi di un quadro ufficiali adeguato, con l'invio di carri armati, di aerei moderni da caccia e da bombardamento, di efficienti agenti del GRU[61], il servizio segreto militare sovietico.

Nelle brigate internazionali si arruolarono molti fuoriusciti tedeschi, italiani, polacchi, consapevoli che, se rinviati in patria, la pena sarebbe stata la condanna a morte, o, quantomeno, il carcere.

A Madrid quando i militanti del Fronte Popolare decisero di scovare i nazionalisti rimasti in città si scatenò il terrore, costringendo centinaia di persone a comparire davanti ai cosiddetti tribunali popolari davanti ai cui processi farsa la condanna a morte era sicura. Bastava indossare una cravatta per essere fucilati, preti e monache vennero massacrati a centinaia, e le chiese profanate.

L'Aviazione Legionaria italiana, cui si affiancano anche aerei tedeschi, comincia a bombardare anche obbiettivi non militari a Madrid e dintorni; tra i civili regna il panico e la confusione. Largo Caballero e il governo abbandonarono la città per rifugiarsi a Valencia ed incaricarono il generale José Miaja di formare una *Junta de Defensa* per garantire la lotta ad oltranza.

Questi, che era stato a suo tempo messo a riposo(con firma del Capo di Stato Maggiore Francisco Franco) per le sue simpatie di destra- era iscritto alla *Uniòn Militar Española*, dichiaratamente monarchica e filofascista- aveva rifiutato agli inizi del conflitto l'incarico di ministro della Guerra, offertogli dal governo Giral, avendo maggiori simpatie per gli insorti che per la Repubblica; ora,

---

[61] *Glavnoe Razvedyvatel'noe Upravlenie*. Direttorato principale per l'informazione. In Spagna vennero inviati anche agenti del NKVD, alla cui testa era Aleksandr Orlov, giunto in Spagna nel 1936 con il preciso incarico di assicurare la vittoria dello stalinismo sulle eresie marxiste. Come scrisse nel dicembre '36 il comitato direttivo della Terza Internazionale al PCE,
Qualunque cosa accada bisogna arrivare a distruggere il trotzkismo, denunciandolo alle masse come servizio segreto fascista autore di provocazioni agli ordini di Hitler e del generale Franco; un'organizzazione che tenta di dividere il Fronte Popolare, conducendo una campagna denigratoria contro l'Unione Sovietica; un servizio segreto che aiuta attivamente il fascismo in Spagna.

(Andrew, Gordiewskij 1991, p. 176).

costretto ad accettare il ruolo di capo della *Junta*, dapprima si lamentò di esser stato destinato a morte sicura da Caballero, poi, in seguito ai successi difensivi intorno a Madrid, esaltato dalla propaganda, elevato, non per merito suo ma dall'eroismo dei miliziani e degli internazionali, si spostò su posizioni apertamente comuniste[62].

La radio repubblicana invitava gli abitanti alle barricate. I marocchini erano nei sobborghi della capitale, all'Ospedale generale ed alla Città universitaria, i *Tercieros* della Legione nella valle dello Jarama e del Manzanarre. Ad ottobre-novembre comparvero sul fronte madrileno anche i primi italiani della Missione Militare Italiana in Spagna, con dieci carri veloci CV35 e 38 pezzi da 65/17. Inquadrati nel *Tercio*, di cui portavano l'uniforme, con nomi di battaglia al posto dei propri, gli italiani oltre a combattere avevano l'incarico di addestrare gli spagnoli all'uso delle nuove armi italiane. Gli italiani si comportarono brillantemente il 15 novembre quando vennero investite la Casa de Campos e la *Ciudad Universitaria*: proprio una Compagnia di CV35 fu la prima ad entrarvi, seguita da una Compagnia di marocchini. Fu la punta più avanzata raggiunta dai *nacionales* nella città di Madrid sino al 1939. Gli italiani vennero poi ritirati dal fronte a novembre, dopo aver consegnato carri e pezzi d'artiglieria ai nazionali.

Si combatté con una ferocia inaudita e con atti eroici da entrambo le parti. Le mura degli edifici della Ciudad universitaria madrilena furono presto sporche di sangue e crivellate di colpi. I Tabores lottavano con i coltelli contro i repubblicani, casa per casa, senza riuscire ad avanzare. Il *Puente de los Franceses*, sul Manzanarre, la Casa de Campos divennero l'obbiettivo delle truppe di Yagüe ed il simbolo della resistenza repubblicana:

Puente de los Franceses,
¡Mamita mía!
Nadie te pasa.
Porque los milicianos,
¡Mamita mía!
Qué bien te guardan.
Por la Casa de Campo,
¡Mamita mía!
Y Manzanares
Quieren pasar los moros,
¡Mamita mía!
No pasa nadie[63].

La notte si portava soccorso ai feriti delle due parti. Il cibo scarseggiava per tutti. Si diffuse il terrore per la presunta *Quinta Colonna* franchista: i sospetti venivano ammazzati sul posto, senza

---

62   Bolloten 1961, p. 224.
63   La canzone, *Los cuatros generales*, una delle più note dell'innodica rossa, si concludeva con una strofa quantomeno prematura:

Marchaos, legionarios,
Marchaos italianos
Marchaos hitlerianos,
¡Mamita mía!
A vuestra tierra.

Porque el proletariado,
¡Mamita mía,
Ganó la guerra.

processo. Si sparse la voce che i *Tabores* erano pronti a mettere a sacco Madrid ed a massacrarne gli abitanti. Riemergevano i ricordi del 2 maggio 1808, dei mamelucchi napoleonici, dei *moros* dell'epoca del Cid Campeador[64].

Non era poi un'idea del tutto dovuta alla propaganda. Nelle linee davanti Madrid venne catturato un *Regular*, e sottoposto ad interrogatorio dai repubblicani. All'ufficiale che lo interrogava sul perché combattesse in una guerra che non lo riguardava:
Ho sempre combattuto per i miei ideali.
Colpito dalla dignità del marocchino, l'ufficiale repubblicano decise di inviarlo a lavorare presso la cucina da campo del reparto. Più tardi, lo stesso giorno, l'ufficiale vide il marocchino sparare contro le linee nazionaliste, e l'apostrofò:
Tu non hai ideali!.
La risposta fu:
I miei ideali sono sempre gli stessi: ammazzare gli spagnoli[65].

Grande importanza ebbero anche le donne che aiutarono a costruire le trincee, a portare i viveri ai combattenti e a spronarli. Il primo anno di guerra vide i repubblicani perdere posizione ma soprattutto fece comprendere come nessuno dei due contendenti avesse la forza necessaria per aver ragione dell'altro.

I nazionalisti ricevetteroo rinforzi di materiale, di armi e di truppe dalla Germania e dall'Italia, i repubblicani da Stalin e dalla Francia di Leòn Blum.

Nelle zone sotto il controllo repubblicano, la giustizia era ormai amministrata da tribunali popolari ed il Governo era poco più di una finzione.

Nel Governo, o meglio in quel che ne restava, si fronteggiarono, spesso con le armi, comunisti, centristi, anarchici, socialisti, sindacalisti, autonomisti ecc. La Repubblica, è stato detto, mancava di veri repubblicani. Iniziò la rivoluzione contadina col massacro dei proprietari terrieri e delle loro famiglie, il sequestro degli immobili, la cancellazione dei debiti e dei titoli di proprietà e la nazionalizzazione delle imprese. Il disordine divenne generale e l'industria nazionale era a pezzi.

Una delle motivazioni principali sostenute dai *nacionales* all'epoca dell'*Alzamiento* fu quella di combattere l'anticlericalismo virulento del regime repubblicano e di difendere la Chiesa cattolica, che era stata attaccata per il l' appoggio data alla monarchia e che le sinistre incolpavano dei mali della nazione. Arretratezza, povertà, sfruttamento, ignoranza. Che la Chiesa avesse gravi colpe è indubbio; ma ciò che successe in Spagna a partire dal 1936 è una delle pagine più oscure del XX secolo, anche per chi non sia un credente.

Nelle prime fasi della guerra civile, comunisti ed anarchici incendiarono chiese, conventi e altri edifici religiosi, profanando tombe ed esponendo i corpi dei religiosi morti, come avvenne con i cadaveri delle monache del *Monasterio del Carmen* a Madrid, e uccisero migliaia di sacerdoti, frati e monache senza che le autorità repubblicane facessero il minimo tentativo per impedirlo.

Un'eccezione a questo schema cattolici-anticattolici era rappresentata dai nazionalisti baschi, che, pur essendo in stragrande maggioranza cattolici praticanti, erano schierati con la Repubblica separatista di Aguirre, il cui portavoce era un gesuita (la Compagnia di Gesù era molto potente nei Paesi Baschi, e del resto lo stesso Loyola era basco). La Chiesa cattolica salutò dunque la vittoria di Franco come un evento provvidenziale.

In un radiomessaggio del 16 aprile 1939, *Con inmenso gozo*, papa Pio XII parlò di una vera e propria vittoria *Contro i nemici di Gesù Cristo*.

---

64 La propaganda repubblicana chiamava costantemente *moros* anziché *marroquis* i coloniali di Yagüe.
65 C. Othen, *Armed Tourists, A Bare Bones Guide to Foreign Volunteers in the Nationalist Army during the Spanish Civil War (1936-39)*, reperibile in http://www.brightreview.co.uk/ARTICLE-Armed-Tourists.html

Molti criticano l'appoggio dato dalla Chiesa cattolica a Franco ed alla causa nazionalista. Ma il massacro sistematico del clero rese la scelta inevitabile: i sacerdoti e i religiosi assassinati ammontano a 6.832, dei quali 4.184 del clero secolare e fra essi dodici vescovi e un amministratore apostolico; 2.365 religiosi e 283 religiose. Se dal 1° gennaio al 18 luglio 1936 le vittime fra il clero erano state 17, esse diventarono 861 alla fine di luglio. Il culmine venne raggiunto nel mese di agosto con 2.077 assassinati, fra cui dieci vescovi, con una media di 70 al giorno.

Mai nella storia d'Europa e forse in quella del mondo - ha scritto Hugh Thomas, storico certamente non imputabile di simpatie franchiste - *si era visto un odio così accanito per la religione e per i suoi uomini.*

La leggenda clericale e franchista indicò - e indica tutt'ora - nella massoneria una delle forze sostenitrici della repubblica. Ciò è assolutamente falso. Sebbene il Grande Oriente di Spagna dapprima avesse guardato con favore alla Repubblica, la crescente deriva anarchico-marxista aveva gettato la preoccupazione nelle logge iberiche. Preoccupazione non infondata: era assodato il legame tra borghesia e Massoneria. Esser massone voleva dire automaticamente essere un nemico di classe. Se la Chiesa sosteneva che dietro la repubblica c'era la Massoneria, i *rojos* sostenevano che la Massoneria, strumento del Capitale e della reazione, era alle spalle dei rivoltosi, e che i massoni erano la loro quinta colonna[66]. All'inizio della guerra le *Cekas* si impadronirono dei pié di lista delle logge, prelevando i membri uno ad uno, ed eliminandoli. Come in URSS dal 1917, e come in tutti i regimi comunisti, l'appartenenza alla massoneria divenne reato, e, proporzionalmente, i massoni spagnoli pagarono un tributo di sangue secondo solo alla Chiesa cattolica, venendo oltretutto perseguitati anche dai nazionalisti, che però almeno non li passavano per le armi, ma si limitavano al carcere o all'epurazione.

Nella zona nazionale e in quella controllata dal Fronte Popolare diverse migliaia di persone vennero fucilate in applicazione dei bandi di guerra e dei processi politici, nonché come risultato di una repressione fatta di esecuzioni sommarie e senza alcuna parvenza di legalità da parte delle varie milizie, che si mantenne attiva fino a data assai avanzata, spesso fino a quando furono i comunisti a porvi fine, massacrando a loro volta anarchici, sindacalisti e trotzkisti.

Non ci sembra lecito minimizzare quanto avvenuto nelle retrovie rosse perché, come qualcuno ha sostenuto, *la sinistra mancava di un progetto repressivo*. Non è assolutamente vero.

Ciò significa passare sotto silenzio gli elementi fondamentali delle ideologie marxista e anarchica, la cui teoria e pratica sono sempre state storicamente accompagnate dall'eliminazione dei dissidenti e degli oppositori come passo necessario nell'edificazione della società nuova, giusta ed egalitaria.

Con estrema chiarezza il deputato comunista Antonio Mije in un comizio tenuto nella Plaza de Toros di Badajoz nel maggio del 1936 dichiarò:

Suppongo che il cuore della borghesia di Badajoz generalmente non palpiterà domani al vedere come sfilano per le strade con il pugno alzato le milizie in uniforme; al vedere come sfilavano questa mattina migliaia e migliaia di giovani operai e contadini, gli uomini del futuro Esercito Rosso [...]. Questo atto è una dimostrazione di forza, è una dimostrazione di energia, è una dimostrazione di disciplina delle masse operaie e contadine inquadrate nei partiti marxisti, che si preparano a farla finita assai presto con quella gente che in Spagna continua ancora a dominare in forma crudele e sfruttatrice.

Per non aver alcun *progetto repressivo* le parole citate prima della stampa socialista sono molto esplicite. Naturalmente i *borghesi di Badajoz*, e di tanti altri luoghi, avrebbero incrociare le braccia e lasciare le mane libere ai militanti dei partiti e dei sindacati di sinistra decisi a farla finita con loro ma, sfortunatamente per costoro, non lo fanno.

Come scrive Angelo David Martin Rubio, furono proprio le sinistre a distruggere la legalità repubbli-

---

66   Se il presidente repubblicano Azaña era massone, lo erano anche Ramòn Franco e il generale Queipo de Llano, e, forse, lo stesso *Caudillo*, oltre al generale Ettore Bastico, che comandò il C.T.V. nel 1937.

cana, scatenando il terrore *rosso* a partire dal 1936.

Lavori come quelli di Pio Moa e di Stanley G. Payne[67] hanno documentato con estrema chiarezza un processo che ha come precedente l'azione sovversiva e terroristica della sinistra radicale spagnola durante il regno di Alfonso XIII; un processo che si accelera con la instaurazione della Repubblica, in virtù di un atto di forza che viola apertamente la legalità vigente. La prima tappa è segnata dal movimento antidemocratico del 1934, quando il Partito Socialista e i separatisti catalani si sollevarono contro la volontà della maggioranza degli elettori, che nelle elezioni del novembre 1933 diedero la vittoria al centro-destra. Il disegno insurrezionale fallì, ma in Catalogna, nelle Asturie e in altri luoghi si produsse un primo assaggio degli omicidi, dei saccheggi, degli incendi e delle torture che si ripeteranno nel 1936 su scala assai maggiore.

Soffocata la rivolta con le armi, fu evidente l'incapacità (e la volontà) da parte dello Stato di rispondere all'aggressione subita e, mentre la propaganda di sinistra lamentava una repressione mai esistita, gli stessi organizzatori dell'abortita rivoluzione dell'ottobre 1934 si preparavano a un secondo e definitivo assalto al potere che ebbe luogo dopo le elezioni del febbraio del 1936.

Il processo che porta il Fronte Popolare, nonostante il ridotto risultato elettorale, a mettere insieme una maggioranza alla Camera ha il proprio culmine nella destituzione illegale del Presidente della Repubblica e nella sua sostituzione con Manuel Azaña.

Durante i mesi che vanno dal febbraio al luglio del 1936 si assisté allo smantellamento dello Stato di diritto attraverso provvedimenti quali l'amnistia per i reati politici del 1934 concessa per decreto-legge; l'obbligo di riammettere le persone destituite per la loro partecipazione ad atti di violenza politico-sociale; la riabilitazione davanti alla *Generalitat* di Catalogna di coloro che erano stati protagonisti del *golpe* del 1934, le espropriazioni anti-costituzionali, il ritorno all'arbitrarietà dei giurati misti, le coazione del potere giudiziario.

Nel contempo, gli attivisti del Fronte Popolare si rendevano protagonisti nella totale impunità di episodi che furono denunciati davanti alle Cortes senza ottenere altra risposta se non minacce di morte come quelle proferite contro José Calvo Sotelo da Dolores Ibarruri. Il giorno dopo Calvo Sotelo venne prelevato da alcuni *Asaltos* ed assassinato. In un tale contesto, non si capisce come si possa affermare che la crudeltà sia stata patrimonio di una sola delle due parti - per gli storici di sinistra solo quella nazionale! - e che non si possa scaricare una sola di esse dalla responsabilità piena di quanto accadde in Spagna a partire dal 1936.

Nelle due zone vi fu repressione: repressione «irregolare» e repressione «controllata». In entrambi i casi vennero a mancare meccanismi di difesa dell'imputato e venne negato all'avversario ogni diritto[68]. Più tardi, superata l'esplosione di odio, di paura e di vendetta dei primi mesi, s'impose realmente il disegno di far passare la repressione attraverso le vie legali e processi, che razionalizzano la repressione, il che fu anche un sistema per liberarsi degli avversari interni. Un esempio è quanto avvenuto a Madrid nel 1937.

I primi di marzo del 1937, pochi giorni prima di Guadalajara, la tensione a Madrid salì alle stelle. Le canzonette miliziane non alzavano più il morale dei madrileni, né riempivano il loro stomaco.

De las bombas se rien,

---

67   Pio Moa, 1934: *Comienza la Guerra Civil. El PSOE y la Esquerra emprenden la contienda*, Barcelona 2004; Idem, *1936: el asalto final a la República*, Barcelona 2005; e S. G. Payne, *El colapso della República (Los orígenes de la guerra civil 1933-1936)*, Madrid 2005.

68   Nel 1936-1937 a Madrid i *Tribunales de Justicia Popular* graziarono centinaia di sospetti, i quali venivano rimandati alle carceri con decreti della *Direccion Central de Securidad* che invitavano a *poner en libertad el detenido*. Appena questo veniva scarcerato, veniva prelevato dalla *Guardia de Asalto* e liquidato con un colpo alla nuca durante il *paseo* (il *paseo*, passeggiata, era il prelevare l'avversario e liquidarlo appena possibile, abbandonandone il cadavere per strada). Alle richieste dei familiari circa la sorte del detenuto, le autorità esibivano così il decreto di scarcerazione, sostenendo che il detenuto stesso aveva disertato, o aveva lasciato Madrid.

*mamita mía,
los madrileños.*
Una folla via via crescente di madrileni, uomini e soprattutto donne, si radunò dinnanzi al palazzo della giunta, cominciando a gridare insulti. In breve furono più di tremila persone a scandire:
Puerco Miaja, puerco Azaña, puerco Caballero!
Le Guardie Civili e gli *Asaltos* schierati davanti al palazzo aprirono il fuoco sulla folla, uccidendo ufficialmente novanta persone - ma si disse fossero almeno il doppio - tra e uomini e donne, mentre gli altri fuggirono, calpestando nella calca altre 160 persone cadute a terra o ferite.
La manifestazione era stata con tutta probabilità spontanea, e causata dalla stanchezza per la guerra, dai bombardamenti dei *Savoia Marchetti* SM79 e degli *Junkers* Ju 52, che ora sganciavano bombe anche di notte, e dei quali i madrileni avevano ormai smesso di ridere, se mai lo avevano fatto, dalla fame, dalle violenze delle milizie repubblicane, dalle centinaia di prelevati dalle varie *Cekas* e mai tornati a casa, dalle squadre di reclutamento che rastrellavano la gente per strada o dai caseggiati per portarli a scavare trincee all'Ospedale Clinico e alla Città Universitaria, ma i comunisti non persero l'occasione per strumentalizzare ai propri fini quanto avvenuto. Il pomeriggio stesso si scatenò il terrore poliziesco. André Marty, il famigerato *Carnicero de Albacete*[69], come era stato soprannominato, dichiarò alla stampa straniera che era stato scoperto un *complotto* per uccidere il generale Miaja. I cospiratori non erano i fascisti, ma erano i comunisti trotzkisti, i sindacalisti della *Union General de Trabajo* e gli anarchici della *Confederaciòn General de Trabajo*. Quarantasette esponenti anarchici e sindacalisti vennero subito arrestati - nove erano funzionari di polizia, sette le donne - e fucilati. Stalin stava allungando i tentacoli sulla Spagna rossa cominciando ad eliminare le sinistre non staliniste. Ovviamente né l'UGT né la CNT avevano nulla a che vedere con quanto accaduto, né era mai esistito alcun complotto contro Miaja od altri.
Ernest Hemingway, malgrado fosse schierato apertamente con la repubblica, in *From Who the Bell Tolls* (*Per chi suona la campana*) giudicò André Marty:
Pazzo da legare. Ha la mania di uccidere la gente. Purifica più lui del Salvarsan[70].
In realtà Marty non era diverso da Vidali, da Togliatti, dallo stesso Lister, ossessionati dall'idea di sradicare ogni eresia marxista non conforme alle direttive del Comintern.
In campo repubblicano, come in tutti regimi comunisti della storia, la paranoia verso il nemico interno ed i dissidenti superava persino le necessità della lotta contro i franchisti, al punto di danneggiare lo sforzo bellico della Repubblica.
Tornando ad un discorso più generale, naturalmente ciò non significa che in ciascuna zona la repressione non abbia caratteri propri e che non esista fra le due zone una differenza sostanziale. Nella zona repubblicana la repressione è *in maniera predominante* risultato di un procedimento giuridicamente incostituzionale e moralmente inqualificabile, nacque dall'aver armato il popolo, dalla creazione di tribunali popolari e dalla proclamazione dell'anarchia rivoluzionaria, fatti tutti che equivalgono a una «patente» concessa a convalida delle migliaia di omicidi commessi, la responsabilità dei quali ricade pienamente sopra coloro che li istigarono, li permisero e li lasciarono impuniti.
Nella zona nazionale e nel dopoguerra la repressione fu *in maniera predominante* il risultato condanne di comportamenti di rilevanza penale tenuti dagli imputati nel periodo del controllo repubblicano. Si possono segnalare non poche eccezioni a queste due regole generali, ma difficilmente si potrà mettere in discussione i fatti che caratterizzano le grandi linee di quanto avvenuto e che spiegano la differenza di cifre fra le province che si trovarono sottoposte al processo rivoluzionario e quelle che rimasero fin

---

69   Il macellaio di Albacete. Albacete era il quartier generale delle Brigate Internazionali, e i brigatisti non abbastanza ortodossi dal punto di vista comunista le vittime del Marty.
70   D.R. Richardson, *Comintern Army*, Lexington 1982, pp. 174-175; Andrew, Gordiewskij 1991, p. 179.

dal principio della guerra in zona nazionale.
Nelle retrovie repubblicane fra l'agosto del 1936 e il gennaio del 1937, il numero massimo del numero delle morti varia nelle diverse province, ma la maggior parte di esse si ha nei mesi dell'estate e dell'autunno del 1936, ripresentandosi poi nei momenti di particolare tensione. A partire dal 1937 la repressione prenderà altre forme e conterà su organi più specializzati: è questa l'epoca delle *checas*, le carceri segrete di partito, di quelle del *Servicio de Investigación Militar* e dei campi di lavoro.

Specialmente là dove gli omicidi sono più selettivi o colpiscono persone isolate i repubblicani uccidono borghesi benestanti e in genere notabili locali; altrove invece il fenomeno si traduce in una persecuzione massiccia diretta anche contro la piccola borghesia, impiegati, artigiani, lavoratori giornalieri e altri appartenenti ai gruppi sociali più modesti.
La persecuzione religiosa, iniziata prima della guerra, ha molteplici manifestazioni, fra cui va segnalato l'assassinio di sacerdoti, di religiosi e di laici; gli incarceramenti e gli incendi, i saccheggi e le profanazioni di edifici e di oggetti sacri.
Queste azioni sono state attribuite a un fenomeno spontaneo, frutto della lotta di classe, avente come protagonista le masse inferocite: tuttavia, in base ai dati disponibili, è possibile precisare come, in numerose occasioni, l'iniziativa sia partita dalle autorità, tanto da quelle già esistenti quanto dalle nuove istanze costituitesi a partire dall'evento rivoluzionario, che sono quelle che dominano veramente la situazione.
Nel periodo della guerra civile, nell'area controllata dagli insorti, scrive Ángel David Martín Rubio, le prime azioni repressive erano dirette contro i nuclei di resistenza incontrati dagli insorti; ben presto lasciarono il passo alla pratica tragica dei *paseos*, le passeggiate, la quale più o meno tardi tenderà a sparire a seconda delle zone per essere sostituita, prima per gradi, poi definitivamente (sempre salvo eccezioni), dalle esecuzioni *legali*. A partire dalla fine del 1936 e dagli inizi del 1937, le cifre relative alle vittime della repressione in luoghi fino ad allora parte della zona nazionale mostrano una diminuzione notevole, che va messa in relazione con il passaggio dei poteri alle autorità preposte all'ordine pubblico, con la maggior centralizzazione dei poteri dello Stato e con il controllo, quasi definitivo, assunto dall'apparato repressivo.
A mano a mano che le zone rimaste sotto il controllo della Repubblica vengono occupate dall'Esercito Nazionale, subiscono una nuova ondata di violenza, di segno contrario rispetto a quella che hanno subito fino ad allora; per ciò che riguarda il dopoguerra si può parlare chiaramente di due tappe: il 1939-1940, momento di maggior intensità, e gli anni seguenti, in cui vengono liquidate con relativa rapidità le responsabilità - o presunte tali - di carattere penale.
È chiaro che, soprattutto dopo la guerra o nelle zone che erano appartenute alle retrovie repubblicane, si giudicavano, in un buon numero di casi, delitti concreti.
Va sempre tenuto presente questo: la violenza e la repressione nazionalista sono la risposta, e la conseguenza, di quelle rosse. Se è vero che tutte le violenze sono eguali, è altrettanto vero che a scatenare un'ondata di violenza indiscriminata, di massacri, di prelevamenti, di esecuzioni mai vista prima in Europa - con l'eccezione della Russia rivoluzionaria - né nell'Italia del 1922 né nella Germania del 1933 sono state per prime le sinistre e le loro milizie, che ne pagheranno più tardi, in maniera spesso spietata ma comprensibile, le conseguenze.
Per comprendere se non per giustificare, la vendetta nazionalista, basti leggere questa testimonianza degli anziani contadini di Villacarrillo, in Andalusia:
Vennero i rossi e, lasciando le macchine sulla strada, salirono in paese a piedi. Qui presero con la forza i sacerdoti e alcuni uomini che avevano tentato di opporsi al loro arresto e li condussero giù, nel

prato che dalla strada si distende verso il Guadilimar. Estrassero quindi dalle macchine alcune bottiglie di benzina e ne infilarono il collo in bocca ai malcapitati, per costringerli a ingoiarne qualche sorso. Le vittime si contorcevano in terra dal dolore. Allora alcuni miliziani portarono dei giornali a cui avevano appiccato il fuoco e li avvicinarono alla bocca dei martiri che subito esplosero come bombe. Non c'è da meravigliarsi se, cambiato il vento, i massacratori diventino massacrati. E insieme ai colpevoli, vengono uccisi migliaia di repubblicani colpevoli solo di appartenere alla parte perdente, anche se non coinvolti nei massacri: del resto, gli alleati considerarono tutti gli appartenenti alle SS come criminali di guerra, indipendentemente dalle effettive responsabilità individuali. Non ci si può scandalizzare, dunque, se anche in Spagna avvenne lo stesso.

La provenienza delle vittime fu duplice.

Da un canto, i membri di una minoritaria borghesia liberale, repubblicana, di sinistra, fondamentalmente residente in nuclei urbani di una certa entità e nei capoluoghi. E, dall'altro, in maggioranza operai di diversi mestieri e salariati agricoli (giornalieri). Specialmente perseguite saranno le autorità repubblicane e, nel dopoguerra, i protagonisti della mobilitazione politico-sindacale del periodo precedente: il tutto senza però dimenticare di ricordare la componente arbitraria e casuale di molte delle morti avvenute in tale contesto[71].

Ciò non vuol dire giustificare, come fa la propaganda cattolico-reazionaria, i massacri franchisti, anche se quanto detto sopra aiuta a spiegarne la ragione. Gli italiani rimasero disgustati da quella che Galeazzo Ciano definì la *reazione bianca disordinata crudele e pericolosa*[72], tanto che Ciano si prodigò, affiancato dall'ambasciatore Cantalupo e da Farinacci per limitarla; Farinacci, che certo non era un moderato, scrisse a sua volta a Ciano:

Le barbarie rosse e nazionali si equivalgono. È una gara al massacro che è diventata quasi uno sport.

Ettore Muti scrisse a sua volta in un rapporto a Ciano del 1936 che

A Siviglia sono già 1.300 i fucilati, e li giudica un tribunale composto da sei persone, ognuna delle quali ha un parente che fu a suo tempo giustiziato dai comunisti. Il nostro fascismo è tutta un'altra bellissima cosa[73].

Ciano telegrafò all'ambasciatore Cantalupo le direttive del governo italiano a tal proposito: consigliare a Franco di limitare le rappresaglie ai soli responsabili di crimini, evitare i massacri insensati, che avevano l'unico risultato di irrigidire la resistenza avversaria, moderazione per *fare opera di concordia e di pace*.

Non discutesi la necessità di qualche punizione esemplare a riguardo dei peggiori responsabili della criminalità rossa, e l'adozione di severe misure a garanzia della sicurezza e dell'ordine. Ma occorre contenere tali misure in limiti strettamente indispensabili e affrettarsi a far ritorno alla normalità. Regio Governo, nell'interesse di una rapida soluzione della crisi, non può non essere preoccupato del perpetuarsi di una politica la cui conseguenza è di esasperare il rancore dei vinti e la resistenza degli avversari. Giacché è chiaro che quanti tra i rossi sarebbero disposti ad abbandonare la lotta, sono spinti ad una resistenza disperata dal terrore di un'inevitabile rappresaglia, con il risultato di prolungare e aggravare la lotta. Veda perciò V.E. di prospettare a Franco la gravità della questione e l'importanza tutta particolare che Regio Governo vi annette, insistendo sull'interesse diretto di codesto Governo nazionale a una politica di moderazione, che è il mezzo più efficace per fare opera di concordia e di

---

[71] Ángel David Martín Rubio, *Le vittime della Guerra Civile spagnola*, consultabile in rete sul sito: http://www.identitanazionale.it/stco_5023.php

[72] Telegramma di Ciano a Farinacci, 12 marzo 1937, MAE I, busta 133; Guerri 2001, p. 248.

[73] Quando Ciano lesse queste parole non avrebbe mai potuto immaginare che il suo destino sarebbe stato quello di essere giudicato e condannato a morte da un tribunale, uno dei cui giudici, Celso Riva, era un operaio torinese scelto solamente perché padre di un fascista assassinato dai GAP.

pace[74].

Nel caso della *limpieza* contro baschi e catalani, si rese necessario l'intervento dello stesso Mussolini per evitare (meglio, limitare) i bagni di sangue.

Franco aveva previsto la caduta di Madrid nel giro di qualche giorno ed invece la capitale resisteva ancora, malgrado gli assalti dei *Regulares* e dei legionari del *Tercio* nella città universitaria e lungo il corso del Manzanarre e dello Jarama[75].

Jagt zum Teufel dir fremden Legionäre,
werft ins Meer den Faschistengeneral.
Träumte schon in Madrid sich zur Parade,
doch wir waren schon da er kam zu spät[76].

Cantavano gli internazionali del battaglione *Thaelmann*, appostati nelle trincee fangose del rio Jarama, che fronteggiavano quelle del *Tercios*.

Nel frattempo, altri quarantamila volontari italiani sbarcarono in Spagna nel gennaio del 1937.

Gettare a mare il generale fascista, come avrebbero voluto gli *internazionali*, sarebbe stato molto più difficile.

---

74   Rip. in R. Cantalupo, *Fu la Spagna*, Milano 1948, p. 132.
75   Sulla battaglia per Madrid si vedano i fondamentali lavori di J. M. Martinez Bande, *Frente de Madrid*, Barcelona 1976; id., *La marcha sobre Madrid*, Servicio Historico Militar, Monografias de la Guerra de España, 1, Madrid 1982; id., *La lucha en torno a Madrid en el invierno de 1936-1937*, Servicio Historico Militar, Monografias de la Guerra de España, 2, Madrid 1984. La versione data nel proprio memoriale dal comandante repubblicano Generale Vincente Rojo (V. Rojo, *Asì fue la defensa de Madrid*, Madrid 1987) è pura propaganda.
76   *Al diavolo i Legionari stranieri,*
Buttiamo a mare il generale fascista.
Sognava già di sfilare a Madrid
Ma c'eravamo già noi, è arrivato troppo tardi.

V
EL REGRESO DE LAS LEGIONES
DA CADICE A MALAGA

Il buon risultato dato dalle Divisioni della M.V.S.N. in Africa Orientale nel 1935-1936, superiore ad ogni aspettativa[77], portò ad un impiego di Grandi Unità della medesima anche nella guerra civile spagnola, nella quale l'Italia intervenne in forma non ufficiale, con l'invio di armi e mezzi, e soprattutto di uomini.

L'Esercito partecipò con la Divisione *Littorio,* mentre la Milizia organizzò le proprie truppe in Gruppi di *Banderas*, corrispondenti ad un Reggimento, che parteciparono in modo determinante alla conquista di Malaga tra il 5 ed il 10 febbraio 1937.

Purtroppo nel caso della guerra civile spagnola le federazioni del P.N.F. non avevano effettuato una selezione adeguata dei volontari come era avvenuto per l'Africa, contando sul numero piuttosto che sulle capacità militari. Il primo contingente italiano si imbarcò a Gaeta sul piroscafo *Lombardia* diretto a Cadice il 18 dicembre 1936. Si trattava di tremila uomini, in gran parte appartenenti alla M.V.S.N.

È il caso di affrontare un luogo comune che purtroppo, come tutti i luoghi comuni, è duro a morire malgrado sia smentito dai documenti, quello dei *cosiddetti volontari*, mandati a combattere in Spagna con l'inganno.

Negli anni della Guerra Civile spagnola, tra le varie invenzioni propagandistiche di parte repubblicana vi fu quella che sosteneva come i militari italiani inviati in Spagna fossero in realtà dei poveri illusi, ingannati dai fascisti, che avevano fatto creder loro che sarebbero stati inviati in Africa come coloni, ma poi spedendoli in Spagna a combattere, come arriva a scrivere Silvio Bertoldi recensendo la riedizione del libro del Conforti:

Quei "volontari" richiamati con la cartolina-precetto erano stati imbarcati convinti di andare in Africa Orientale e si erano ritrovati in Spagna[78].

Si tratta - prescindendo che la guerra in Africa Orientale era finita nel maggio del 1936 e nel dicembre dello stesso anno semmai si stavano rimpatriando i combattenti di quella campagna, e non inviando truppe! - solo di una invenzione, perché già il fatto di appartenere alla Milizia, come a qualsiasi altra Forza Armata, implicava la possibilità di essere inviati dove necessario. Nel caso del conflitto spagnolo non fu così. I primi arruolati furono tra coloro che avevano fatto domanda per partire volontari per la guerra d'Etiopia, chiedendo loro la disponibilità per una *operazione militare oltremare*, la Spagna appunto, lasciando ognuno libero di accettare o rifiutare[79].

Si sa anche la fonte e la data della prima volta in cui comparve una tale diceria: una corrispondenza di Mikhail Koltsov pubblicata sulla *Pravda* del 30 marzo 1937. Naturalmente non è difficile comprendere quale sia l'attendibilità di un articolo di propaganda pubblicato sull'organo del PCUS in epoca stalinista[80], ciò spiega perché, pur ripetendo ancor oggi tale chiacchiera, si eviti accuratamente di citarne l'origine.

---

77   P. R. di Colloredo, *I Pilastri del Romano Impero. Le Camicie Nere in Africa Orientale*, 1935-1936, Genova 2009.
78   S. Bertoldi, *Guadalajara, l'inizio di tutte le sconfitte di Mussolini*, "Corriere della sera", 2 marzo 2000.
79   A. Petacco, ¡*Viva la Muerte! Mito e realtà della Guerra Civile Spagnola 1936- 1939*, Milano 2006, p. 98. ovviamente, conclusa la campagna in Africa Orientale, in Europa, Africa e Mediterraneo non vi erano altri conflitti al di fuori di quello spagnolo, e chi si arruolava non aveva dubbi riguardo alla destinazione.
80   Koltsov era il corrispondente della "Pravda" e anche l'informatore diretto di Stalin, il quale leggeva tutti i suoi articoli prima di autorizzarne la pubblicazione (Petacco 2006, p. 49).

Soprattutto all'inizio del conflitto venivano richiesti volontari per destinazione ignota (dato che l'Italia era ufficialmente neutrale, non si poteva certo specificare la destinazione: ma non essendoci altri conflitti che vedessero impegnate le Forze armate italiane non era che un falso segreto). Ricordò Renzo Lodoli, ufficiale dei Granatieri di Sardegna, appena rientrato dall'Africa Orientale
Venne un piantone in compagnia, "Signor tenente, dal signor maggiore, subito".
La tromba suonava rapporto nel cortile. [...]
"Signori ufficiali, a rapporto. State comodi." C'era qualcosa di nuovo nel viso del maggiore. In silenzio esaminava i suoi ragazzi dagli alamari d'argento e dal bavero rosso, uno per uno il suo sguardo sembrava pesarli, uno per uno [...] "Signori ufficiali, ho una domanda da farvi. Posso concedervi cinque minuti per la risposta, non uno di più. Si richiedono ufficiali per destinazione ignota. Nient'altro. L'Italia ha bisogno di uomini e di ufficiali che sappiano condurre a vincere, a morire questi uomini. Senza stellette, senza bandiera. Cinque minuti per la vostra decisione"[81].
Fino a Guadalajara, prima che venissero rimpatriati gli elementi meno adatti fisicamente e moralmente[82], si ebbero alcuni casi di un malcostume, diffuso soprattutto nelle federazioni fasciste del Sud, di inviare gente tutt'altro che bellicosa. Un malcostume che durava ancora durante la Seconda Guerra Mondiale, come ricorda Giuseppe Berto, che fu capomanipolo del VI Btg. CC.NN. d'Africa:
[...] I complementi invece, che si trovano in Africa da meno d'un anno [Berto scriveva nel 1942, N.d.A.] son brava gente, tutt'altro che bellicosi, e volontari per modo di dire. Sono in gran parte braccianti siciliani e calabresi, con moglie e figli a casa, quasi tutti arruolati con un trucco. Infatti erano disoccupati ed era stato fatto creder loro che, per trovar lavoro, era opportuno iscriversi alla milizia. Una volta iscritti, diventarono automaticamente volontari, e il loro federale potè fare una magnifica figura spedendoli in guerra: dimostrava in tal modo che, nella sua provincia, la fede fascista non era fatta solo di chiacchiere. Così questi poveretti son capitati in Africa contro loro volontà, ma non è detto siano dei cattivi soldati[83].
Ciò, dato il giro di vite voluto da Bastico e Teruzzi circa i volontari, non avvenne più dopo il marzo 1937.
Quanto agli altri, ufficiali, sottufficiali, specialisti, sapevano benissimo quale fosse la destinazione finale. Anche se spesso specialmente gli ufficiali di carriera ed i piloti militari parlavano di *destinazione Africa*, per evitare di dare informazioni circa l'invio di militari italiani in una conflitto che vedeva l'Italia *neutrale*. È per esempio il caso del nonno di chi scrive, ufficiale di carriera, che sostenne di esser stato destinato in Africa Orientale, pur avendo fatto domanda di essere inviato in Spagna con la Divisione *Littorio*.
Ecco la testimonianza di Renzo Lodoli, ufficiale della stessa Divisione:
A casa credevano che il maggiore fosse partito per l'Africa.
"Ho telegrafato che la nave ha cambiato rotta. Tanti hanno fatto così".
Già, tanti fecero così. Corse questa voce in Italia e gli ambienti grigi vi credettero e fuori d'Italia se ne fece chiasso. Parlarono di ingannati. Ma non avevano guardati i nostri volti, forse , o non li vollero guardare. Preferirono credere alle menzogne d'un maggiore che scriveva alla moglie, di un fante che scriveva alla mamma.
"Ci chiameranno ingannati. O avventurieri o mercenari".
Quelli dell'altra parte, e anche, sì, qualcuno che è rimasto a casa, perché non ha vent'anni, non li ha mai avuti[84].

---

81   R. Lodoli, *I Legionari. Spagna 1936- 1939*, Roma 1989, p. 9.
82   Vennero rimpatriati 591 uomini per motivi disciplinari e 3.128 per mancanza di idoneità fisica.
83   G. Berto, *Guerra in camicia nera*, Venezia 1985, p. 26
84   Lodoli,1989, p. 20

Questo per quanto riguarda gli ufficiali.

Vediamo ora cosa scrive nel suo diario una semplice Camicia Nera, Franco Bonezzi, appartenente alla 17ª Legione CC.NN. *Cremona*, uno di quelli che per la propaganda antifascista o i vari Olao Conforti sarebbe stato spedito in Spagna *con l'inganno*:

[...] Si sono così aperti gli arruolamenti volontari per correre in aiuto della Spagna messa a ferro e fuoco.

Faccio anch'io domanda e chissà se mi sarà accettata.

Giorno 20 Gennaio 1937.

Mi è stata accettata la domanda per andare a combattere in Spagna, si dice la partenza sia imminente. 24/1/37.

Cremona. alle ore 17 adunata al Palazzo della Rivoluzione, si parte per ignota destinazione. Di partenti siamo in diversi, credo che saremo più di un centinaio. Dopo le necessarie pratiche degli ufficiali ci incolonniamo dirigendoci alla stazione, partiremo solo verso le 4 del mattino seguente[85].

Bonezzi e i suoi camerati insomma sapevano benissimo quale fosse la *destinazione ignota*!

A piena conferma del fatto che i membri della Milizia sapessero che la destinazione sarebbe stata la Spagna, a ribadire ciò che si legge nel diario di Bonezzi, ed in piena contraddizione con quanto sostenuto dalla sua stessa parte politica, un dirigente comunista anconetano presenta le Camicie Nere come una sorta di banditi o di lanzichenecchi, attirati in Spagna dalla brama di ricchezze e di saccheggi:

Nel 1937 la guerra civile divampa in Spagna. L'intervento del governo fascista a favore di Franco è sempre più evidente. Mentre la stampa del regime si trastulla sugli incontri dei capi delle Grandi Potenze in un cosiddetto "Comitato del non intervento nelle cose spagnole", il popolo italiano sa invece che si stanno preparando battaglioni di soldati volontari [...] Invece per chi vuole andare volontario in Spagna, per chi desidera farsi "legionario" per la guerra di Franco (che viene presentata come una romantica "passeggiata" per la terra iberica), premi all'ingaggio, premi a fine ferma, guadagni nel saccheggio, possibilità di occupazione nella Spagna o un posto di lavoro assicurato al ritorno in Italia[86].

Il premio di ingaggio era di 3.000 lire e la paga di 40 lire (il governo nazionalista forniva il vitto e due pesetas di diaria - per confronto, un brigatista internazionale ne riceveva, almeno in teoria, dieci). Quanto ai *premi a fine ferma*, consistevano nel tradizionale pacco vestiario al momento del congedo. Prescindendo dalla forma, queste affermazioni confermano come i volontari ben sapessero di arruolarsi per la Spagna!

Merita di essere ricordata la conquista delle Baleari, perché anche se non vide impegnati reparti di Camicie Nere, ne fu protagonista un Console della Milizia, l'avvocato bolognese Arconovaldo Bonaccorsi, il cui nome di battaglia fu *Conde Aldo Rossi*. Un personaggio fuori dal comune, degno erede del Rinascimento dei capitani di ventura, sanguigno, allegro, violento, smargiasso, generosissimo con gli amici e spietato con i nemici, fanatico, coraggioso come un leone, Bonaccorsi era stato volontario negli Alpini nel 1915-1918, fascista dal 1919 e squadrista della prima ora, comandante di una squadra con un nome che è tutto un programma: *Me ne frego*. Divenuto Console della M.V.S.N.

---

85   F. Bonezzi, *Il diario del nonno fascista* (a cura di R. Bonezzi), Roma 2006, pp. 1-2. Il volume consiste nella riproduzione anastatica del diario dattiloscritto del Bonezzi, intitolato *Diario di guerra. Campagna O.M.S. (Spagna) -1937- 1938, fronte di Guadalajara, Bilbao, Santander, Aragona, Ebro*. Si tratta di un documento interessantissimo, non destinato alla pubblicazione, e scevro di retorica, che mostra il modo di pensare delle Camicie Nere, sorprendentemente prive di fanatismo (ciò che avevo già rilevato leggendo diari e lettere relative ad altre campagne della MVSN).

86   Raffaele Maderloni, *Ricordi 1923 – 1944*, Ancona 1995. Il contenuto di questo modesto lavoretto, pubblicato dall'Istituto Gramsci delle Marche, è degno del *Visto da sinistra* del *Candido* di Giovannino Guareschi. Basti citare i titoli di alcuni capitoli: *Ancora tra le grinfie della bestia, Le persecuzioni continuano, I principi del leninismo* e *La lotta di classe - un senso alla vita proletaria*. Ne emerge, per restare in ambito guareschiano, il ritratto di un funzionario togliattiano e trinariciuto nello stile delle vignette della serie *Contrordine compagni!*.

venne inviato dal Duce a Maiorca, dove giunse il 26 agosto 1936.

Sostituite le inette autorità militari dell'isola, si mise a percorrere da solo i paesi dell'isola, predicando nelle piazze le idee fasciste e arruolando uomini per la Falange. Il suo carisma ebbe un successo inatteso, in un ambiente assai tiepido verso i nazionalisti come era Maiorca, e il *Conde Aldo Rossi*, il nome di battaglia adottato da Bonaccorsi[87], riuscì a raccogliere 2.500 volontari che inquadrò nei *Dragones de la Muerte*.

Alla testa dei suoi *Dragones*, appoggiato da volontari, militi della *Guardia Civil* e falangisti, affrontò con decisione le forze repubblicane (6.000-10.000 uomini, rispetto ai 2.500 del *Conde Rossi*) sbarcate 10 giorni prima a Manacor al comando del generale Alberto Bayo, teorico della guerriglia e futuro "maestro ideale" di Fidel Castro.

Con l'appoggio dell'aviazione legionaria il 3 settembre sconfisse a Son Corb i repubblicani che iniziarono una disastrosa ritirata che si concluse il giorno 12 con il reimbarco dei *rojos* superstiti. Bonaccorsi si autonominò comandante militare e ispettore generale delle truppe delle Baleari, insediandosi all'Hotel Mediterraneo come in un palazzo, costruendo e organizzando fortificazioni e difese.

In poco tempo, appoggiato dai caccia CR32 e da tre SM81 giunti carichi di armi e personale italiano, riconquistò tutta Maiorca, eliminando spietatamente i repubblicani con metodi feroci. Bonaccorsi creò le *Brigate dell'alba* (così denominate perché arrivavano all'alba presso le case degli oppositori) ispirandosi alle famigerate *Esquadrillas de Amanecer* rosse per effettuare le eliminazioni degli avversari, fucilazioni effettuate principalmente presso il cimitero di Porreles. Le azioni di Bonaccorsi vennero ingrandite a dismisura dalla fantasia dello scrittore Georges Bernanos nel libro *I grandi cimiteri sotto la luna*. Bernanos giunge a far ammontare a circa tremila i fucilati, che però è una cifra totalmente irrealistica.

Travestito da miliziano comunista, Bonaccorsi sbarcò ad Ibiza per raccogliere informazioni. Il 20 settembre, imbarcato con cinquecento *dragones* su una barca requisita, sbarcò di nuovo ad Ibiza e la conquistò senza colpo ferire. Fu poi la volta di Formentera e di Cabrera. Ma il suo comportarsi da governatore italiano delle Baleari preoccupò la Gran Bretagna, che temeva un'annessione delle isole all'Italia dopo la guerra, spinse perché Roma richiamasse in patria il *Conde Rossi*, ciò che avvenne nel 1937[88]. Ma Bonaccorsi diede una svolta alla guerra. Con la sua conquista delle Baleari l'aviazione italiana potè, dalle basi dell'arcipelago, colpire ovunque il territorio repubblicano, e la Regia Marina potè utilizzare le basi navali delle varie isole per strangolare con il blocco navale - ricordiamo l'opera dei sommergibili, in primis l'*Iride* del comandante Junio Valerio Borghese - la Repubblica, impedendo l'arrivo dei convogli sovietici che portavano armi e rifornimenti dal Mar Nero[89].

Nulla, più della motivazione della meritata Croce di Cavaliere dell'Ordine Militare di Savoia concessagli da Vittorio Emanuele III, compendia l'azione militare del Console della MVSN Arconovaldo Bonaccorsi:

Con magnifica audacia, indomabile valore e grande perizia, in soli sedici giorni strappava al nemi-

---

[87] Conte era il titolo nobiliare del Bonaccorsi, Aldo, ovviamente l'abbreviazione del suo nome di battesimo, Rossi perché rosso di capelli.

[88] L'Italia in realtà non aveva alcuna intenzione di annettere le Baleari. Ciano dichiarò all'ambasciatore italiano presso Franco, Renzo Cantalupo esser

Falso che vogliamo impadronirci delle Baleari o di una parte del Marocco, perché su questo punto sappiamo che l'Inghilterra interverrebbe senz'altro, e anzi, noi e Franco abbiamo dato a Londra e Parigi le più tranquillizzanti assicurazioni. Sono tutte menzogne di stampa. [...] Anche questa volta gli italiani saranno molto più idealisti di quanto tutti sospettano: non caveremo nulla dalla Spagna e ci contenteremo di raggiungere i fini generali che ci siamo proposti: impedire che, bolscevizzandosi la Spagna, abbia inizio la bolscevizzazione del Mediterraneo [...]

Cit. in. G.B. Guerri, *Galeazzo Ciano. Una vita (1903-1944)*, Milano 2001, p. 231.

[89] Il recentissimo lavoro di Recalde 2011 è dedicato all'argomento.

co quattro volte superiore di numero, le isole di Mallorca[90], Ibiza e Formentera, assicurando così alla causa nazionale basi di fondamentale importanza dalle quali l'Arma Aerea e le Forze Navali hanno influito in modo decisivo sull'andamento della guerra di Spagna.

Isole Baleari, 25 agosto - 16 settembre 1936.

Ma torniamo ad occuparci dei legionari italiani. A differenza dei tremila volontari arrivati in Spagna nel 1936, e che erano stati inquadrati nel *Tercio Etranjero*, il gran numero di uomini ora disponibili portò alla creazioni di reparti autonomi italiani suddivisi in *banderas* (reggimenti) che indossavano la divisa italiana ma con distintivi di grado spagnoli.

Sbarcati a Puerto Santa Maria, a Jerez de la Frontera ed a Cadice, con i vari volontari si provvide a creare unità militari che potessero venir impiegate operativamente in breve tempo lungo la costa meridionale, nella zona di Malaga, caposaldo repubblicano, che era stato più volte attaccato dai nazionali, ma sempre invano.

Tutte le unità di fanteria erano formate da Camicie Nere - la Divisione *Littorio* entrerà in campo solo successivamente - mentre i carri veloci, l'artiglieria, il genio ed i servizi erano formati da personale del Regio Esercito.

Dopo operazioni preliminari condotte lungo la costa da parte della colonna nazionalista del Duca di Siviglia e da Granada dai soldati del generale Muñoz, all'alba del 5 febbraio 1937 le tre colonne di legionari, in massima parte Camicie Nere, della Missione Militare Italiana in Spagna del generale Mario Roatta, schierate ai piedi della Sierra Nevada attaccarono di sorpresa le postazioni repubblicane poste sulla cresta della catena montuosa, ritenute dal governo madrileno imprendibili per la posizione quasi inaccessibile.

La conquista di Malaga, cui venne assegnato il nome in codice di *Lampo*, avrebbe portato ad un accorciamento del fronte sud, tenuto dalle truppe del generale Queipo de Llano con effettivi troppo scarsi rispetto alla necessità operativa, ed ad un grande risultato politico: Malaga era la "capitale" rossa del settore meridionale, centro nevralgico dei comandi repubblicani, dove più forte era stata la repressione degli elementi di destra, con parecchie migliaia di eliminati dai plotoni di esecuzione o *scomparsi* dopo il *prelevamento* dalle carceri cittadine o dai comandi anarchici, famigerati per le loro stanze di tortura.

All'approssimarsi dell'azione nazionalista i comandi repubblicani fecero affluire da Albucete cinque battaglioni di Brigatisti internazionali, tra i quali i battaglioni *Py y Margall*, *Mexico*, *el Campesino*, *el Fantasma* con 45 carri sovietici T-26 B, ventidue aeroplani, quattordici caccia e quattro bombardieri, disponendo così di circa 50.000 uomini[91].

I repubblicani intendevano bloccare il nemico sui passi della Sierra, che costituiscono corridoi obbligati, per annientare le fanterie con il fuoco delle postazioni fortificate di mitragliatrici.

Gli italiani disponevano di circa 10.000 uomini, suddivisi nelle Brigata I^a *Dio lo vuole!*, del 4° e 5° Gruppo *Banderas* (destinati a costituire le Brigate miste I^a e II^a), della 1^a e 2^a Compagnia carri armati, e di un Plotone della 3^a (tutti su carri leggeri CV35), 1 Compagnia motomitraglieri, una Compagnia autoblindo FIAT, 1 Gruppo da 149/12, due Batterie da 105/28, 1 Batteria da 75 CK contraerei, due Batterie da 20 mm, una sezione Controcarri da 47 mm, tre Plotoni del Genio artieri, e reparti delle trasmissioni. Alla vigilia dell'inizio delle operazioni venne aggiunto anche il II Gruppo obici da 100/17.

Se, come accennato, artiglieria, corazzati e specialisti provenivano dal Regio Esercito, tutte le fanterie erano costituite da Camicie Nere.

---

90   In spagnolo nel testo.
91   G. Artieri, *Le guerre dimenticate di Mussolini*, Milano 1995, p. 186. Altre fonti parlano di 20.000 uomini da parte repubblicana, di cui 12.000 in prima linea sulle linee difensive montane.

Le truppe italiane erano così suddivise:

Quartier generale ad Antequera (Gen. Mario Roatta)

Colonna di destra (Col. Carlo Rivolta): 3° Gruppo *Banderas*

Colonna di centro (Gen. Edmondo Rossi): 1° Gruppo *Banderas*

Colonna di sinistra (Col. Mario Guassardo): 4° Gruppo *Banderas*

In riserva: 2° Gruppo *Banderas* (Col. Costantino Salvi)[92]

L'attacco di sorpresa ebbe inizio alle 6.30 della mattina del 5 febbraio, preceduto dal bombardamento eseguito dall'Aviazione Legionaria e dai cannoni degli incrociatori *Canarias* e *Almirante Cervera*; le Camicie Nere s'impadronirono di slancio del passi di Zafarraya, malgrado la resistenza repubblicana si dimostrasse molto aspra, tanto che l'avanzata della colonna Guassardo venne temporaneamente arrestata da vere e proprie cortine di piombo. Vi venne ferito lo stesso Generale Roatta, spintosi in prima linea. I legionari presero anche Boca de Asno; gli scontri più duri furono alla Venta de los Alazores, tenuta da duemila brigatisti internazionali che accolsero le Camicie Nere al grido di ¡No pasaran!, arroccati in un fortino di cemento. Dopo un duro scontro, tale posizione venne espugnata dalla colonna Rossi, una cui *bandera* aggirò da nord le posizioni repubblicane avvolgendole dall'alto. Gli internazionali ripiegarono, incalzati dalle formazioni motorizzate italiane, fermandosi ad el Viento, combattendo sino quasi al tramonto del 6 febbraio.

Gli italiani si impadronirono della dorsale, dilagando poi verso il Mediterraneo.

Il 6 ed il 7 febbraio le truppe repubblicane agli ordini del Colonnello Villalba tentarono di contrattaccare, venendo messe in rotta dai legionari, ed il giorno successivo gli italiani, cui, per ragioni di opportunità politica era stata aggiunta la colonna spagnola del Duca di Siviglia (ritardando in questo modo l'ingresso a Malaga dei legionari) entrarono in città.

Una colonna della Milizia inseguì le truppe repubblicane in rotta, giungendo il 10 a Motril, a centocinque chilometri da Malaga.

In soli sei giorni, applicando la dottrina della *Guerra di Rapido Corso* le truppe della Missione Militare Italiana in Spagna (M.M.I.S.). erano riuscite dove i nazionalisti di Franco avevano fallito per mesi, perdendo solo pochi uomini - 94 morti e 276 feriti - ed infliggendo perdite pesanti ai rossi. Un risultato inaspettato per truppe appena arruolate, che non avevano ancora avuto tempo o modo di amalgamarsi in unità organiche, e dall'addestramento quanto meno approssimativo.

La facilità della vittoria di Malaga portò però nei Comandi italiani ad una sottovalutazione dell'avversario ed ad una sopravvalutazione delle capacità e dell'armamento italiano che se pure avevano senso riguardo alle truppe repubblicane avrebbero portato ad una grave crisi le unità della M.V.S.N. quando, sul fronte di Madrid, si sarebbero trovate di fronte le ben più agguerrite e motivate Brigate Internazionali e i moderni carri sovietici.

---

92   A. Arrighi, F. Stefani, *La partecipazione italiana alla Guerra Civile Spagnola* , I, USSME Roma 1992, p.200.

VI
"NO PASARAN!"
GUADALAJARA, LA DISFATTA CHE NON CI FU

Alla luce del positivo risultato raggiunto, ritenuto superiore ad ogni aspettativa, il Corpo Truppe Volontarie, come la Missione Militare Italiana in Spagna era stata ridenominata il 17 febbraio, venne trasferito sul fronte di Madrid, allo scopo di sfondare il fronte nel settore di Guadalajara, in concomitanza con l'offensiva.nazionalista sullo Jarama, per far cadere definitivamente la capitale spagnola.

Dopo il successo di Malaga, inviò a Roatta un telegramma in cui elogiava *l'azione fulminea che ha pienamente corrisposto nostra aspettativa*, dando anche indicazioni su come indirizzare le operazioni future:

[...] Occorre sfruttare immediatamente brillante successo agendo massima rapidità et decisione su direttrice Almeria-Murcia-Alicante-Valencia. Divisione Littorio in arrivo consente agire decisamente per ottenere crollo nemico. Franco intensifichi cotemporaneamente sua azione contro Madrid per immobilizzare forze neniche.

Ciò che ovviamente Franco si guardò dal fare, venendo al contrario molto irritato dal tono e dai contenuti dell'intervento italiano. Va detto che il piano prospettato da Ciano - ma era ovvio come costui parlasse per conto del Duce - e pianificato dallo Stato Maggiore del Regio Esercito, che prevedeva un'offensiva da Teruel che puntasse su Sagunto, Valencia ed il mare - era il più logico, ed avrebbe, in caso di riuscita, spezzato in due la Spagna repubblicana: ciò sarebbe avvenuto solo nel 1938, e Valencia sarebbe stata l'ultima città repubblicana a cadere nel marzo del 1939.

Del resto Franco non riusciva ad ingoiare il rospo dell'impiego unitario del C.T.V., e, il 13 febbraio del 1937, lo disse chiaramente al Colonnello Emilio Faldella, Capo di Stato Maggiore di Roatta, il quale in quei giorni si trovava a Roma per curare la ferita ricevuta a Malaga, ed al Tenente Colonnello Giacomo Zanussi[93].

Il Generalissimo fu corretto ma molto freddo con i due ufficiali, e, senza neppure nominare Malaga, si lanciò in una serie di recriminazioni nei confronti degli italiani, sostenendo che erano state inviate truppe italiane in Spagna senza neppure chiedere il suo parere; dapprima si era parlato di volontari da inquadrare nei Battaglioni spagnoli, poi gli si era chiesto di inquadrarli in propri Battaglioni, infine gli si voleva imporre di far combattere tali unità unitariamente agli ordini di Roatta, malgrado i suoi piani fossero diversi. Sostenuta la necessità di avanzare lentamente per poter procedere all'eliminazione dei nemici politici, Franco affermò che l'offensiva su Sagunto e Valencia non era nei suoi piani, e visto che non avrebbe potuto utilizzare isolatamente le varie unità italiane sui diversi fronti, è molto probabile che vi chieda di avanzare su Guadalajara[94]. A questo punto il

---

93   I due ufficiali portarono a Franco in dono la reliquia della mano di S. Teresa d'Avila.
94   Ciò conferma quanto dichiarò poi Mussolini in Consiglio dei Ministri l'11 aprile, dopo Guadalajara. Scrisse Bottai nel proprio diario:
Ieri mattina nel Consiglio dei Ministri. Mussolini ha parlato degli avvenimenti di Spagna. La partecipazione delle nostre Divisioni alla battaglia sul fronte di Madrid sembrerebbe essersi avverata contro il suo parere. "Una massima da tenere presente: non abbandonare mai il settore, su cui s'è già conseguito il successo". Allude alla vittoria di Malaga. "La mia formula: 'corsa al mare' andava mantenuta fino in fondo. Da Malaga su Almeria; e poi su Cartagena, Alicante, restringendo via via il fonte marittimo del nemico [...]".

G. Bottai, *Diario 1935-1944*, Milano 1989, p. 116 alla data del 12 aprile 1937.

colloquio si interruppe, e il giorno dopo Franco fece pervenire al colonnello Faldella una nota scritta, con la quale proponeva che:

Le truppe italiane potranno operare con replicati sforzi nella direttrice generale Siguenza-Guadalajara.

Il 1° marzo Franco assicurò a Roatta, tornato dalla licenza per la ferita, che in contemporanea all'attacco del C.T.V., avrebbero attaccato anche le truppe spagnole del fronte dello Jarama. Il C.T.V. sarebbe stato, promise il Generalissimo, affiancato dai diecimila uomini della Divisione *Soria*, comandata da José Moscardò Ituarte, l'eroe dell'Alcazar. Scopo dell'operazione era quello di ricongiungersi alle unità spagnole provenienti dallo Jarama ad Alcalà de Henares, in modo da isolare totalmente Madrid. L'idea che gli italiani volessero conquistare da soli Madrid in tre giorni non è mai esistita se non nella propaganda repubblicana.

All'offensiva su Guadalajara, denominata in codice *Folgore*, presero parte tre Divisioni di CC.NN. oltre alla *Littorio*:

1ª Divisione Volontari *Dio lo vuole* (CC.NN.), parzialmente motorizzata: Generale Rossi:

    1° Gruppo *Banderas* (Tenente Colonnello Frezza):
- *Aquila*,
- *Carroccio*,
- *Leone*;
- Batteria d'accompagnamento e reparto Genio.

    2° Gruppo *Banderas* (Colonnello Salvi):
- *Indomita*,
- *Folgore*,
- *Falco*;
- Batteria d'accompagnamento e reparto Genio.

    3° Gruppo *Banderas* (Colonnello Mazza):
- 635ª,
- *Uragano*,
- *Tempesta*;
- Batteria d'accompagnamento e reparto Genio.

2ª Divisione Volontari *Fiamme nere* (CC.NN.), parzialmente motorizzata: Generale Guido Coppi:

    6° Gruppo *Banderas* (Console Pittau):
- *Ardita*,
- *Intrepida*,
- *Audace*;
- Batteria d'accompagnamento e reparto Genio.

7° Gruppo *Banderas* (Console Marino):
- *Inflessibile,*
- *Implacabile,*
- *Invincibile;*
- Batteria d'accompagnamento e reparto Genio.

8° Gruppo *Banderas* (Console Vandelli):
- *Impavida,*
- *Inesorabile,*
- *Temeraria,* 730ª ed altra;
- Batteria d'accompagnamento e reparto Genio.

Raggruppamento di Artiglieria divisionale (Tenente Colonnello Pettinari), su quattro Gruppi di vari calibri ed una Batteria antiarea da 20 mm.

La Divisione *Fiamme Nere* aveva a disposizione anche un altro Raggruppamento di artiglieria comandato dal Colonnello Bottari, su cinque Gruppi di vari calibri, che avrebbe partecipato al bombardamento di preparazione sulle linee repubblicane, per passare in un secondo momento alla dipendenze della 3ª Divisione CC.NN. una volta che, dopo lo sfondamento iniziale, la *Penne Nere* avesse scavalcato la *Fiamme Nere* per proseguire l'offensiva.

3ª Divisione Volontari *Penne Nere* (CC.NN.), completamente autotrasportata: Generale Nuvoloni:

9° Gruppo Banderas (Console Venchiarelli):
- *Uragano,*
- *Tempesta,*
- *Lupi;*
- Batteria d'accompagnamento da 65/17 e reparto Genio.

10° Gruppo *Banderas* (Console Martini):
- *Tembien,*
- *Sciré,*
- *Carso;*
- Batteria d'accompagnamento da 65/17 e reparto Genio.

11° Gruppo *Banderas* (Console generale Liuzzi):
- *Monte Nero,*
- *Pasubio,*
- *Amba Work;*
- Batteria d'accompagnamento da 65/17 e reparto Genio.

Due gruppi autonomi di *Banderas* delle Camicie Nere:

4° Gruppo *Banderas* (Primo Seniore Guidoni):
- *Toro,*

- *Bisonte*,
- *Bufalo*;
- Batteria d'accompagnamento da 65/17 e reparto Genio.

5° Gruppo Banderas (Console Francisci):
- *Lupo*,
- *Ardente*;
- Batteria d'accompagnamento da 65/17 e reparto Genio.

4ª Divisione *Volontari del Littorio* (formata da volontari del Regio Esercito), totalmente autotrasportata, Generale Bergonzoli:
- 1° Reggimento Fanteria *Onore non onori* (Colonnello Pascarolo), su tre Battaglioni fucilieri, una Batteria d'accompagnamento da 65/17, una sezione del genio

- 2° Reggimento Fanteria *Osa l'inosabile* (Colonnello Sprega, poi Colonnello Ferrara), su tre Battaglioni fucilieri, una Batteria d'accompagnamento da 65/17, una sezione del Genio.
- 3° Reggimento Artiglieria *Sempre e dovunque*[95]:

- due Gruppi da 100/17,

- una Batteria AA da 20 mm.

- Battaglione mitraglieri divisionale.

Raggruppamento Carri d'Assalto ed autoblindo (Maggiore Lohengrin Giraud):
- quattro Compagnie CV35,

- una Compagnia autoblindate Lancia,

- una Compagnia di motomitraglieri (Bersaglieri),

- Compagnia chimica lanciafiamme,

- una sezione Controcarri da 47 mm.

Di questi reparti due Compagnie di CV35 vennero assegnate alla Divisione CC.NN. *Fiamme Nere* (2ª) ed altre due alla *Penne nere* (3ª), insieme alla Compagnia autoblindo ed alla Compagnia motomitraglieri.

Artiglieria del Corpo Truppe Volontarie:
dieci Gruppi di vari calibri, una batteria contraerea da 20 ed una da 75 mm.

---

95 Secondo alcune fonti 3° Reggimento Artiglieria *Volontari del Littorio*.

La forza effettiva del C.T.V. può venir così calcolata:
1ª *Dio lo vuole!* 6.360
2ª *Fiamme Nere* 6.336
3ª *Penne Nere* 6.241
4ª *Volontari del Littorio* 7.689
4° Gruppo *Banderas* 1.801
5° Gruppo *Banderas* 1.800
Artiglieria 4.379
Altri reparti 616

Totale 35.222[96]

All'incirca i due terzi erano Camicie Nere, ed il restante terzo militari del Regio Esercito.
Come si può arguire dai nomi delle tre *Banderas* dell'11° Gruppo, che ricordano tre battaglie degli Alpini, Alberto Liuzzi, friulano di Arta Terme, proveniva da questa Specialità, precisamente dall'8° Reggimento Alpini.
Liuzzi cadde durante la battaglia di Guadalajara, unico Generale italiano morto durante il conflitto spagnolo, ed ebbe la Medaglia d'Oro al VM alla memoria.
Volontario nella Grande Guerra, fascista della prima ora e squadrista, Liuzzi, di origini ebraiche ma convertitosi al cristianesimo, morì prima di vedere l'applicazione delle leggi razziali.
È stato al proposito osservato che il Console Generale Liuzzi non fosse da considerarsi ebreo, in quanto convertito al cattolicesimo.
Ci sembra però un argomento alquanto specioso: ricordiamo un'altra Medaglia d'Oro al Valor Militare alla Memoria, il tenente colonnello di Stato Maggiore Giorgio Morpurgo, della *Littorio*, che, ricevuta la lettera di richiamo in patria in quanto di *razza ebraica*, sebbene cattolico, chiese ed ottenne di condurre un assalto con gli arditi reggimentali il 23 dicembre 1938, cercando volontariamente la morte cantando *Giovinezza*.
Che si preparasse un'offensiva su Madrid non restò un segreto.
Il 7 marzo, alla vigilia dell'inizio delle operazioni del C.T.V. il generale Queipo de Llano tenne un discorso da *Radio Sevilla* in cui affermò:
È una sporca menzogna che quando entreremo a Madrid saranno uccise 300 mila persone. L'esercito e le milizie vanno a Madrid a liberare tutti, in questi tutti sono compresi coloro che non abbiano commessi delitti, vale a dire l'immensa maggioranza degli infelici spagnoli ingannati e terrorizzati e obbligati a impugnare le armi contro la Patria.
Insomma, *Radio Sevilla* dava l'annuncio della prossima offensiva in maniera tale da eliminare qualsiasi effetto sorpresa!
La mattina dell'8 marzo 1937, sotto una bufera di nevischio, e malgrado il mancato appoggio delle forze nazionaliste sullo Jarama, che, contrariamente a quanto stabilito, non effettuarono i previsti attacchi diversivi, il C.T.V. attaccò le linee repubblicane..
Gli italiani malgrado il nevischio e la temperatura sotto lo zero, indossavano le uniformi coloniali di tela olona. Scrisse la Camicia Nera Franco Bonezzi l'otto marzo che
Il tempo è pessimo, piove da ieri, fa un freddo da cani e non sappiamo come ripararci, balliamo la tarantella stringendoci forte gli uni contro gli altri[97].
Per fortuna, non era stato distribuito - come pure si era proposto! - il casco coloniale, per evitare di

---

96 De Vecchi, Lucas 1976, p.131.
97 Bonezzi 1996, p.19.

offendere la suscettibilità spagnola. Si riuscì almeno ad evitare il ridicolo.
All'inizio della battaglia le unità repubblicane presenti erano la *12ª Division de Infanteria* (Brigate 49ª, 48ª, 50ª, 71ª, 72ª), i Battaglioni *Espartacus, Mangada, Pi y Margall*, e *Teruel*, un Battaglione d'artiglieria, mezza Compagnia di carri sovietici T-26 B ed una Compagnia di cavalleria.
L'attacco dei legionari non riuscì ad ottenere l'auspicato sfondamento immediato, e proseguì respingendo indietro lentamente il nemico, sino ad arrivare all'occupazione di 35-40 chilometri per un'ampiezza di fronte di 20, più di quanto i franchisti avessero sino ad allora ottenuto sul fronte di Madrid dall'inizio del conflitto.

8/3/937

La grande battaglia è cominciata.
Questa notte i battaglioni avanzati hanno rotto le linee di resistenza nemica e si sono infiltrati nel loro terreno. Si dice che la rottura sia stata abbastanza dura, ma che il nemico non ha saputo resistere alla impulsiva nostra avanzata. [...] verso sera vediamo passare le prime autoambulanze trasportanti i feriti del primo combattimento. Confesso che al vedere i feriti, ci danno una sensazione poco piacevole, tutti imbrattati di sangue, chi con la testa rotta, chi senza una gamba, chi senza un braccio, c'è chi si lamenta e chi grida, è una cosa infatti che fà venire freddo nella schiena. Guardiamo rassegnati questo spettacolo che proprio non ci voleva, ma che nello stesso tempo ha servito a darci l'idea di ciò a cui andiamo incontro, si sà la guerra è guerra perciò non c'è da meravigliarsi[98].
La notte tra il 9 ed il 10 marzo non esisteva più un fronte repubblicano definito. Un attacco notturno dei legionari sarebbe stato risolutivo. Nuvoloni però - pur informato dall'ufficio "I" (informazioni) dell'arrivo di sempre nuovi reparti avversari, trasferiti dal fronte dello Jarama - tutt'ora inattivo - e da Madrid non si sentì di rischiare un attacco notturno, per timore di un'imboscata nei boschi che fianccheggiano la *Carretera di Francia*. L'occasione fu perduta, e venne perso del tempo fondamentale.
Alle quattro del mattino del 10 marzo arrivarono a Torrija i fuoriusciti del battaglione *Garibaldi* (XII *Brigata Internazionale*). Il comandante del battaglione, Pacciardi, era a Parigi, ed era subentrato nel comando il vice comandante, Ilio Barontini, che nel corso della battaglia sarà colto da una violenta crisi di panico. Dirà il generale sovietico Kléber che *piangendo e tremando per il terrore, aveva fatto una misera figura ed era diventato lo zimbello dei suoi uomini.*
Poco prima dell'alba del 10, l'XI Brigata Internazionale completò lo schieramento, nel bosco di Trijueque dei battaglioni *Thaelmann, André Marty* e *Commune de Paris*, ed all'alba cominciò l'afflusso anche del resto della XII con due Gruppi di artiglieria.
Ma se le truppe di Nuvoloni rimasero ferme, non così quelli del console generale Enrico Francisci, ben altra tempra di comandante.
La colonna legionaria di sinistra lanciò in avanti due *banderas* del 5° Gruppo *Banderas 23 Marzo* lungo la sconnessa e malagevole carretera fiancheggiante il rio Tajuna. Il migliaio di Camicie Nere di Francisci prese di sorpresa Brihuega catturando oltre ad un Maggiore ed a cinque ufficiali, 130 soldati repubblicani, due cannoni, e, soprattutto, magazzini colmi di viveri e munizioni. La mattina seguente, dopo aver riparato un'interruzione stradale sula strada di Almadrones, giunsero due *banderas* del Console Bulgarelli, che scavalcarono gli uomini di Francisci, dirigendosi verso Torrija. Le Camicie Nere di Bulgarelli risalirono i fianchi scoscesi della conca di Brihuega, raggiungendo la meseta, un pianoro brullo e privo di ripari, che giunge, dopo due chilometri, ai margini di un fitto bosco, da dove gli italiani vennero investiti dal fuoco di 6 T-26B, di cannoncini controcarro, e degli uomini del *Garibaldi*, nascosti tra gli alberi. Le Camicie Nere tentarono un contrattacco, che, se

---

98 Bonezzi 2006, pp.19-20.

riuscì a far ripiegare i comunisti italiani, non potè nulla contro i carri sovietici, poiché i legionari disponevano solo di armi leggere.

Le cose andarono meglio alle Camicie Nere della *Penne Nere*, che diedero il benvenuto agli internazionali, infliggendo una batosta all'XI *Brigada Internacional*, lo stesso giorno del suo arrivo in linea.

Per la prima volta erano quindi entrati in linea i fuoriusciti italiani dei battaglioni *Nannetti* e *Garibaldi*. Per i legionari fu una sorpresa sgradita. Italiani contro italiani.

Sulla *Carretera de Francia*, davanti Trijueque, i militi della 3ª Divisione attaccarono, con l'appoggio dei CV35 lanciafiamme, il battaglione *Commune de Paris*, formato da francesi, annientandolo, e costringendo al ripiegamento la XI Brigata Internazionale, malgrado l'intervento in sostegno degli internazionali della 50ª *Brigada Mixta* repubblicana.

L'11 marzo si ebbe una stasi delle operazioni, dovuta alla sempre crescente resistenza repubblicana, dovuta all'afflusso al fronte delle proprie unità migliori, le *Brigadas Internacionales*, oltre alla brigata *Campesinos*, alla *Brigada de Carros de Combate* Pavlov (sovietica, su cinque Compagnie di carri T-26 B).

La stasi permise ai repubblicani di far affluire da Madrid nei giorni seguenti numerosi reparti che, assieme a quelli già giunti, attaccarono il 19 marzo.

Ricorda Renzo Lodoli, ufficiale della *Littorio* proveniente dai Granatieri:

Sì, ecco cantavano. Tra le raffiche di vento e gli scrosci di pioggia s'alzavano nel bosco le note di *Giovinezza*. Il canto ci guidava. Cento metri ancora e saremmo arrivati. Ma a dieci passi sorsero due ombre da un cespuglio, indefinite, avvolte in mantelle e coperte, una voce aggressiva ci accolse: "Alto là".

Ci fermammo. Italiani, meno male.

"Chi va là?"

"*Littorio*".

Camicie nere della bandera *Folgore*.

"Dov'è il comando?"

"Cinquanta metri indietro".

"E voi che fate qui?"

"Le vedette".

"Le vedette? Se cantano *Giovinezza* a piena gola qua dinanzi".

"I rossi cantano. Tutte le notti. I rinnegati del battaglione *Garibaldi*. Ci sfottono, porci"[99].

Si trattava di sei Brigate di fanteria: la 9ª, 35ª, 65ª, arrivate l'11 marzo, la 33ª, arrivata il 13; il giorno dopo giunse anche la *Brigada de Choque*, cui il 16 si aggiunse anche la 70ª *Brigada*, due Battaglioni della 6ª e della 7ª *Division*, i Battaglioni comunisti *Barceno*, *Huelva*, *Goya* e *Joventud*, un Reggimento indipendente di fanteria, un Battaglione e tre Compagnie di cavalleria, due Battaglioni mitraglieri, uno del genio ed tre d'artiglieria.

Soprattutto i consiglieri militari sovietici decisero l'impiego a massa dei corazzati BT-5[100] e T-26B[101], schierandone venti sulla Carretera de Francia e quaranta nel settore di Brihuega.

I fuoriusciti italiani tentarono anche, sia pure con mezzi rudimentali, una sorta di guerra psicologica

---

99 Lodoli 1989, pp. 37-38.
100 Il BT-5, prodotto dalla fabbrica Komintern di Kharkov dal 1933, montava in torretta un pezzo da 45/46 M 1932, forse il miglior pezzo controcarro del mondo montato su un carro sino allo scoppio della guerra mondiale, con una corazzatura massima di 22 mm, con una velocità su strada di 73 km/h.
101 Il T-26 B, anch'esso prodotto dalla fabbrica Komintern di Kharkov, montava un pezzo da 45 mm; aveva una corazzatura massima di 25 mm e una velocità su strada di 27 km/h.

che diede ben pochi risultati, soprattutto visto che in buona parte gli italiani erano volontari fascisti politicamente motivati e non certo pronti a cedere agli inviti alla diserzione ed alle parole d'ordine di ispirazione marxista ed inneggianti alla lotta di classe. Ancora Lodoli:

Tra gli alberi risuonò una voce forte: "Attenzione". Ci fermammo sorpresi, sbigottiti. "Attenzione". Un altoparlante. "Ufficiali, soldati dell'esercito italiano. Siete stati ingannati, venduti, condotti al macello dai vostri capi. Avete impugnato le armi per sopprimere la libertà di un popolo che solo chiede di essere lasciato al suo destino, che solo vuole lavorare e vivere in pace. Non conoscete la vera libertà, che è qui tra noi, solo tra noi. Non la conoscete e vi battete per opprimerla. Gettate le armi. Non combattete più per un pugno di generali fedifraghi, che della Spagna vogliono fare una colonia fascista. Venite con noi. Vi aspettiamo. Lasciate la Spagna agli spagnoli".

E loro che ci facevano?[102]

Quando iniziò la controffensiva repubblicana, le linee italiane ressero bene l'urto della XI - Battaglioni *Thaelmann* (comunisti tedeschi), *Commune de Paris* (francesi), *Edgar Andre* (tedeschi) - e della XII Brigata internazionale – composta dai Battaglioni *Garibaldi* (rinnegati italiani), *Dombrowski* (polacchi), *André Marty* (francesi e belgi) - e della Brigata del *Campesino*, tranne nel settore di Brihuega, tenuto dalla 1ª Divisione volontari *Dio lo vuole*, dove le CC.NN. del 1° Gruppo *Banderas*, non abbastanza armate e prive di un addestramento adeguato, cedettero ripiegando davanti ai quaranta T-26 B di Pavlov, senza riuscirsi a riorganizzare sulle posizioni retrostanti, anche per il panico seguito alla morte del comandante, Tenente Colonnello Frezza, e per la mancanza di armi anticarro.

Ma altri reparti invece si portano assai meglio, senza cedere al panico, in particolare la 3ª Divisione CC.NN. *Penne Nere*.

Come indica chiaramente il nome, la *Penne Nere* era in buona parte formata da ufficiali e truppa provenienti dagli Alpini, o di origine settentrionale. Sull'elmetto delle Camicie Nere delle sue *Banderas* compariva spesso dipinto a mascherina il fregio degli Alpini[103].

Il personale di tale divisione, formato da uomini ben addestrati e ben motivati, inquadrati da ufficiali provenienti dalle truppe da montagna, dimostrò infatti un'eccellente combattività nel corso della battaglia, infliggendo forti perdite agli *internazionali*; la 3ª *Penne Nere* fu la divisione che ebbe meno rimpatri dopo lo scioglimento delle Divisioni CC.NN. e la selezione del personale ed il rimpatrio degli elementi meno idonei seguita all'insuccesso di Guadalajara, tanto che le sue Camicie Nere furono trasferite nel Raggruppamento *23 Marzo* di Francisci.

Scrive nel suo diario una Camicia Nera scelta, Franco Bonezzi, descrivendo l'attacco dei T-26 B sulle posizioni dell'11° Gruppo *Banderas* del Console Liuzzi:

Non si capisce una cosa: la nostra artiglieria non spara. Cosa vorrà dire ciò? Al contrario da qualche minuto, cominciano a fioccare le granate nemiche che cadono dappertutto. In lontananza si sentono dei [sic!] strani rumori, che noi purtroppo abbiamo già cominciato a conoscere. Sono i Carri Armati, metto il naso cautamente fuori dalla mia tana, e mi si agghiaccia il sangue nelle vene. Una interminabile fila di quei mostri d'acciaio avanza lentamente verso di noi, credo saranno più di trenta. Vengono avanti piano, piano, proprio come dei grossi lumaconi, qualc'uno dei miei compagni stanno pure a guardare esterrefatti. C'è poco da fare, ci siamo. Cerchiamo di approfondire il più possibile i nostri ripari e rassegnati attendiamo.

I signori non si fanno aspettare troppo, dopo pochi istanti cessano i rumori dei motori e cominciano ad arrivare alcuni proiettili d'assaggio, subito dopo comincia un vero e proprio uragano di ferro e di

---

102 Lodoli 1989, p. 39.
103 S. Ales, A. Viotti, *Le uniformi e i distintivi del Corpo Truppe Volontarie in Spagna 1936- 1939*, Roma 2004, p. 176, tav. 11, 8.

fuoco. Io non ci capisco più niente, arrivano fitti, proprio come la grandine fortunatamente, dato che il terreno è molto bagnato, molti proiettili non esplodono, ma dico io che ogni fischio che sentiamo ci apre il cuore dal terrore.

Ci sono vari feriti, è da ammirare la calma delle CC.NN. nessuno si muove dal suo posto, appena uno viene ferito, lo prendono e lo portano via[104].

All'attacco dei carri si aggiunse quello dell'aviazione repubblicana, che poteva utilizzare i campi di Madrid, con le piste in cemento, a differenza di quelle Legionaria e nazionale che operavano da campi di fortuna. Nei mitragliamenti rimase ucciso il Console generale Alberto Liuzzi, comandante dell'11° Gruppo Banderas, mentre si trovava in prima linea per rianimare e rinsaldare l'animo delle proprie Camicie Nere durante l'assalto dei carri sovietici. Liuzzi, un carnico di origini ebraiche, volontario negli Alpini, aveva voluto dare alle proprie banderas i nomi di battaglie delle penne nere.

Scrive Bonezzi nel suo diario:

Veniamo intanto a conoscenza che durante i bombardamenti di questa mattina sulla strada, è rimasto vittima il nostro Comandante di reggimento Console Generale LIUZZI, poveretto era un fegataccio, era l'unico Ufficiale che ci ispirasse fiducia. Nessuno potrà mai dimenticarlo, anche se alquanto severo, era molto buono e ci voleva bene a tutti[105].

Parole queste che dimostrano come la Medaglia d'Oro al VM di cui il Liuzzi venne insignito alla memoria fosse meritata.

Il Colonnello C. Salvi, comandante del 2° Gruppo *Banderas*, di propria iniziativa riuscì a chiudere la falla nel settore del 1° Gruppo, e la situazione sembrò ristabilita, tanto più che l'attacco repubblicano era andato scemando d'intensità per arrestarsi alle 19.00.

Ma il comandante della *Dio lo vuole*, Generale Rossi, perse la testa ed alle 19.15 comunicò d'aver ordinato alla propria Divisione la ritirata, il che costrinse il Generale Roatta, comandante del C.T.V. a dare l'ordine di arretramento sulla seconda posizione (linea Cogolludo-Ledanca-Masegoso) a tutte le Divisioni.

Qui si ebbero ingorghi dovuti allo scavalcamento tra la 1ª Divisione *Dio lo Vuole* e reparti della *Penne Nere*, che permisero agli aerei repubblicani (l'aviazione legionaria e quella nazionalista erano impossibilitate a volare per le condizioni dei campi di fortuna come Talavera, a differenza di quelli di Madrid, asfaltati) di distruggere molti automezzi bloccati negli ingorghi e di causare gravi perdite.

Nell'euforia seguita ai fortunati attacchi alle punte avanzate del C.T.V., il comandante repubblicano, Miaja, concepì il disegno strategico di lanciare tutta la propria forza d'urto, sostenuta da quaranta carri sovietici, contro il punto che riteneva più debole e provato dello schieramento italiano: Brihuega, dove, ai margini del bosco, i legionari controllavano la posizione di Palacio de Ibarra, un castello del XII secolo costruito per controllare la Strada di Francia.

Scopo di Miaja era sfondare ed avvolgere da tergo l'intero schieramento del C.T.V.: scrive Giovanni Artieri che sarebbe stata la Waterloo del Fascismo, il compenso per le innumerevoli delusioni sofferte dall'antifascismo mondiale, per la consistenza e durata del regime di Mussolini, per la guerra di Etiopia, stravinta contro ogni ragionevole previsione, per la questione economica e sociale superata, con il solito *crâne* e la solita sfacciata fortuna mussoliniana[106].

Il tentativo ebbe luogo, ma i combattimenti dei giorni precedenti avevano indeboliti i *rojos* non meno delle Camicie Nere; e a Brihuega si trovarono di fronte le Camicie Nere della *bandera Indomita* ed i legionari della *Littorio* del Generale Bergonzoli. Attaccarono i fuoriusciti dei Battaglioni

---

104 Bonezzi, pp. 29-30.
105 Bonezzi 2006, p.39.
106 Artieri 1995, p.199.

Thaelmann e *Nannetti*, dal morale elevatissimo, che andarono all'assalto cantando *l'Internazionale* e *Bandiera Rossa*.

Su Palacio de Ibarra i mitraglieri della *Littorio* per tutta risposta esposero sul castello la fiamma nera di combattimento, chiamata *Calavera* per il teschio ricamato, che portava il motto *Mueran los comunistas*.

Per alzare il morale dei suoi legionari, il comandante della *Littorio*, Bergonzoli[107], che si guadagnò il soprannome di *Barba Elettrica* proprio a Guadalajara, dove combatté in prima linea armato di moschetto, ordinò alla fanfara di suonare durante il combattimento la *Marcia Reale* e *Giovinezza*. Al canto degli attaccanti

Völker hört die Signale!
Auf zum letzten Gefecht!
Die Internationale
Erkämpft das Menschenrecht!
Fece eco dalle linee italiane:
Salve o popolo d'eroi
Salve o Patria immortale
Son rinati i figli tuoi
Con la fè nell'ideale!

Per due giorni e mezzo le Camicie Nere si batterono a Palacio de Ibarra, fino a quando una grossa carica di dinamite fece saltare il torrione del castello, e per due volte italiani e internazionali, appoggiati dai BT-5 sovietici, persero e ripresero le posizioni. Il Centurione Luigi Giuliani della *Indomita*, caduto in uno scontro alla baionetta, ed il Capomanipolo Mina della *Bandera Falco*, che era riuscito a spezzare l'assedio di una posizione rimasta isolata, vennero decorati con la Medaglia d'Oro al VM alla memoria, come anche la Camicia Nera Alessandro Lingiardi, un ufficiale arruolatosi come semplice legionario, che aveva rinunciato al suo grado nel Regio Esercito per poter venire in Spagna con la Milizia, caduto sulla propria mitragliatrice dopo aver rifiutato di arrendersi. E gli internazionali non sfondarono.

I brigatisti, provati dalle perdite - a Palacio de Ibarra i tedeschi del battaglione *Thaelmann* erano stati annientati totalmente dalla *Littorio* che aveva altresì inflitto pesanti perdite ai fuoriusciti italiani del battaglione *Nannetti*, che in una modesta azione sul fianco della *Littorio* ebbe ben 150 morti[108] - non tornarono all'attacco consentendo ai legionari di rafforzarsi sulle posizioni arretrate. Dopo lo scontro di Palacio Ibarra con la *Littorio* il *Thaelmann* aveva perso ogni possibilità operativa; quando giunse l'ordine d'attaccare la risposta fu: *Impossibile! Il battaglione Thaelmann è stato distrutto!*[109].

---

107 Annibale Bergonzoli (Cannobio, 1 novembre 1884 – Cannobio, 31 luglio 1973) combatté nella guerra di Libia (1911-12), nella Grande Guerra, nella riconquista della Libia (1919-31), nella guerra d'Etiopia (1935-36), dove si distinse brillantemente nella conquista della città etiopica di Neghelli comandando una colonna celere, e nella guerra civile spagnola (1936-1939) dove comandò la Divisione d'Assalto *Littorio*, e, come comandante di Corpo d'Armata, in Africa settentrionale.
Dotato di barba fluente, i i suoi legionari lo soprannominarono "barba elettrica", per il grande coraggio che dimostrava in battaglia (a Guadalajara respinse personalmente un assalto di internazionali tedeschi combattendo alla baionetta!).
Venne decorato della Medaglia d'Oro al Valor Militare nella battaglia di Santander nel 1937, di due Medaglie d'Argento e di una di Bronzo al VM e di una promozione sul campo per meriti di guerra.
Comandante del XXIII Corpo d'Armata in Libia, partecipò all'invasione dell'Egitto del 1940, dopo la caduta della città di Bardia (5 gennaio 1941) riuscì a sfuggire alla cattura e percorse a piedi circa 120 chilometri raggiungendo Tobruk.
Il 7 febbraio 1941 venne fatto prigioniero dagli inglesi, che lo internarono dapprima in India, nel campo di Iol, e poi negli USA ad Heresford, in Texas come *non collaboratore*.
Rientrato in Italia nel 1946 Bergonzoli si ritirò a Cannobio dove morì il 31 luglio 1973.
108 Telegramma del gen. Roatta all'Ufficio Spagna n.727/3132 del 18 marzo 1937.
109 AAVV, *The Third Reich. Iron Fists*, New York 1988, p.155

Avevano promesso di non aver pietà della *canaglia fascista, dei cani traditori*:
Dem Faschistengesindel keine Gnade,
keine Gnade dem Hund der uns verrät[110],
Non l'avevano ricevuta.

Il 18 marzo, alle 13.50 attaccarono di nuovo i venti T-26 B della *brigada Carros de Combate Pavlov*[111]. Dopo aver travolto inizialmente alcune posizioni avanzate, i sovietici vennero contrattaccati dai legionari della *Littorio* con bottiglie incendiarie e granate e fermati dai tiri dei 65/17. Il Tenente Rosario Abate, un giovane studente universitario di religione ebraica, aveva piazzato uno dei suoi pezzi in prima linea proprio mentre i T-26 B attaccavano. Con straordinario sangue freddo, puntando personalmente il pezzo Abate colpì e incendiò uno dietro l'altro due carri sovietici. Alla fine del combattimento, quando davanti al suo pezzo bruciavano le carcasse di sei T-26 B repubblicani, Abate cadde colpito a morte.
Accanto alla casa, inciampai in una barella. Accesi la mia lampadina. Abate era là sopra, il volto squarciato, gli occhi vuoti, le braccia pendoloni.
"È morto sul pezzo. Un'esplosiva in bocca"[112].
Per l'ebreo Abate, come per molti altri, non era una *cruzada* per difendere il cattolicesimo, ma per salvare l'Europa dal comunismo e per il trionfo dell'idea fascista, di cui il giovane studente israelita, esponente dei G.U.F., era fervido sostenitore.
Secondo Barlozzetti e Pirella negli scontri la *brigada Pavlov* perse quattordici carri, oltre a tre probabili[113].
La ritirata ordinata sconsideratamente da Rossi alla 1ª Divisione *Dio lo vuole* minacciava di lasciare scoperto il fianco sinistro dei legionari di Bergonzoli. L'ordine di ripiegamento giunse alla *Littorio* quando le truppe di Lister si erano ritirate dopo la distruzione del *Thaelmann* e le fortissime perdite subite dal *Nannetti* ed il fallito attacco dei corazzati sovietici. Consapevoli di essere vincitori, i legionari accolsero l'ordine di ripiegamento con sconcerto, avendo creduto di dover al contrario avanzare ed inseguire i rossi.
All'alba del 19 venne ordinato alla 10ª *Bandera* del 1° Reggimento *Oso l'inosabile*, di cui faceva parte il Tenente Lodoli di spostarsi.
Qualcuno mi batté sulla spalla. Il sergente con un fante sconosciuto.
"Dobbiamo andarcene, signor tenente".
"Dove?"
"Alla cantoniera. Sono tutti là. Ci ritiriamo. S'erano dimenticati di noi. Siamo rimasti soli nel bosco".
Il fante sconosciuto mi consegnò un biglietto.
"Ripiegare subito sulla cantoniera".
Ci ritiravamo? Ma se davanti non c'era più nessuno. Anche i cecchini se n'erano andati. Ordini. Forse uno spostamento. Sfilammo nel buio, carichi di tutta la nostra roba. Entrai nella casetta. Volti scuri.
"Il reggimento si sposta di dieci chilometri".
"Avanti?"

---

110 *Nessuna pietà per la canaglia fascista, nessuna pietà per i cani traditori.* (R. Espinosal, C. Polacco, *Lied der International Brigaden*).
111 Il numero è ripreso da Barlozzetti, Pirella 1986, p. 60.
112 Lodoli 1989, p. 55.
113 Barlozzetti, Pirella 1986, p. 61.

"No, ci ritiriamo. Ordini. Il vostro plotone con il plotone arditi assicuri il ripiegamento. Si sposti a casa Titado, quota 922. Prenda posizione e aspetti"[114].

Il 19 marzo vi fu l'ultima apparizione di carri sovietici alle spalle della *Littorio*, nel tentativo di accerchiare i legionari, ma vennero allontanati dal tiro delle Breda da 20 mm.

Roatta, turbato dai rapporti di Rossi, era molto preoccupato, tanto da inviare a Roma, alle otto del mattino del 19 marzo, un telegramma in cui proponeva il ritiro del C.T.V.. Poi si recò in ispezione nelle prime linee, e qui constatò come stessero realmente le cose: non solo la linea era ristabilita, non c'era la minima traccia di truppe in preda al panico, i legionari erano stanchi ma perfettamente calmi; non solo la *Littorio*, ma anche i reparti della *Dio lo vuole!* dati per sbandati erano invece perfettamente in ordine. Roatta, in preda ad una rabbia crescente, si rese conto che il ripiegamento *non era propriamente necessario*, tanto da inviare, alle 20.00, un nuovo telegramma:

Ispezionato nuove posizioni e retrostanti artiglierie, rilevando ovunque, come su strada, calma, tranquillità ed ordine. Specialmente attiva e a posto divisione Littorio. Anche reparti 1ª Divisione che ieri sera a Salamanca erano stati dati come sbandatisi, raggiungevano in ordine, calmi e compatti, la loro sede. È perciò verosimile che arretramento 1ª Divisione sia dovuto fenomeno non insolito, per cui, a un certo momento, ci si crede battuti senza esserlo. Questo stato d'animo fu causato certamente dal cedimento improvviso sinistra divisione, propagatosi all'indietro, mentre centro e destra stessa divisione tenevano bravamente fronte diverse altre ore. Avversario (cui forze attaccanti sono calcolate tra 15.000 e 20.000 uomini) provato dalle enormi perdite non ha molestato nostro ripiegamento, riprendendo contatto, mezzo pattuglie, lungo strada Brihuega solo verso imbrunire di oggi. Quanto sopra mi convince che ripiegamento 1ª Divisione non era probabilmente necessario. D'altra parte a ripiegamento già compiuto, le esigue forze della mia riserva e la stanchezza delle truppe impegnate nell'aspro combattimento di ieri non consentivano più oggi di cercare di ristabilire la situazione primitiva[115].

Le perdite subite a Brihuega e la batosta inflitta dalla *Littorio* agli *internazionali* durante i combattimenti del 18 marzo avevano prostrato i repubblicani, che si fermarono per riorganizzarsi e per leccarsi le ferite, come le truppe del Campesino a Brihuega, sulla *Carretera de Francia*, i brigatisti, sconfitti e bloccati dalle truppe di Bergonzoli impiegarono ventiquattr'ore prima di capire che gli italiani s'erano ritirati, e impiegarono una seconda giornata per portarsi faticosamente a contatto con la nuova linea del C.T.V., perdendo così tempo prezioso e consentendo ai legionari di rafforzarsi e fare muro.

Anche la *Dio lo vuole!*, l'unità più provata dagli scontri (e la peggio comandata) ripiegò piuttosto ordinatamente, come dimostra il basso numero di uomini catturati dal nemico e dalla scarsa quantità di materiale perduto.

I *rojos* tornarono all'attacco solo il 21 ed il 22 con violenti attacchi respinti dagli italiani senza difficoltà; ciò portò il governo repubblicano a porre termine alla controffensiva, e le linee si stabilizzarono.

Il 23 marzo, diciottesimo anniversario della fondazione dei Fasci di Combattimento, i rossi tentarono il loro ultimo attacco.

Il 23 marzo i rossi sferrarono un ultimo attacco. La fanfara del reggimento si schierò in trincea, li accolse suonando Giovinezza. I legionari cantavano dietro la musica. Li respinsero ancora una volta alla baionetta.

Il 24 ci rilevarono i navarresi, la boina rossa in capo, una manta indosso, le scarpe di corda.

---

114 Lodoli 1989, p. 60.
115 Telegramma di Martini (Roatta) del 19 marzo 1937, h. 20.00 , cit. in R. Canosa, *Mussolini e Franco. Amici, alleati, rivali: vita parallela di due dittatori*, Milano 2008, p. 154.

La battaglia di Guadalajara era conclusa. Solo persisteva in noi, poveri fanti della Legione, la certezza amara di avere vinto. Sì, di avere vinto là nel bosco di Brihuega contro i miliziani di tutta Europa. E sorgeva continuo, insistente, ossessionante, doloroso l'interrogativo:
"Perché ci siamo ritirati? Perché abbiamo lasciato i nostri morti?"[116].

Al termine della battaglia di Guadalajara gli italiani, pur avendo fallito l'obbiettivo di raggiungere l'omonima cittadina, erano rimasti padroni di 25 dei 35-40 chilometri occupati nei primi tre giorni, infliggendo all'avversario quasi il quadruplo delle perdite subite.

Gli italiani persero 415 morti, 1.969 feriti e 153 prigionieri; i repubblicani persero 2.200 morti, 4000 feriti e 400 prigionieri[117].

In sintesi, la battaglia può essere divisa in tre fasi.
1. Offensiva italiana e suo arresto per l'irrigidimento della difesa repubblicana,
2. Controffensiva repubblicana e ripiegamento del C.T.V. sulla seconda posizione;
3. Arresto della controffensiva repubblicana e successo difensivo del C.T.V.[118].

La *disfatta*, la *batosta* dei fascisti che secondo il fantasiosissimo Hemingway erano fuggiti con le scarpe in mano per far prima non esiste se non nella propaganda antifascista dell'epoca, e nei sogni dei repubblicani[119].

Il *News Chronicle* informò i propri lettori come unità di marocchini fossero state inviate ad arginare la fuga disperata degli italiani; il *New York Times* scrisse in prima pagina che il 18 marzo gli aerei repubblicani avevano ucciso mille legionari; il *Daily Express* sparò cifre apocalittiche - prese per buone ancora oggi da qualcuno! - secondo le quali erano caduti ben settemila italiani.

Gli italiani restarono padroni di buona parte del campo di battaglia, fermando forze molto superiori di numero, ma ciò non può far dimenticare che non sfondarono, malgrado la propaganda fatta dopo la presa di Malaga, e ciò permise alla stampa antifascista di inventare una sconfitta che non ci fu.

Va detto poi che se pure fosse stato raggiunto l'obiettivo finale, Alcalà de Henares, la mancata avanzata spagnola dallo Jarama avrebbe impedito il ricongiungimento del C.T.V. con le truppe nazionali e l'isolamento di Madrid, che era lo scopo primario di tutta l'operazione, creando anzi un pericolosissimo saliente nella linea avversaria, che i rossi non avrebbero mancato di tentare di recisere.

Come scrive Renzo De Felice, Guadalajara
Sotto il profilo meramente militare [...] non ebbe niente di drammatico[120].

Se però alcune unità della Milizia si erano battute molto bene, altre, quelle del 1° Gruppo *Banderas*, erano fuggite in preda al panico di fronte ai carri sovietici, contro i quali erano privi di difese, prima di raggrupparsi nelle retrovie.

Affermazioni come quelle del Conforti sulla "vittoria degli antifascisti" (quindi della libertà, fosse anche quella dei *paseos* e dei massacri di oppositori, delle mattanze di preti e monache) a Guadalajara vanno semmai corrette: a sfondare fu la Brigata *Carros de combate* di Pavlov, quei carri sovietici che avrebbero insanguinato, negli anni e nei decenni successivi, l'Europa orientale e l'Afghanistan in una scia di morte e repressione, in Finlandia, nel Baltico, in Ungheria, a Praga, in Polonia, a Kabul.

Ma aldilà di queste considerazioni, più interessante è il sottolineare il tentativo da parte degli antifascisti, in buona o mala fede, di falsare i dati delle perdite, attribuendo agli italiani cifre iperboliche, date per certe da autori più o meno seri..

---

116   Lodoli 1989, p. 65.
117   A. Rovighi, F. Stefani, *La partecipazione Italiana alla guerra civile spagnola (1936-1939)*, I, Roma 1992, p. 313.
118   Bovio 1999, p. 148-9.
119   Il romanziere americano arrivò addirittura ad affermare nientemeno che Guadalajara era *una tra le battaglie decisive della storia dell'umanità*!
120   R. De Felice, *Mussolini il duce*. II *Lo Stato totalitario 1936-1940*, Torino 1981, p. 391-2.

Ora, la Storia si scrive con i documenti, e poco vale l'invenzione o la menzogna, nata allo scopo di mascherare il numero di morti repubblicani molto superiore a quello dei (non) sconfitti italiani. S'è arrivati - come il buon Conforti - a sostenere che le cifre dei documenti italiani, quelle vere, siano state alterate a fini di propaganda, ribassandole[121].

Gli italiani avrebbero perso a Guadalajara, secondo tale versione, oltre seimila morti (o addirittura settemila, secondo il *Daily Express* del 19 marzo 1937).

Tenendo presente che nell'*intera* guerra civile le perdite italiane furono:
Caduti: 272 ufficiali (105 della M.V.S.N.), 2.764 sottufficiali e soldati (1.357 della Milizia),
Feriti: 981 ufficiali (399 della M.V.S.N.), 10.205 sottufficiali e soldati (5200 della Milizia),
Dispersi: 9 ufficiali (4 della M.V.S.N.),
272 militari deceduti per malattia e incidenti vari[122], e che il maggior sforzo nella battaglia di Guadalajara era stato sostenuto dalle unità della M.V.S.N., ci si rende conto di come si sia fatto strame a scopi polemici della realtà storica.

Eppure le cifre reali delle perdite subite dal C.T.V. nel corso della fallita offensiva su Madrid sono ben note:
25 cannoni tra catturati e distrutti (15 dei quali appartenenti alla Divisione *Dio lo vuole*[123]!);
85 mitragliatrici;
822 fucili;
10 mortai Brixia da 45mm;
3 carri CV35[124];
90 autoveicoli[125];
6 aeroplani (tre *Fiat* CR 32 e tre *Romeo* Ro.37).

Gli italiani persero 423 morti, 1.835 feriti e 396 dispersi[126]. Dato che i prigionieri dei repubblicani furono 153, la somma totale dei caduti deve essere calcolata in 666 uomini.

A loro volta, i repubblicani persero 2.200 morti, 4.000 feriti e 363 prigionieri. Basti pensare che la sola XI Brigata Internazionale ebbe 530 morti e 930 feriti; secondo Pietro Nenni, il Battaglione *Garibaldi* ebbe 30 morti e 100 feriti a Palacio de Ibarra.

---

121   Conforti, da parte sua, si è limitato ad aggiungere un 1 davanti alla cifra di 423 morti (esclusi i dispersi), visto che la cifra reale gli sembrava troppo bassa per il suo libro!
122   Rovighi, Stefani 1993, II, p. 472.
123   Di questi, tre pezzi da 65/17 vennero distrutti dal fuoco repubblicano, mentre due pezzi da 65/17 ed un 100/17 erano esplosi in azione (*Azione Guadalajara*, 3ª stesura, MAE, Fdg B.11).
124   Il telegramma di Roatta parla di due carri CV35 distrutti, mentre furono tre, nella versione lanciafiamme, perduti a Trijueque il 10 marzo.
125   Tra i quali cinque automobili Fiat *Balilla*. La propaganda e la stampa antifascista parlò - e parla - di centinaia, se non di migliaia, di mezzi distrutti.
126   Rovighi, Stefani 1993, I, p. 313. Le cifre dei documenti ufficiali pubblicate dall'USSME sono dunque leggermente diverse dai settemila morti del *Daily Express*, dai seimila o dai duemila di taluni autori anglosassoni, dai millequattrocento del Conforti o dai 1.500 morti e 1.200 prigionieri di cui vaneggia il sito dell'*anpi*. È curioso notare come ciascun autore di parte antifascista dica cifre a caso, in disaccordo con gli altri. Sarebbe sufficiente confrontare tali cifre iperboliche con quelle dei rimpatriati dopo la battaglia e dei legionari rimasti in Spagna per rendersi conto della realtà, od andare a consultare gli elenchi nominativi dei morti e dei dispersi nella battaglia disponibili presso l'Onorcaduti dell'Esercito italiano.
La differenza tra il basso numero dei prigionieri e quello dei dispersi è dovuta al fatto che i comunisti del 5° Regimento di Lister e i fuoriusciti della *Nannetti* e della *Garibaldi* solitamente massacravano sul posto i fascisti feriti e prigionieri.
Leggere frasi del tipo: *Moltissimi italiani inviati da Mussolini si consegnano ai connazionali del "Garibaldi" e ricevettero un trattamento universalmente rispettoso, cosa universalmente riconosciuta da tutti gli osservatori internazionali* (http://it.wikipedia.org/wiki/Guadalajara_(Spagna)) porta a chiedersi se 153 prigionieri siano davvero *moltissimi* (a Santander gli italiani prenderanno prigionieri 25.000 baschi) e se il massacrare feriti e prigionieri sia *un trattamento universalmente rispettoso* e non un crimine di guerra. Ad ogni modo i non molti prigionieri repubblicani - 363 - furono più numerosi di quelli italiani. Per non dire dei 2.200 morti *rossi* rispetto ai 666 italiani.

I repubblicani persero inoltre:
19 carri T-26 B e BT-5 distrutti o catturati dagli italiani[127];
15 aerei abbattuti (undici caccia, tre bombardieri, un assaltatore[128])
Gli italiani avevano subito un insuccesso di natura strategica, ma sul piano tattico avevano ottenuto risultati assai maggiori in due giorni di combattimento contro truppe superiori di numero, rispetto al terreno conquistato dai *legionarios* e *Regulares* spagnoli dal luglio dell'anno precedente.
Come scrivono giustamente i generali Alberto Arrighi e Filippo Stefani nella loro fondamentale *Storia della partecipazione italiana alla guerra civile Spagnola (1936-1939)*, pubblicata dall'Ufficio Storico dello Stato Maggiore dell'Esercito, che costituisce il testo definitivo sull'argomento, Sul piano storico fu e resta un insuccesso offensivo del CTV, peraltro compensato dall'insuccesso della controffensiva repubblicana. Niente di più[129].
Alla fine dell'offensiva, in mano italiana era rimasto, malgrado il ripiegamento, quasi il triplo del territorio conquistato dai nazionalisti nelle loro offensive contro la capitale spagnola dall'autunno del 1936, ovvero 25 chilometri sui quaranta occupati all'inizio dell'offensiva.
Sorprendentemente buona fu la prestazione dei reparti della *Littorio*, provenienti dal Regio Esercito, che, malgrado il mancato affiatamento tra reparti diversi, appartenenti ad una divisione esistente da tre settimane circa, e solo sulla carta, si erano dimostrati superiori ad avversari, connazionali ed alleati, uscendo imbattuti dalla battaglia.
Si erano evidenziate carenze di preparazione nei quadri subalterni degli ufficiali della Milizia; si trattava spesso di ex ufficiali di complemento (spesso reduci della Guerra Mondiale) che dopo il congedo non avevano ricevuto né aggiornamenti né addestramento all'uso delle armi moderne.
Lo stesso Mussolini lo riconobbe in Consiglio dei Ministri, l'11 aprile 1937:
Il soldato è stato eroico. Una legione di Camicie Nere è andata al fuoco con la fanfara in testa[130]. Errori di comando: uomini portati al fuoco dopo trenta chilometri di marcia, senza riposo - indumenti da clima mediterraneo, con temperature sotto lo zero - gli autocarri portati in prima linea - l'aviazione non era in grado di volare per le forti nevicate. Ma soprattutto, deficienze dei subalterni: eroici, forse, ma senza mestiere. È il punto debole della nostra organizzazione militare[131].
Ma le colpe più gravi ricadevano sul comandante di Divisione che si era fatto prendere dal panico ordinando il ripiegamento; va ricordato che si trattava di un Generale dell'Esercito e non della Milizia.
L'affermazione del Duce che *il soldato è stato eroico* appare in certi casi almeno eccessiva alla luce del comportamento di alcune *banderas* della *Dio lo vuole*; ma va anche ricordato come Ritter von Thoma, osservatore appartenente allo Stato maggiore della *Wehrmacht* distaccato presso il C.T.V. scrisse a Berlino che i legionari italiani avevano dato prova sotto il fuoco di *innegabile coraggio*, e che il contegno della Divisione *Littorio* era stato *irreprensibile da ogni punto di vista*[132].
Autori repubblicani, per giustificare il massacro dei prigionieri italiani, accusarono le Camicie Nere di aver finito col pugnale alcuni prigionieri rossi. Dai documenti appare una realtà ben diversa. I

---

127 Telegramma n. 819 del 25/3/1937 inviato da Roatta all'Ufficio Spagna. Non sono inclusi nel computo i due *Renault* distrutti ad Almandrones dagli anticarro l'8 marzo, e i tre carri sovietici dubbi che potrebbero essere stati distrutti il 18 dalla *Littorio*: U. Barlozzetti, A. Pirella, *Mezzi dell'esercito italiano 1935-1945*, Firenze 1986, pp. 60-61. Ovviamente la cattura di alcuni T-26 compensava ampiamente la perdita di tre CV35! Sui corazzati a Guadalajara, Barlozzetti, Pirella 1986, pp. 60-61. Va però detto che fonti sovietiche d'archivio sostengono come la *Brigada* Pavlov concluse le operazioni, il 19 marzo, con soli nove carri efficienti su sessanta (J. Radey, *Guadalajara. No pasaran*, in *Against the Odds Annual* 2007, p. 29)
128 Ferdinando Pederiali, *Guerra di Spagna e Aviazione italiana*, Pinerolo 1989, p. 210.
129 Arrighi, Stefani,1992, I, p. 317.
130 In realtà si trattava della *Littorio*, formata da volontari del R.E.
131 B. Mussolini, in Bottai 1989, p.116 alla data del 12 aprile 1937.
132 Pederiali 1989, p.210.

comandi italiani furono molto attenti a rispettare le leggi di guerra verso i prigionieri, *qualunque ne siano la nazionalità, la fede, il partito.*
Durante la battaglia Roatta emanò una circolare riguardante il trattamento dei prigionieri di guerra, la n. 3134 del 17 marzo, intitolata, appunto, *Contegno verso i prigionieri.*
Nei giorni di Malaga, Galeazzo Ciano aveva inviato al comando del C.T.V. le seguenti direttive:

n. 264.

Roma, 6 febbraio 1937.

[...] Resta inteso che mentre i prigionieri spagnoli dovranno venire da noi rispettati, bisogna passare subito per le armi i mercenari internazionali, e naturalmente per primi gli italiani.

Il Generale Roatta (Mancini) rifiutò di ascoltare il Ministro degli Esteri, affermando che avrebbe seguito le convenzioni internazionali, inviando il seguente fonogramma, tacitiano, che non permetteva equivoci:

A Generale Arnaldi, colonna centro.
A Generale Gusberti, colonna sinistra.
A Generale Francisci, colonna destra.

N. 227 OP.

Loja, 8 febbraio 1937, ore 8,15.

I prigionieri non (dico *non*) devono essere fucilati.
  e Ciano, a sua volta, telegrafò a Roatta:
A Comando C.T.V.

N. 208

Roma 13 marzo.

Suo 2805. Sospenda applicazione precedente istruzione circa trattamento a italiani e stranieri catturati per eventuale scambio di prigionieri.

Non soltanto il comando del C.T.V. intervenne per impedire l'esecuzione dei prigionieri, ma, circa alcuni casi di percosse di prigionieri, Roatta emise la surricordata circolare n. 3134, in cui, oltre a proibire le fucilazioni, proibiva qualsiasi maltrattamento:

N. 3134

Arcos, 17 marzo 1937.

Contegno verso i prigionieri.
Giorni addietro, un prigioniero ebbe, dopo la cattura ed essendo perciò disarmato, rotto un labbro, con un pugno, da parte di un ufficiale.
A un altro prigioniero, pure disarmato, un capitano lasciò andare una bastonata sulla testa provocandogli una ferita non lieve.
Questo non può essere assolutamente tollerato. Non vi è alcun eroismo nel percuotere un vinto inerme, qualunque ne siano la nazionalità, la fede, il partito.
È un atto che si avvicina invece alla codardia e tanto più gli ufficiali debbono astenersene, intervenendo anzi, quando dovessero verificarsi ad opera di inferiori.
Questo non può essere assolutamente tollerato: non deve mai più ripetersi[133].
Prenderò, d'ora innanzi, rigorose misure verso coloro che mi risultassero contravventori a tali mie

---
133   Il corsivo è di Roatta.

tassative disposizioni[134].

A Salamanca, intanto, si erano svolti numerosi e drammatici incontri tra Franco ed il generale Roatta.

Franco tolse temporaneamente il comando ai Generali Varela e Orgaz a causa dei mancati attacchi sul fronte dello Jarama.

Se i comandi nazionale e italiano cercarono di porre rimedio alle carenze emerse a Guadalajara, nei comandi e tra le truppe repubblicane si diffuse un'euforia quanto meno eccessiva, in un'orgia di retorica e di esagerazioni circa la sconfitta del Fascismo e di Mussolini: senza riflettere però che truppe inferiori di numero, male amalgamate, con divise di tela coloniale sotto il nevischio, con un armamento inferiore[135], senza copertura aerea, con le *latas de sardinas*, i CV 35[136], contro i carri BT-5 e T-26 B di Pavlov, erano avanzate all'inizio come il proverbiale coltello nel burro per oltre 40 chilometri, travolgendo tutti i reparti che si erano trovati davanti, e che, contrattaccate da forze cinque volte superiori, meglio armate, mitragliate e bombardate dai *Chato* e dai *Polikarpov* senza poter avere appoggio dai propri aerei avevano sì ceduto davanti ai carri sovietici, ma erano state comunque in grado di raggrupparsi, fare muro e respingere i repubblicani, restando in possesso di 20-25 dei 40 chilometri conquistati, infliggendo al nemico perdite tre volte e mezzo superiori alle proprie.

Non si tenne presente che i maggiori problemi agli italiani non li avevano creati i combattenti repubblicani, ma il maltempo, gli errori di comando e la disorganizzazione, che aveva portato agli ingorghi sulla *Carretera di Francia* durante lo scavalcamento, subendo quindi gli attacchi dell'aviazione avversaria, che, con i corazzati, era quella che aveva inflitto le maggiori perdite agli italiani in uomini e mezzi. Se si tiene presente la gravità dei danni inferti dai piloti rossi, si vede come la proporzione tra le perdite italiane e repubblicane durante gli scontri (spesso alla baionetta, come a Palacio de Ibarra e Brihuega) vada ancor più a favore del C.T.V.

Ma la repubblica, ubriacata dalla *vittoria* inattesa non fece questi ragionamenti, e subì, da lì a poco, il prezzo della sottovalutazione di legionari.

Mussolini venne raggiunto dalle notizie della battaglia mentre era in visita ufficiale in Libia. La notizia gli venne portata mentre si trovava nel teatro romano di Sabratha, mentre assisteva alla rappresentazione di una tragedia.

A richiamarlo a Roma fu soprattutto il clamore della grancassa antifascista. Partì dalla Libia con un giorno d'anticipo rispetto al programma, a causa, ufficialmente, del *ghibli* che impediva le manifestazioni organizzate dal governatore Italo Balbo.

In realtà, ricorda Giovanni Artieri, fu perché il Duce credette in un primo momento a ciò che gli dissero i giornalisti inglesi e statunitensi del suo seguito: che cioè in Spagna si fosse verificato un disastro militare, che il Corpo Truppe Volontarie fosse stato distrutto, e così via.

A Roma, dai rapporti, constatò, con la sua fulminea capacità di sintesi, la reale entità di quello che era realmente accaduto.

Prima di dire la sua, il Duce aspettò tre mesi.

Il 17 giugno il *Popolo d'Italia*, il quotidiano del Partito Nazionale Fascista, pubblicò un editoriale senza firma intitolato *Guadalajara*.

---

134   Arrighi, Stefani 1993, I bis., docc. nn.48/a-48/e, pp. 247 segg.. Gli scrupoli degli italiani erano estranei agli internazionali e soprattutto ai comunisti di Lister, che, al contrario, come abbiamo visto massacravano usualmente i prigionieri, specialmente le Camicie Nere.
135   Bastico, in un rapporto confidenziale a Ciano all'indomani della battaglia, sul quale torneremo, parlerà di armamento deficientissimo: cfr. Rovighi, Stefani, 1993, I bis, documento n. 79/ A, p. 371.
136   Il CV 35 (Carro leggero L3/35) prodotto dalla Ansaldo Fossati, era armato con due mitragliatrici da 8 mm (ma a Gauadalajara erano presenti ancora alcuni CV33 con mitragliatrici Fiat mod. Aviazione da 6.5mm), con una corazzatura massima di 13.5 mm, e raggiungeva una velocità su strada di 42 km/h. In Spagna erano presenti anche i CV 35 in versione lanciafiamme

Anche se anonimo, tutti sapevano che l'autore era il fondatore e direttore del quotidiano, Benito Mussolini. Lo stile duro ed asciutto non lasciava alcun dubbio al riguardo[137].
Era un articolo molto equilibrato, che esaminava le cause dell'insuccesso, ammetteva le perdite, stigmatizzava la propaganda fatta dagli antifascisti e *le jene in sembiante umano* che *si gettarono sul sangue purissimo della migliore gioventù italiana.*
L'editoriale proseguiva, con argomenti ancor oggi in buona parte condivisibili:
Oggi dopo tre mesi si leggono diverse valutazioni e giudizi più equanimi. Si parla tutt'al più di un "insuccesso", che non poteva avere e non ha avuto conseguenze di carattere militare, un "insuccesso" che la speculazione antifascista è riuscita a gonfiare per un momento, onde rialzare il morale depresso delle masnade bolsceviche sul fronte spagnolo e sul fronte della terza internazionale. Più che di un insuccesso si deve parlare di una vittoria italiana, che gli eventi non permisero di sfruttare a fondo.
Il Duce concludeva l'articolo con una promessa.
Dove, quando, come non è oggi possibile dirlo. Ma una cosa è certa, come un dogma di fede, della nostra fede: anche i morti di Guadalajara saranno vendicati[138].
Una promessa che sarebbe stata presto mantenuta.

Battaglia di Guadalajara – Specchio comparativo delle perdite

	C.T.V.	Ejercito popular
Caduti	453 (666[1])	2.200
Feriti	1.835	4.000
Prigionieri	153	363
Carri armati	3	21[2]
Aerei	6[3]	15[4]

---
137 Fu il numero più venduto nella storia del giornale, più di quelli del 24 maggio 1915, del 4 novembre 1918, del 28 ottobre 1922 o del 5 maggio 1936. La tiratura del *Popolo d'Italia* andò presto totalmente esaurita, e l'editoriale dovette venir ripubblicato anche nei giorni seguenti.
138 *Il Popolo d'Italia*, n. 167, 17 giugno 1937 XXIV. Il testo è pubblicato in appendice al presente volume.

VII
FLECHAS NEGRAS!
DA BERMEO A SANTANDER

La situazione venutasi a creare a Guadalajara portò il nuovo comandante del C.T.V., il generale Ettore Bastico, e l'Ispettore Generale della M.V.S.N. Luogotenente Generale Achille Teruzzi, giunto appositamente da Roma, a far rimpatriare quei volontari che si erano dimostrati non all'altezza durante le giornate di Marzo, quali quelli arruolatisi per il premio d'ingaggio, per motivi fisici o morali, in modo da lasciare solo gli elementi migliori e più politicamente convinti. Vennero rimpatriati 591 uomini per motivi disciplinari e 3.128 per mancanza di idoneità fisica.

Bastico, che detestava le Camicie Nere[139], scrisse in un rapporto confidenziale a Ciano del 16 aprile : Queste divisioni sono quello che sono. L'epurazione è in corso. Ho dato ordini categorici nei riguardi della disciplina (che lascia molto ma molto a desiderare), dell'addestramento (che è tutt'ora all'inizio), dell'armamento (deficientissimo), dell'amministrazione (caotica).

Per il nuovo comandante del C.T.V.,

la divisione Bergonzoli - merito esclusivo del comandante - è buona e buoni, mi si afferma, sono il gruppo Francisci[140] e le brigate miste Guassardo e Piazzoni. Naturalmente qui tutti cercano di addossare ad altri le proprie responsabilità ma è evidente che le cause prime dell'insuccesso di Guadalajara sono state: il difettosissimo inquadramento: l'impreparazione addestrativa: la deficiente disciplina: le avverse condizioni atmosferiche: il collasso psichico di qualche comandante[141].

Bastico, contro le sue stesse aspettative, riuscì a rendere in pochissimo tempo il C.T.V., snellito e rafforzato nella disciplina, nell'addestramento, nel morale, un eccellente strumento bellico, come si vide di lì a poco, superando ogni frangente.

Per i repubblicani ed i baschi sarà una durissima sorpresa.

Dei legionari sbarcati a Cadice nel gennaio del 1937, dopo la costituzione dei gruppi di *banderas* che parteciparono alle operazioni su Malaga e Guadalajara, un certo numero di ufficiali, sottufficiali e legionari appartenenti alla Milizia con armi e materiali si rivelarono in esubero; venne pertanto deciso di usare tali esuberi come quadri per la formazione di brigate miste italo-spagnole, e venne iniziata la

---

139   Per valutare correttamente i giudizi espressi da Bastico, occorre tener presente come egli nutrisse una sorta di superiorità verso gli ufficiali e gli uomini della Milizia, considerati dei dilettanti privi di preparazione militare. Nel gennaio 1936, quando si diffusero le notizie circa l'attacco delle truppe del negus contro il Gruppo Battaglioni CC.NN. Diamanti ed il presidio della divisione *28 Ottobre* a passo Uarieu Ettore Bastico, comandante del III Corpo d'Armata, sembrò apertamente rallegrarsi della situazione. Scrisse Giuseppe Bottai nel suo diario:

24 GENNAIO 1936. Calma. Sempre più calma. Rifermenta in tutti l'impazienza contro la stasi che si prolunga. Arriva il Generale Bastico, col Capo di S.[tato] M.[aggiore] colonnello Calderini e il Capitano Mosca. E' tutt'allegro. La sua bocca a salvadanaio si stira fino alle orecchie. Ci dà la notizia, che due battaglioni del gruppo C.C.N.N. Diamanti sono stati circondati e decimati. Cinquanta ufficiali e quattrocento militi morti; otto cannoni e molte mitragliatrici perduti. Bastico racconta con leggerezza, con fatuità. "Gli è inutile! Tutto questo dimostra che alla guerra ci vuole preparazione! Non basta mettersi dei galloni sui bracci". Mentre lui, toccandosi sempre più in alto l'avambraccio allude a un gesto osceno, io guardo fisso, con intenzione, i suoi galloni di generale e gli dico, secco: "À proprio ragione, Eccellenza!" Capisce il latino. Si fa serio e se ne va. [...] (Bottai 1989 p.84.)

Il positivo giudizio sulle truppe di Francisci è dovuto alla stima professionale e personale nutrita da Bastico, che ebbe alle sue dirette dipendenze Francisci in Africa Orientale, quando Bastico comandava la 1ª divisione CCNN *23 Marzo* prima della promozione a comandante di Corpo d'Armata: P. Romeo di Colloredo, *I Pilastri del Romano Impero. Le camicie Nere in Africa Orientale 1935-1936*, Genova 2009, pp. 75-76.

140   Gruppo Banderas *23 Marzo*.

141   *Comando Truppe Volontarie a S.E. Galeazzo Ciano, Ministro per gli Affari Esteri-Roma (n.1 confidenziale), Salamanca 16 aprile 1937*, in Rovighi, Stefani, 1993, I bis., doc. 79/ A, pp. 371- 372.

costituzione delle prime due a Badajoz ed a Siviglia.

La prima brigata mista venne costituita il 18 gennaio e prese il nome di *Frecce Nere* (*Flechas Negras*). Su 161 ufficiali gli italiani erano 72, e su 5.600 sottufficiali e soldati, le Camicie Nere erano cinquecento.

Vennero costituiti due reggimenti, il 3°, di stanza a Merida, ed il 4°, di stanza a Badajoz.

Uniforme ed equipaggiamento erano italiani. Comandante era il Colonnello incaricato di grado superiore (i.g.s.) Sandro Piazzoni, e Capo di Stato Maggiore il Tenente Colonnello Amilcare Farina[142].

La Brigata *Frecce Nere* era così strutturata:
- 3° Reggimento Fanteria (Col. Renzoli), su tre Battaglioni ed una Batteria da 65/17;
- 4° Reggimento Fanteria (Col. Renzoli), su tre Battaglioni ed una Batteria da 65/17;
- Raggruppamento di Artiglieria (Ten. Col. Rolandi) su tre Gruppi cannoni di vari calibri;
- Compagnia mista del genio[143].

La Brigava inquadrava settemila uomini; gli italiani costituivano il 70% degli ufficiali ed il 20% della truppa.

Le *Frecce Nere* entrarono in linea il 19 marzo, prime truppe del C.T.V. a tornare al fuoco dopo Guadalajara.

Il primo schieramento fu nella zona di Madrid, nella valle dello Jarama, nel settore tra Ciempenzuelos e Boros; dieci giorni dopo, il 29 marzo, la Brigata venne trasferita verso il fronte di Bilbao dove arrivò il 2 aprile. Il 5 aprile la *Frecce Nere* entrò in linea tra Ondarroa e Orcanegui, avvicendando i soldati della II *Brigada de Navarra*.

Le *Frecce* entrarono in battaglia il 27 aprile. Quello stesso giorno il 3° reggimento occupò Berriatua. Il giorno successivo il 4° Reggimento si concentrò ad Ondarroa, mentre gli Arditi del Tenente Biondi strappavano ai baschi Lequeito; nel primo pomeriggio, alle 13 ed un quarto, il 3° Reggimento entrava nella capitale spirituale dei baschi, Guernica, quasi distrutta dai bombardamenti italo-tedeschi.

La distruzione di Guernica, come Guadalajara, è un delle leggende più dure a morire sulla guerra civile spagnola[144].

Tutto nacque con un articolo, pubblicato sul *Times* del 28 aprile 1937, in cui il giornalista britannico George Lowther Steer scriveva, gonfiando cifre in maniera spropositata:

Il lunedì a Guernica è giorno di mercato per la gente delle campagne. Alle 16,30, quando la piazza era affollata, e molti contadini stavano ancora arrivando, la campana diede l'allarme. Cinque minuti dopo un bombardiere tedesco volteggiò sulla città a bassa quota, quindi lanciò le bombe mirando alla stazione. Dopo altri cinque minuti ne comparve un secondo, che lanciò sul centro un egual numero d'esplosivi. Un quarto d'ora più tardi tre Junker continuarono l'opera di demolizione e il bombardamento si intensificò ed ebbe termine solo alle 19,45, con l'approssimarsi dell'oscurità. L'intera cittadina, con settemila abitanti e oltre tremila profughi, fu ridotta sistematicamente a pezzi. Per un raggio di otto chilometri, tutt'intorno, gli incursori adottarono la tecnica di colpire fattorie isolate. Nella notte esse ardevano come candele accese sulle colline[145].

Guernica raggiungeva a stento i 4.000 abitanti, e costituiva un importante obiettivo militare, in quanto rilevante nodo stradale e ferroviario e sede di due fabbriche di armi e bombe.

Talmente importante dal punto di vista strategico da essere l'obbiettivo delle *Frecce Nere*, che aveva-

---

142 Futuro comandante della Divisione FM *San Marco* durante la Repubblica Sociale Italiana.
143 Corrispondeva perciò ad una Divisione binaria italiana.
144 Basti leggere le seguenti righe, tratte dal sito del liceo classico *Berchet* di Milano:
Il 26 Aprile 1937, l'aviazione falangista, con aerei e piloti tedeschi, attaccò e rase al suolo la cittadina basca di Guernica, uccidendo in tre ore e mezza circa 2000 persone. Dal punto di vista militare, Guernica era un obbiettivo del tutto insignificante; l'azione, svoltasi in un giorno di mercato, fu una strage compiuta per seminare terrore nella popolazione civile e sperimentare una nuova tattica di guerra aerea: il bombardamento a tappeto.
http://www.liceoberchet.it/netday00/arte/guernica/guernica.htm.
Così si insegna la storia sul sito di uno dei più importanti licei classici d'Italia!
145 The *Times*, April, 28, 1937.

no l'ordine di impadronirsene.

Quel lunedì non ci fu mercato a Guernica, perché il delegato del governo basco, Francisco Lozano, lo aveva sospeso, così come aveva sospeso la partita di pelota, in programma per la sera stessa.

Al bombardamento, oltre ai bombardieri tedeschi della *Condor*, parteciparono tre *Savoia Marchetti* SM79 dell'aviazione Legionaria, oltre a numerosi caccia CR39 della Squadriglia Cucaracha di scorta. A differenza dei tedeschi, che mancarono il bersaglio - costituito dal ponte e dal nodo stradale - gli italiani colpirono gli obbiettivi. Ma i tedeschi non avevano nessun ordine di bombardare a tappeto la città, e non lo fecero.

Il numero delle vittime è stato enormemente gonfiato: in realtà arriva ad una cifra variabile tra cento e duecento vittime al massimo, tanto che Hugh Thomas, nella seconda edizione della sua *History of Spanish Civil War*[146], ridusse a 200 i morti nel bombardamento di Guernica, che nella prima aveva indicato in 1.654.

Dal canto loro, i nazionalisti attribuirono l'incendio della città e i morti soltanto all'azione dell'esercito repubblicano in ritirata. La due versioni sono entrambe false.

La distruzione di Guernica dipese per circa un quarto dall'errore nel bombardamento: ma, dato che la città fu bruciata per circa il settanta per cento, il resto delle distruzioni fu provocato dagli incendi appiccati dai reparti repubblicani prima di abbandonare la città[147].

Mola, comandante spagnolo del settore, aveva inviato a Piazzoni un telegramma in cui lo avvertiva di non avanzare con la propria Brigata verso nord prima della conquista del monte Sollube, che avrebbe protetto il fianco sinistro delle *Frecce Nere*.

Per un disguido però il telegramma giunse troppo tardi, quando cioè Piazzoni, ignaro, aveva ordinato al II Battaglione del 3° Reggimento, comandato dal Maggiore Puzzoli[148], di avanzare verso settentrione, verso Bermeo, un porto di fondamentale importanza strategica per il prosieguo della campagna.

Puzzoli attaccò con slancio e con grande veemenza, avanzando sulla riva sinistra del Rio Oca, occupando uno dopo l'altro i *pueblos* di Forue, Morueta, Altamira, Busturia, Pedernales e Mundaca, occupando infine l'obbiettivo stabilito, il porto atlantico di Bermeo, la sera del 30 aprile, scacciandone i *rojos*.

I repubblicani si accorsero dello scarso numero di Camicie Nere presenti, ed il primo maggio attaccarono con cinque Battaglioni.

Le *Frecce Nere* abbandonarono le posizioni circostanti Bermeo, e si trincerarono nella cittadina, venendo circondate, e resistendo per tre giorni ai durissimi attacchi dei repubblicani, cinque volte superiori di numero, appoggiati da carri sovietici T-26. Inoltre la città venne bombardata da unità da guerra della marina repubblicana.

La lotta per Bermeo fu durissima: le Frecce erano meno di settecento uomini. Persero 289 uomini, di cui 50 caduti (4 ufficiali), 232 feriti (13 ufficiali) e sette dispersi, da considerarsi uccisi dai repubblicani.

La stampa antifascista, soprattutto i giornali britannici *The Times*[149], *Manchester Guardian*, *Daily Express*, e *Morning Post*, anche sulla base di fantasiosi bollettini repubblicani, cominciò a parlare di una nuova disfatta italiana, di una nuova Guadalajara. Ovviamente erano tutte chiacchiere, e il fronte antifascista ebbe poco dopo una doccia fredda.

Il 3 maggio infatti il 4° Reggimento *Frecce Nere* con l'appoggio di elementi della V *brigada de Na-*

---

146   Tr. it. Torino 1964.
147   Uno studio molto equilibrato sull'argomento è quello di S. Mensurati, *Il bombardamento di Guernica. La verità tra due leggende*, Roma 2004.
148   Artieri lo chiama per errore Pozzuoli.
149   Autore della quantomeno *fantasiosa* corrispondenza annunciante la disfatta legionaria fu George L. Steer, l'"inventore" della distruzione di Guernica.

varra sbloccò l'assedio, costringendo i rossi ad una ritirata precipitosa verso le montagne[150].

Le *Frecce* non avevano ceduto, e non c'era stata nessuna nuova Guadalajara, ma, al contrario, una vittoria del C.T.V.

Puzzoli venne promosso Tenente Colonnello sul campo, ed il II Battaglione venne da allora denominato *Bermeo*.

Anche Francisco Franco, che vedeva di mal'occhio i successi italiani in Spagna, citò il Battaglione di Puzzoli in un ordine del giorno:

La brillante azione delle unità legionarie in Bermeo, conquistata con un ridotto numero di soldati e difesa strenuamente tenendo a bada il nemico nonostante la sua enorme superiorità, mantenendo il possesso di quell'importante porto malgrado i reiterati attacchi da terra e dal mare e finalmente mettendo in rotta le unità avversarie dopo essersi battute con valore esemplare, merita una menzione speciale che mi compiaccio conferire con questo ordine, perché sia conosciuta da tutto l'Esercito e per l'onore degli interessati.

Franco

Anche il comandante della Brigata, Piazzoni, espresse il proprio compiacimento con il seguente ordine del giorno:

Mie *Frecce Nere*!

Tutta la Spagna vi ammira, tutta Italia vi applaude.

A tutti voi, ufficiali, sottufficiali, soldati i ringraziamenti e gli elogi di chi ha l'orgogliosa superbia di comandarvi[151].

Il 3 maggio alla Brigata *Frecce Nere* venne affiancato per qualche giorno anche il Raggruppamento Battaglioni CC.NN. *23 Marzo* comandato dal Console Generale Enrico Francisci, che insieme alle *Frecce* il 7 maggio partecipò alla conquista del Sollube, mentre le *Frecce Nere* strappavano ai repubblicani i monti Tollu e Jata; nell'azione si distinse in particolare il I Battaglione del 3° Reggimento, che sloggiò dal monte Jata i *dinamiteros* asturiani, e che da allora venne ridenominato *Monte Jata*.

Pochi giorni dopo il *23 Marzo* venne ritirato dal fronte per migliorare l'addestramento che si era dimostrato non all'altezza.

Nel frattempo, oltre alle *Frecce Nere* venne formata a febbraio, a Siviglia anche un'altra Brigata mista, la *Frecce Azzurre*, comandata dal Colonnello i.g.s. Guassardo.

La Brigata era strutturata analogamente all'unità gemella, con due Reggimenti di fanteria (1° e 2°) su tre Battaglioni, un Raggruppamento di artiglieria ed una sezione del genio.

Le *Frecce Azzurre* ebbero il battesimo del fuoco a nel settore di Peñarroja, ad Azuaga, il 14 aprile, avanzando ed occupando il Cerro del Toro e la Sierra de Grana.

Il 21 aprile la Brigata venne contrattaccata da carri T-26, ma resistette e riuscì anche a catturare due carri colpiti dalla caccia legionaria.

Il 10 giugno la *Frecce Azzurre* venne trasferita a nord, verso Campillo de Llerena, da dove avanzo occupando le posizioni di Sierra de Avila, Sierra de Lazcano, Sierra de Argallen e Puerto de los Americanos, che dominano la valle del Rio Serena.

Nei duri scontri montani si distinse in particolare il II Battaglione del 2° Reggimento, che strappò ai comunisti la Sierra de Argallen con un assalto a colpi di granate e scontri col pugnale, tanto da guadagnarsi l'onore di veder battezzato *Sierra de Argallen* il battaglione.

I rimpatri degli elementi meno affidabili diedero luogo ad un ridimensionamento e parallelamente ad un rafforzamento dello spirito combattivo delle Camicie Nere, che ebbe modo di manifestarsi

---

150   De Vecchi, Lucas 1976, pp. 136-137.
151   Ibid., p. 138.

durante la campagna per la conquista della Vizcaya, nell'assedio di Teruel e nella presa di Bilbao il 19 maggio, nella quale si era distinto il Raggruppamento Artiglieria Legionaria (Tenente Colonnello E. Falconi), decisivo nello sfondamento del sistema di difese fisse, casamatte e bunker noto come *Cinturon de Hierro*.

Si trattava di una linea difensiva ispirata alla Linea Maginot, costruita con l'ausilio di tecnici francesi e sovietici, considerata imprendibile dai repubblicani. Ma, come la Maginot, il *Cinturon de Hierro* era troppo lungo per esser presidiato tutto dai 50.000 combattenti baschi, ed era troppo debole per resistere ai mortai d'assedio italiani da 305 mm ed ai bombardamenti dell'Aviazione Legionaria, di quella nazionale e della *Legion Condor*. Sul Cinturon vennero scaricati circa un milione di chili di esplosivo, mentre la caccia cancellava dal cielo basco l'aviazione repubblicana: dal 12 giugno i rossi avevano perso oltre 174 apparecchi, in massima parte abbattuti dai CR32 delle squadriglie dell'A.L.[152]

All'avanzata sulla capitale basca parteciparono anche i legionari della Brigata *Frecce Nere*, che avanzarono in due colonne reggimentali, dalla costa, via Pencia, Guecho ed Algorta, e dall'interno, via Munguia, Butròn, Erandio, per poi passare la Ria presso Baracaldo, avanzando sino ad Ontòn, sulla strada per Castro Uriales. Nel corso delle operazioni vennero presi numerosi prigionieri, e le *Frecce* subirono la perdita di 161 uomini tra morti e feriti.

Ad agosto il C.T.V. riportò un ulteriore successo conquistando la città di Santander.

Vi presero parte il Raggruppamento CC.NN. *XXII Marzo* (Francisci), le Divisioni *Fiamme Nere* (Frusci) e *Littorio* (Bergonzoli), il Raggruppamento Artiglieria del C.T.V. ed unità minori e logistiche.

A titolo esemplificativo, riportiamo l'Ordine di battaglia del Raggruppamento CCNN *23 Marzo*[153], unità che si distinse particolarmente nel ciclo operativo:

4° Reggimento Fanteria:
- Battaglione *Bufalo*;
- Battaglione *Vampa*;
- Battaglione *Toro*;
- IV Batteria da 65/17;
- 4° Plotone Mortai

5° Reggimento Fanteria:
- Battaglione *Lupi*;
- Battaglione *Ardente*;
- Battaglione *Inesorabile*;
- V Batteria da 65/17;
- 5° Plotone Mortai.

Artiglieria Divisionale:
Gruppo da 65/17 (motorizzato),
Compagnia Mista Genio
Sezione Logistica
Sezione Carabinieri divisionale;
Compagnia Mista trasporti;
Comandante del raggruppamento era, come detto, il Console Generale Enrico Francisci.

Enrico Francisci, pistoiese, ufficiale di carriera, partecipò alla campagna di Libia del 1911, e, come

---

152 Artieri 2005, pp. 204-205.
153 La *Fiamme Nere* aveva una struttura analoga.

Maggiore di fanteria alla Prima Guerra Mondiale, venendo decorato più volte di Medaglia di Bronzo e d'Argento al Valor Militare. Venne promosso tenente colonnello ed inviato in Libia come ufficiale del Governatorato. Nel 1920 aderì al Fascismo, ed entrò nella Milizia Volontaria Sicurezza Nazionale come semplice Camicia Nera. Ottenuto il passaggio al grado che gli spettava, ebbe il comando della 62ª Legione Isonzo di Gorizia prima, e poi la 90ª Legione di Pisa.

Con il grado di Console comandò la 135ª Legione *Indomita*, inquadrata nella Divisione CC.NN. *23 Marzo* durante la campagna in Africa Orientale[154].

Da allora Francisci rimase sempre legato a tale denominazione: così si chiamò il Gruppo *Banderas* da lui comandato nei giorni di Guadalajara, poi il Raggruppamento CC.NN., divenuto infine Divisione *23 Marzo* alla cui guida si guadagnò la Croce di Cavaliere dell'Ordine Militare di Savoia.

Nel 1942, il Luogotenente Generale Francisci comandò il Gruppo Btg. M d'Assalto *23 Marzo* in Russia, con eccellenti risultati[155].

Rientrato in Italia dopo esser stato ferito, divenne Ispettore Generale dei reparti della MVSN in Sicilia. Qui cadde combattendo in prima linea l'11 luglio 1943, unico Generale italiano a perdere la vita nei combattimenti per l'isola, una delle poche pagine luminose di quei giorni[156].

Nel luglio del 1937 il governo repubblicano ordinò ai comandi militari di lanciare un'offensiva su Brunete, come manovra per distrarre truppe dall'assedio di Madrid e per sbarrare la strada verso Nord ai franchisti ed agli italiani.

La battaglia di Brunete durò dal 6 al 25 luglio 1937 e si concluse con la vittoria nazionalista.

Ai repubblicani costò la perdita di un gran numero di uomini, specialmente internazionali, veterani di Madrid e Guadalajara, difficilmente rimpiazzabili: basti pensare che la XIV *Brigada Internacional*, formata soprattutto da francesi, venne contratta a due Battaglioni, rispetto agli undici di prima della battaglia!

Franco aveva concentrato tutte le sue truppe nella zona per tentare l'avanzata verso Nord. L'offensiva era imminente. Il 6 agosto, il governo centrale, con un decreto, creò la Giunta delegata per l'esercito del Nord, con a capo il Generale Mariano Gamir Ulibarri, massimo rappresentante militare nella zona, e composta da rappresentanti dei governi delle Asturie, dei Paesi Baschi e della Cantabria, al fine di coordinare le azioni di difesa.

Gli abitanti della città, già stremati dalla persistente penuria di cibo e dai continui attacchi aerei dell'Aviazione Legionaria italiana, iniziarono una febbrile costruzione di barricate. Nello stesso tempo, si iniziò l'evacuazione di numerosi rifugiati baschi verso la Francia.

La difesa della Cantabria poteva contare su 80.000 effettivi inglobati in quattro Corpi d'Armata: il XIV dell'*Euzko Gudarostea*, il XV composto prevalentemente da truppe cantabriche, e il XVI e il XVII composto prevalentemente da minatori asturiani.

Le forze franchiste potevano contare su sei brigate provenienti dalla Navarra e due dalla Castiglia e sui legionari del Corpo Truppe Volontarie di Bastico, poste al comando del Generale Fidel Dávila

---

154   P. R. di Colloredo, *I Pilastri del Romano Impero. Le Camicie Nere in Africa Orientale 1935- 1936*, Genova 2009, pp. 52 segg.
155   P. R. di Colloredo, *Emme Rossa! Le Camicie Nere sul Fronte Russo 1941- 1943*, ITALIA, Genova 2008, pp. 110 segg.
156   Questa la motivazione della Medaglia d'Oro al VM alla Memoria:

Ufficiale generale valorosissimo, riuscito ad ottenere in situazione estremamente critica il comando di truppe operanti in settore delicato contro soverchianti forze nemiche, raggiunse nottetempo le posizioni più avanzate. Preso personalmente contatto coi reparti in prima linea impartì gli ordini per l'azione. Alle prime luci dell'alba, accesosi il combattimento fra carri armati nemici ed alcuni semoventi italiani, si portò al lato del semovente più avanzato e, mentre, in piedi seguiva le mosse dell'avversario fu colpito in pieno da una granata sparata da brevissima distanza. Animati dal sublime esempio bersaglieri ed artiglieri, testimoni della gloriosa sua morte, si accanirono nella resistenza emulando il loro eroico comandante.

Favarotta-Campobello di Licata, 11 luglio 1943.

Arrondo, responsabile delle truppe del Nord dopo la morte di Emilio Mola. A questi si deve assommare l'appoggio aereo dell'aviazione. In tutto, i nazionali contavano su 90.000 effettivi, la cui punta di lancia era il riformato C.T.V., diminuito negli effettivi ma decisamente migliorato dal punto di vista dell'efficienza militare, dell'addestramento e della disciplina, radunato in una *Agrupaciòn Legionaria* agli ordini del generale Gambara.

Il campo di battaglia era situato sul terreno montagnoso della Cordigliera Cantabrica, i cui punti più alti e più difendibili si trovavano nelle mani repubblicane. La prima linea era situata nella zona sud tra Reinosa e Puerto del Escudo, con un zona di trincea repubblicana tra Santullano, Soncillo Aguilar de Campo e Soncillo. La creazione di questa zona trincerata si rivelò errata per la difficoltà di approvvigionamento delle truppe e per la difficile posizione tanto da renderla una vera e propria trappola per i suoi difensori.

Il morale e la preparazione degli attaccanti, specialmente degli italiani e dei carlisti, poi, era decisamente superiore a quella dei repubblicani. Molte unità basche non vollero combattere al di fuori del proprio territorio, come avrebbe voluto il presidente basco José Antonio Aguirre. A questo si aggiunsero i difficili rapporti tra i diversi Battaglioni asturiani e baschi.

I baschi, nazionalisti e cattolici, detestavano soprattutto i minatori asturiani, in gran parte anarchici e fanaticamente atei e anticlericali, verso i quali mostrarono un odio ben superiore a quello che provavano per i *Nacionales*. Odio del resto ricambiato, con frequenti atti di violenza sulle donne da parte dei *dinamiteros*, distruzione di chiese e scontri anche armati con i *gudaris*. Verso la fine della campagna gli asturiani in ritirata bruciarono le case e massacrarono gli abitanti di numerosi paesi baschi, come avvenne, per esempio, a Potes.

Il 14 agosto cominciarono le operazioni dei nazionali, il cui primo obiettivo era il cantiere *Constructora Naval* di Reinosa e lo snodo ferroviario di Mataporquera, con la Iª *brigada de Navarra* che attaccò tra il Pico Valdecebollas e Cuesta Labra.

Con questa operazione il Comando nazionale intendeva interrompere la principale arteria di comunicazione del nemico, che si trovava a sud della *Cordillera Cantábrica*. Nel primo giorno dell'offensiva i fanti da montagna della Ia *Navarra*, sfondò la linea repubblicana nel fronte Sud, già duramente provata dagli attacchi aerei della *Legion Condor* e dell'Aviazione Legionaria.

Il mattino del 14 agosto il Generalissimo Francisco Franco si recò all'osservatorio del comando del C.T.V. sul monte Maza, per assister personalmente all'assalto degli italiani contro le linee rosse del settore di Soncillo, punto di forza dell'intero settore di Reinosa.

Alle 6.45 i *Romeo* Ro37, scortati dai *Fiat* CR32 iniziarono i mitragliamenti sulle posizioni di Torres de Abajo, Torres de Arriba e Raspaneta, seguiti, verso le 8.30 dall'arrivo dei bombardieri SM81 che si accanirono sul monte Pirañes, colpendo comandi e magazzini, mentre anche l'artiglieria batteva le linee dei bunker repubblicani, senza però riuscire a distruggere gli ottimi ricoveri blindati.

Mentre le artiglierie allungavano il tiro, le Camicie Nere del 5° Reggimento della *23 Marzo*, baionetta in canna, dettero l'assalto alle postazioni repubblicane, precedute da un nucleo di carri leggeri CV35 lanciafiamme. Malgrado i bombardamenti e il fuoco dell'artiglieria, però, i fortini in cemento non avevano avuto troppi danni, ed il fuoco delle mitragliatrici basche inflisse numerose perdite ai legionari, i quali però non si arrestarono, guidati da entusiasti ufficiali subalterni, e riuscirono ad infiltrarsi abilmente all'interno del sistema difensivo, superandolo con eccezionale celerità, che lasciò stupefatto non solo il nemico, ma lo stesso *Caudillo*.

A mezzogiorno, la *23 Marzo* aveva espugnato la principale linea avanzata delle difese basche, massacrandone con baionetta e pugnale i difensori o prendendoli prigionieri. Seimila repubblicani caddero nelle trincee di Reinosa.

Nel frattempo, sulla destra della *23 Marzo* le Camicie Nere del 7° e dell'8° Reggimento della *Fiamme Nere* espugnavano Cabana de Virtus.

Le Camicie Nere e la Littorio travolsero, nei due giorni seguenti, tre linee fortificate, superando l'intero sistema difensivo del *Cinturon de Hierro*, venendo così a contatto con le postazioni repubblicane, ritenute inespugnabili, del Puerto del Escudo.

Il 15, i nazionalisti avanzarono, senza eccessive difficoltà, nel settore di Barruelo de Santullán, spingendosi fino a Peña Rubia, Salcedillo, Matalejos e Reinosilla, incontrando una forte resistenza nel Portillo de Suano. Il Generale Gamir Ulibarri pianificò una disperata linea di difesa nella zona nord tra Peña Astía - Peña Rubia - Peña Labra.

Val la pena di ricordare come nei combattimenti del 15 agosto ebbe modo di distinguersi un giovanissimo Sottocapomanipolo triestino della 238ª *Bandera*, Aldo Vidussoni, studente universitario, che, più volte ferito, continuò a combattere, malgrado una granata lo avesse di nuovo gravemente ferito agli occhi e gli avesse asportato di netto la mano destra; prima di essere portato via dai barellieri trovò la forza di intonare *Giovinezza*. Vidussoni ebbe la Medaglia d'Oro al Valor Militare, e, nel dicembre del 1941 successe - a soli ventisei anni - ad Adelchi Serena come Segretario Nazionale del Partito Nazionale Fascista.

Il giorno seguente, i soldati della IV *Navarra* riuscirono a spezzare la resistenza di Portillo de Suano, adoperandosi per mantenere intatto il complesso di fabbriche, e sventando l'intenzione degli anarchici e dei comunisti di distruggere le fabbriche e gli impianti industriali per non lasciarlo cadere in mani nazionaliste, ed entrarono a Reinosa al crepuscolo. La Brigata di Garcia Valiño continuò lungo il corso del fiume Saja, conquistando la valle Cabuerniga.

Le forze italiane avanzarono parallelamente lungo la strada Corconte-Reinosa, causando la fuga delle forze repubblicane a Lanchares e successivamente a San Miguel de Aguayo. Per 24 ore sembrò che le Camicie Nere di Francisci segnassero il passo, ma si trattava di un rallentamento dovuto al repentino peggioramento del tempo e dalla necessità di completare i rastrellamenti della sacca di Reinosa.

Il 17 i legionari proseguirono i continui attacchi contro Puerto del Escudo, dove la 55ª Divisione *Montañesa de Choque* del Tenente Colonnello Sanjuán oppose una forte resistenza venendo poi travolta dalle Camicie Nere, appoggiate dal cielo dagli Ju 52 e dagli He 111 della *Legion Condor*. Narra il tenente Lodoli:

Arriva un'altra arma già incavalcata, "Fuoco". Raffica bassa, nuvolette di terra a tre metri dalle loro trincee, le teste scompaiono, arriva un'altra raffica. Bassa sempre. Ecco una testa. "Scansati, Maraffini, tiro io". Maraffini, il portarma, lascia la testata della mitragliatrice, si affanna intorno al bidone dell'acqua.

È bello tirare con una pesante a cinquanta metri, ma sono meno, dal nemico. Le raffiche tagliano l'aria, radono le posizioni avversarie, sui nostri sassi scoppiettano le loro esplosive. Chi alza la testa è un uomo finto.

Di fronte gridano: "Guadalajara, Guadalajara". Maledetti voi. E i legionari rispondono ubriachi della battaglia: "A Santander, a Santander"[157].

Puerto del Escudo era considerato imprendibile sia per la posizione sia per le modernissime linee di trincee e le casematte ispirate alla Maginot. Non servì. Come già a Reinosa, le pattuglie di Arditi penetrarono nelle linee avversarie ripulendo i bunker con granate e pugnale, seguendo le tattiche delle Truppe d'Assalto della Grande Guerra ed anticipando quelle dei *commandos* britannici, e le Camicie Nere della *23 Marzo* riuscirono a conquistare Puerto del Escudo, ripulendole dai baschi con un feroce attacco alla baionetta, sbaragliando ventidue battaglioni repubblicani, i cui resti disfatti si ritirarono in disordine per raggrupparsi con il resto dell'esercito nella città di San Miguel de Aguayo. Con questo

---

157 Lodoli 1989, pp. 130-131.

attacco a tenaglia le forze nazionali riuscirono a strangolare la zona ben fortificata nell'Alto Ebro. La distruzione di questo contingente, fu un colpo tremendo per il morale delle truppe repubblicane. Nella mattina del 18 agosto il C.T.V affrontò la nuova linea repubblicana a nord del Puerto del Escudo, sfondandola in poche ore. Da qui l'offensiva continuò in due direzioni: dal lato sud-nord, in direzione delle quattro valli (valle Cabuerniga, valle Besaya, valle Pas e valle Carriedo) con un obiettivo chiaro: la conquista della città di Torrelavega.

Le Divisioni *Littorio* e *Fiamme Nere*, con la *23 Marzo* di rincalzo superarono rapidamente la breccia, spingendosi verso Santander, mentre le brigate di Navarra avanzarono su Torrelavega, per interrompere le comunicazioni tra Santander e le Asturie, per tagliare la ritirata delle forze repubblicane che tentavano di fuggire verso la zona asturiana.

Intanto, le Camicie Nere della Brigata mista *Frecce nere* sfondarono il fronte ad ovest, lungo la costa atlantica, travolgendo le difese basche, e raggiunsero prima il fiume Agüera e poi il fiume Asón. Fra tutti si distinsero gli artiglieri del Raggruppamento Artiglieria Legionaria, al comando del Tenente Colonnello Enzo Falconi, che inquadrava ben tredici Batterie.

Il 18 agosto, la situazione dei repubblicani era ormai drammatica: l'intero sistema difensivo creato dal generale Gamir Ulibarri era stato scardinato dal C.T.V.

I repubblicani che avevano salutato Guadalajara deridendo i legionari di Mussolini, il nuovo Napoleone sconfitto dal popolo spagnolo, cantando, sull'aria di *Faccetta Nera* :

¡España no es Abisinia!,
porquè los rojos tiran
las bombas de piñas,
los italianos se van, se van!
¡Y de recuerdo un cadaver dejaràn!
e deridendo i legionari:
¡Meno camiones y mas cojones!

adesso subivano la stessa sorte capitata alle truppe del negus poco più di un anno prima. Inseguiti dalle Camicie Nere, mitragliati dai CR32 della *Cucaracha*, dell'*Asso di Bastoni*, della *Gamba di Ferro*, delle *Frecce*, martellati dai SM 79 e dagli aerei tedeschi, i reparti repubblicani si scioglievano come neve al sole.

Non essendo più in grado di stabilire una linea continua di difesa, e non potendo evitare la rapida avanzata italiana, Gamir Ulibarri decise di inviare tutte le truppe della propria riserva in prima linea e sollecitò il XIV Corpo d'Armata perché si decidesse ad inviare urgentemente in prima linea due Brigate basche da Carranza a Ramales de la Victoria.

Lo stesso giorno i fanti della IV *Navarra* occuparono Santiurde, mentre gli italiani raggiunsero San Pedro del Romeral e San Miguel de Luena.

Il 19 agosto, i progressi dei nazionalisti nella Cabuérniga, a Bárcena de Pie de Concha, nella valle del Besaya, e Entrambasmestas, nella valle del Pas obbligò Gamir Ulibarri ad dettare rigorosi ordini di resistenza. Tuttavia, il rapido progresso italiano, che superò anche la terza linea di difesa, costrinse Gamir Ulibarri ad organizzare il piano di ritiro per la difesa della città di Santander.

Le Camicie Nere travolsero letteralmente i difensori, che vedendo i primi scoppi delle OTO si diedero alla fuga, quando ci riuscirono.

Scrive Bonezzi nel suo diario il 19 agosto.

Ci buttiamo fuori e di gran corsa pigliamo di petto la collina. Arriviamo ancora correndo agli avamposti nemici che stravolti dalla rapidità del nostro movimento non hanno fatto nemmeno in tempo a darsela a gambe.

Alcuni gettano le armi dandosi prigionieri, altri tentano di fuggire, troppo tardi però per quest'ultimi che vengono facilmente raggiunti dalle nostre bombe a mano e dalle fucilate, peggio per loro potevano arrendersi come i loro compagni.

Non perdiamo tempo e ci buttiamo addosso al grosso che è a poche decine di metri più indietro. Stessa sorpresa, questi però saranno due o trecento circa.

Chi scappa, chi si arrende, chi vuol resistere, quello che succede succede. Botte a destra, botte a sinistra, ed in baleno tutto è finito. Ci sono rimasti nelle mani un centinaio di prigionieri circa, molti sono morti o feriti a terra, altri scappano inseguiti dai nostri carri armati e dalle nostre fucilate. L'ordine viene subito ristabilito e si procede al rastrellamento.

Alcuni miei Militi mi chiamano, c'è un buco da cui escono fuori e si arrendono alcuni rossi che vi si erano rifugiati per salvare la pelle, vengono fuori con le mani alzate, gridando "Arriba España, arriba Italia, viva Cristo, bono Italiano" continuano a urlare e si inginocchiano. Poveracci che fiffa, è più forte ancora di quella che avevo io a Guadalajara!!! Saranno una quindicina in tutto e li mando al concentramento. C'è un cretino che si vede preso da paura più forte degli altri tenta di darsi alla fuga, non l'avesse mai fatto, gli sparo un colpo di moschetto proprio nel sedere e vedo che va a finire con un tuffo in mezzo a una siepe di spine, non si salva ugualmente perché anche i miei militi gli stanno già sparando e lo finiscono. Peggio per lui non doveva scappare che si sarebbe salvata la pelle. Vado sù [sic!] intanto dove ci sono i prigionieri e vedo un tipo di spagnolo grande quasi come Carnera che li sta interrogando, è uno dei carri leggeri, ed ha vicino il suo carro fermo, si vede che è pratico dei posti e che ha fra i prigionieri varie conoscenze, ha una pistolaccia in mano e senza tanti complimenti, brucia le cervella a qualcuno.

In pochi momenti lo vedo ammazzarne almeno una decina, accidenti che razza di giustizia sommaria. Si vede che li conosce bene perché anche i nostri Ufficiali lo lasciano fare indisturbato. Ci vuole un bel fegato per freddarli così, io non ce l'avrei.

Ma gli Spagnoli sono fatti così e lasciamoli stare come sono.

Noi intanto proseguiamo in avanti e raggiungiamo felicemente i nostri obbiettivi[158].

Il 20 agosto, il XVII Corpo d'Armata *rosso* posizionò una Brigata a Torrelavega e 48 Divisioni[159] basche, richieste dal comandante dell'Esercito del Nord, si disposero a Puente Viesgo, per difendere le comunicazioni con le Asturie. Nel frattempo le forze italiane continuarono la loro avanzata verso Villacarriedo e le brigate navarresi continuarono fino Torrelavega e Cabezón de la Sal.

Il 22 agosto le forze italiane, appoggiate da quelle nazionaliste, dopo aver conquistato Selaya, Villacarriedo, Ontaneda e Las Fraguas, giunsero a pochi chilometri da Torrelavega e Puente Viesgo. Il XIV Corpo repubblicano si attestò lungo la linea di trincee sul fiume Asón, per difendere Santander. Data la situazione critica, nel pomeriggio si riunì l'amministrazione delegata del governo repubblicano, al fine di studiare due possibilità: ritirarsi nelle Asturie, oppure ritirarsi nella città di Santander e resistere per 72 ore, in modo da aspettare la manovra diversiva che era stata annunciata dal ministro della Guerra di Madrid, Indalecio Prieto, che sarebbe iniziata il 24 agosto sul fronte aragonese.

Si optò per la seconda alternativa.

Le forze basche cominciarono a ritirarsi in direzione di Santoña, 30 chilometri a est di Santander. Il governo basco sperava ancora di poter trattare la propria resa con il governo italiano. Mediatore fu il Console d'Italia (ricordiamo che il Regno d'Italia era ufficialmente neutrale) a San Sebastian,

---

158   Bonezzi 2006, p. 69.
159   I baschi designavano "Divisioni" i loro distaccamenti.

Francesco Cavalletti, tramite un gesuita di Bilbao, padre Pereda, portavoce sia del clero basco che del presidente basco Aguirre, un giovane industriale dolciario di Bilbao che aveva proclamato la *repubblica separatista*. I baschi chiedevano, in cambio della resa, la possibilità per i capi separatisti e marxisti di lasciare il paese, il mantenimento dei *fueros*, i privilegi sindacali e amministrativi. L'ambasciatore a Madrid, Cantalupo, dette il suo assenso alle trattative.

Il 24 agosto, data l'inferiorità numerica e il morale bassissimo delle truppe basche il generale Gamir Ulibarri ordinò l'evacuazione della città verso le Asturie, regione ancora in mani repubblicane. Le forze nazionaliste conquistarono Torrelavega, e, alle 18.00, interruppero le comunicazioni terrestri con le Asturie. Il *si salvi chi può* dei politici e degli ufficiali baschi e *rossi* lasciarono senza guida la popolazione e senza comando intere Brigate. Lo stesso giorno il comandante della 54ª *Division de Infanteria* Eloy Fernandez Navamuel, fuggì in aereo, abbandonando i propri uomini al loro destino, rifugiandosi in Francia.

I distaccamenti baschi si concentrarono a Santoña, ed inviarono degli emissari a Guriezo per trattare la resa con il comando italiano. Entrambe le parti raggiunsero un accordo che prevedeva che i prigionieri baschi sarebbero stati sotto la protezione italiana, permettendo a molti di loro di lasciare il paese. Venuto a conoscenza dell'accordo, Franco dichiarò immediatamente di non considerare valido l'accordo e ordinò di imprigionare tutti i prigionieri di guerra, scontrandosi duramente con l'ambasciatore Cantalupo, che si rivolse direttamente a Ciano ed a Mussolini.

Questi scrisse personalmente a Franco, riuscendo ad attenuare i massacri[160].
Il 25, il Generale Gamir Ulibarri con il Generale sovietico Vladimir Gorev e alcuni politici, tra i quali il presidente basco Jose Antonio Aguirre, lasciarono precipitosamente Santander a bordo di un sottomarino sovietico, in direzione di Gijon e, successivamente, Ribadesella, dove stabilirono la propria sede, ordinando di organizzare una linea di difesa sul fiume Deva con i resti delle truppe di Galan e della Divisione *Ibarrola*. Le forze repubblicane rimaste a Santander si arresero.

Alle 8.:00 del 26 agosto 1937, i soldati della IV *Brigada de Navarra* e i legionari italiani della Divisione *Littorio* comandata da *Barba Elettrica* Bergonzoli si mossero verso la capitale basca, dove gli italiani, con alla testa il Generale Ettore Bastico, entrarono verso mezzogiorno accolti come liberatori dalla gran parte della popolazione, a grande maggioranza nazionalista, e invocati come protettori dalla vendetta spagnola dagli indipendentisti baschi.

A Santander vennero catturati 17.000 prigionieri, molti dei quali, caduti in mano spagnola, vennero fucilati immediatamente soprattutto dai carlisti e dai falangisti locali, ansiosi di vendicarsi di anni di persecuzioni. Gli abitanti più compromessi con il regime separatista avevano trascorso quarantotto ore di attesa drammatica alla ricerca di un posto in una delle navi che stavano evacuando la città verso la Francia e l'Inghilterra. Su chi rimase si scatenò la resa dei conti, con processi sommari e fucilazioni. Le parti si erano invertite, e le vittime del 1936 erano diventati i carnefici.

Dovettero intervenire gli italiani per fermare le esecuzioni.

Su come gli italiani si comportarono nei confronti dei prigionieri baschi, riportiamo la testimonianza del Tenente euzkadi Fernando Aristizàbal, del Battaglione *Ayur*, preso prigioniero dalle Camicie Nere a Santander, condannato a morte dai franchisti, e che nel 1943 si unì al gruppo paramilitare clandestino basco *Euzko Naia*. Dal 1979 al 1983 fu deputato *del Grupo Parlamentario Vasco* al parlamento di Madrid.

Quando cadde la Vizcaya, eravamo a Santander. Lì resistemmo finché in agosto vi fu la ritirata generale, momento in cui ce ne andammo. A Laredo cademmo prigionieri degli italiani. Ebbi

---

160 [...]*Noi abbiamo sempre svolto azione moderatrice. Ricordo che dopo la presa di Bilbao il Duce mandò* [a Franco] *una lettera che, quando sarà conosciuta, darà molto onore al suo autore* (Ciano 1990, p. 243).

il triste privilegio di partecipare direttamente alla resa davanti al colonnello Farina. Marciammo fino a Laredo con tutti i nostri uomini per consegnarci ufficialmente allo Stato Maggiore italiano. Il tenente Gorroñogoitia mi disse che non si sentiva di incontrarsi con Farina. Così io stesso mi trovai incaricato di parlare con il colonnello italiano, che ci ricevette con grande cortesia. Prese una bottiglia di cognac, la stappò, e siccome non aveva bicchieri fatto un cartoccio con della carta oleata brindammo "Alla salute dell'Esercito basco". Il brindisi lo pronunciò lo stesso Farina. Poi mi chiese quanti anni avevo, e io gli risposi 19. Sono dei ricordi indelebili! I campi di prigionia erano a Laredo e Castro Urdiales. Eravamo protetti dagli italiani che ci eressero una tenda da campagna sulla spiaggia e ci rispettarono e riconobbero il nostro grado. Tutti i giorni tenevamo un rapporto ufficiali cui prendevano parte anche gli ufficiali italiani. Chi si comportò in maniera indegna a Laredo furono i carlisti. Una compagnia si avvicinò alla recinzione per reclamare la consegna di vari gudaris ed ufficiali. Li volevano prendere perché dicevano che avevano compiuto efferatezze nei loro villaggi, ma se fosse per vendetta o per cosa non lo so. Gli italiani si comportarono bene e non permisero che nemmeno un solo *gudari* uscisse dal campo, perché sapevano cosa significava[161].

Il 27 agosto italiani e navarresi sfilarono in Santander. I *Requetés* vennero accolti con un silenzio di tomba dai baschi, mentre alle Camicie Nere vennero gettati fiori e accolti calorosamente, sperando nella protezione contro le vendette spagnole.

Ricorda Giovanni Artieri, che entrò nella città con le Camicie Nere:

La resa di Bilbao come quella di Santander - attaccata dalle truppe di franco e da quelle legionarie (che si batterono con grande valore "bucando" le difese "rosse" al Passo dell'Escudo) - mi si confondono nella mente in un visibilio di immagini solari e polverose, affollate di volti cerei emersi dai sotterranei, di grida, sorrisi, pianti. A Santander trovammo per le strade cumuli formati da magnifiche armi (mitra, fucili, rivoltelle) gittate dai battaglioni dei miliziani baschi.

A noialtri, arrivati in veste di liberatori, le ragazze offrivano quelle stesse armi, togliendo dai mucchi le più belle pistole automatiche, i mitra più nuovi. Come segno di gioia non disponevano di meglio. E così, gridavano, ridevano, piangevano con quei sinistri doni tra le mani, protesi come frittelle in una sagra paesana[162].

L'entusiasmo dei santanderini è testimoniato anche da un altro corrispondente di guerra aggregato alle Camicie Nere, Lamberti Sorrentino, ex ardito ed ex volontario fiumano:

Le ragazze gridano "Adios, adios italianitos"... I quartieri rossi sono superati e il centro santanderino grida il suo entusiasmo. Non più lo scoramento delle zone operaie, ma la gioia della parte franchista.

"Arriba Espana! Viva Franco! Viva l'Italia! Viva Mussolini!" scandiscono in ritmo con i legionari. Da una finestra sventola una strana bandiera italiana: un lenzuolo fra due coperte: una verde e una rossa. "Han pasado! Han pasado!", grida la folla ebbra di gioia.

Nel frattempo, le *Frecce Nere* erano avanzate lungo la costa atlantica come un rullo compressore, conquistando il 23 agosto Castro Uridales, il 25 Laredo, Colindre e Limpias, il 26 Santoña, per rastrellare poi tutta la zona dagli ultimi nuclei di resistenza di baschi (che si arresero in massa) e dei più combattivi asturiani.

Bonezzi ricorda nel suo diario quello che gli asturiani avevano fatto nell'entroterra basco ai loro *alleati* separatisti. Una descrizione che spiega meglio di interi saggi l'odio degli *euzkadi* verso gli anarchici ancor più che verso il nemico:

A sera ho occasione di parlare con un vecchietto del luogo, scampato miracolosamente alle furie dei Rossi. Me ne racconta di tutti i colori. Da vari mesi la popolazione era quasi totalmente priva di

---

161   Tradotto da http://www.elmundo.es/especiales/2006/07/espana/guerracivil/hist_aristizabal.html.
162   Artieri 1995, pp. 205-206.

pane, mentre ai soldati non mancava ogni ben di Dio, tutti i prodotti alimentari venivano sequestrati dalle autorità che poi pensavano a fare il dovuto razionamento, non tralasciando di far pagare addirittura con dei prezzi favolosi, i prodotti di prima necessità. La gente veniva poi sottoposta ad ogni genere di violenze, ragazze di non più di 16 o 17 anni venivano barbaramente sottoposte alle più oscene violenze.

È stato insomma un vero periodo di terrore, che gli scampati ne hanno visto ora il termine con la più viva gioia.

Andiamo a dare un'occhiata alla chiesa, ma che disastro. Non si ha nemmeno la sensazione di essere in una chiesa, ma in una stalla. Tutte le immagini sono state rotte, o stracciate, le statue tolte e buttate fuori sul selciato, è un vero scandalo che non avrei mai creduto possibile[163].

Il 31 agosto i resti dell'esercito repubblicano erano in ritirata verso le Asturie e bruciarono Potes massacrando la popolazione civile.

Nei giorni che seguirono, i nazionalisti occuparono il territorio cantabrico, completando le operazioni militari il 1° settembre 1937 con l'occupazione di Unquera, alla foce del fiume Deva.

Con la caduta di Bilbao e il suo *Cinturone di ferro* prima e di Santander poi, a Nord l'unica zona rimasta in mano alla Repubblica erano le Asturie. I Battaglioni di minatori asturiani provarono una disperata difesa in una serie di sanguinosi scontri che si protrassero per quasi due mesi, fino a quando demoralizzati, senza munizioni e privi di viveri si arresero agli italiani il 21 ottobre 1937.

Il ciclo operativo del C.T.V. con la cattura Gijon e Avilés.

La catastrofe per i *rojos* e gli *euzkadi* fu assoluta. Delle dodici Brigate basche esistenti all'inizio del ciclo operativo, ne restavano solamente due su otto Battaglioni ciascuna.

Dei ventisette Battaglioni inviati nella regione ne sopravvissero solo quattordici. Sessantamila repubblicani erano morti o prigionieri; la repubblica basca non esisteva più e la bandiera gialla e oro sventolava sul golfo di Vizcaya. In nessun altra battaglia della guerra civile, le truppe di Franco riuscirono ad ottenere un successo così clamoroso.

Ma il successo non era stato che solo in parte merito dei nazionalisti, ma bensì degli italiani di Ettore Bastico.

Le perdite totali del C.T.V. in questo ciclo di operazioni sono di 424 caduti, di cui 31 ufficiali, e 1.596 feriti, dei quali 104 ufficiali[164].

Guadalajara era stata vendicata.

Le Camicie Nere si distinsero particolarmente nella presa del Puerto de Escudo, in cui i militi avevano avuto il 12% delle perdite sul totale delle forze impiegate nell'assalto, e, in seguito, contenendo e poi respingendo l'offensiva repubblicana in Aragona, dimostrarono che gli italiani, oltre ai *camiones*, avevano anche i *cojones*, e che ormai la crisi era stata superata più che brillantemente.

Dopo Guadalajara il Corpo Truppe Volontarie non subì nessun altro insuccesso, neppure in scontri minori, e si dimostrò indubbiamente la migliore Grande Unità dell'intero conflitto, con ciò causando un'eccessiva valutazione delle capacità belliche italiane, che ebbe effetti rovinosi nel secondo conflitto mondiale portando ad eccessive aspettative nei confronti degli armamenti e dei mezzi, che, se avevano dato buona prova in Spagna, non si rivelarono adeguati contro i britannici.

Al termine del ciclo operativo di Vizcaya il Generale Ettore Bastico rientrò in Italia, venendo sostituito alla guida del C.T.V. dal Generale Mario Berti.

La sostituzione si era resa necessaria dopo i contrasti sorti a più riprese tra Bastico ed il *generalissimo* Franco, soprattutto dopo la presa di Bilbao e di Santander.

---

163   Bonezzi 2006, p. 87, alla data del 21 agosto 1937.
164   De Vecchi, Lucas 1976, p.142.

Gli italiani, che avevano dato il maggior contributo militare alle operazioni ed avevano ottenuto i migliori risultati, erano anche coloro ai quali i baschi si erano arresi.

Bastico fu disgustato dalla mattanza dei prigionieri ad opera dei nazionalisti, e si indignò quando Mola pretese la consegna dei 20.000 baschi arresisi al C.T.V. affinché fossero giustiziati. Bastico, anche ricorrendo direttamente a Palazzo Venezia, era riuscito ad ottenere che i franchisti limitassero le esecuzioni solo agli ufficiali che si fossero macchiati di crimini, mentre gli altri furono o rilasciati od arruolati nell'Esercito nazionale. Contrasti vi furono anche per la questione dell'ingente bottino in armi, artiglierie e mezzi catturato dai legionari italiani, che Franco pretendeva per sé.

Ma il contrasto più insanabile fu per la questione della Brigate miste delle *Flechas*, che si erano dimostrate tra le migliori unità in campo.

Franco ne pretendeva il passaggio alle sue piene dipendenze, mentre Bastico, con il pieno appoggio di Roma, ne sosteneva la dipendenza piena dal comando del Corpo truppe Volontarie nel cui ambito erano state formate, anche perché ufficiali e soldati italiani non dovevano esser posti agli ordini degli spagnoli.

Franco allora chiese riservatamente al Duce la sostituzione del troppo coriaceo Bastico con il più malleabile Berti, vicecomandante del C.T.V. e Mussolini, sia pure *obtorto collo*, per non irritare troppo la suscettibilità spagnola, e per affrettare la conclusione del conflitto, acconsentì.

Il 30 settembre Bastico rientrò in Italia, ed il 10 ottobre Berti assunse il comando.

Intanto le *Frecce* vennero spostate in Aragona, dove i rossi avevano iniziato l'offensiva, e ci rimasero tutto l'inverno, mentre il resto del C.T.V. nelle retrovie iniziò un periodo di riorganizzazione e di addestramento.

In seguito agli accordi internazionali riguardo il ritiro dei volontari, infatti, il governo italiano decise nel 1937 una riduzione della presenza italiana in terra spagnola, creando unità miste ispano-italiane, oltre alla *23 Marzo* ed alla *Littorio*, interamente italiane.

Le Camicie Nere ora erano inquadrate in Brigate miste, le *Flechas*, addestrando ed equipaggiando gli spagnoli: *Frecce Nere* e *Frecce Azzurre* (dai colori del Fascismo e della Falange), poi fuse nella Divisione *Frecce*.

La *23 Marzo* e la Brigata *Frecce Azzurre* si comportarono molto bene nelle operazioni nella zona di Valencia.

Nel settembre del 1937 le due Brigate *Frecce Nere* e *Frecce Azzurre* vennero fuse in una unica grande unità, che assunse il nome di Divisione *Frecce*, posta al comando del generale Roatta.

La *Frecce* venne schierata in Aragona, a San Mateo de Gàllego. Il 24 settembre la divisione di Roatta attaccò localmente il fronte repubblicano, che crollò. La *Frecce* in quattro giorni avanzò di dieci chilometri lungo un fronte di venti, allontanando i repubblicani da Zuera e dalla Carretera de Francia.

Il 15 dicembre i repubblicani scatenarono un poderoso attacco su Teruel, cittadina posta al culmine del cuneo di territorio in mano nazionalista che si inoltrava nel fronte repubblicano, quasi tagliando le comunicazioni tra la Spagna Centrale, l'Aragona e la Catalogna. Erano centomila uomini, tutte truppe spagnole, comandati da Lister e dal Campesino, ché il governo di Valencia non voleva le brigate internazionali: la vittoria doveva essere esclusivamente iberica, per risollevare il morale sempre più a terra dei repubblicani. Teruel venne assediata e isolata. Il tempo era terribile, con una temperatura di -18 gradi e la neve che superava il metro, quando le truppe nazionaliste passarono alla controffensiva, con una manovra a tenaglia da nord e da sud.

Tra tutti si distinsero i CV33 e l'artiglieria legionaria del C.T.V. e l'aviazione italiana, che inflisse durissime perdite alle squadriglie di *Rata* e *Polikarpov* repubblicani; malgrado l'intervento finale di due Brigate internazionali al comando del Generale sovietico Kleber (Manfred Stern), i *rojos* vennero respinti, lasciando oltre 20.000 morti sul terreno, ed una ingente quantità di armi e mezzi difficilmente sostituibili. I nazionalisti si impadronirono anche di mille chilometri quadrati di territorio lealista.

Radio Valencia affermò, schiumante di rabbia:

I faziosi hanno intrapreso una grande battaglia per liberare Teruel. Se non avessero avuto il potente aiuto dell'aviazione e dell'artiglieria di una potenza straniera [l'Italia, N.d.A.] la battaglia sarebbe terminata con la loro rotta completa.

Il 28 ottobre le Camicie Nere festeggiarono con una parata il quindicesimo anniversario della Marcia su Roma, a quanto pare senza un eccessivo entusiasmo, per via della pioggia:

28 Ottobre 1937

Festa Nazionale. Almeno per noi.

Andiamo tutti ad Haro dove verrà celebrato solennemente l'anniversario della Marcia su Roma. Siamo inquadrati nel campo sportivo con tutta la Divisione [Fiamme Nere- 23 Marzo] che ora è formata da tre reggimenti e il nostro Battaglione, c'è poi tutta l'artiglieria divisionale e tutti gli automezzi. Lo schieramento è imponente, saremo almeno 15.000 uomini.

Il tempo però è pessimo fin da stamattina piove ininterrottamente, ed ora stiamo quì [sic] a pigliarla senza un più piccolo riparo, in attesa che venga il Generale a passarci in rivista. Questi si fa attendere per oltre tre ore, immaginarsi come siamo conciati delle feste, inzuppati fino alle midolla. Ci vuole una bella testa a farci star lì a prendere acqua inutilmente, fossimo in combattimento, pazienza, ma per passare una rivista! Poveri fanti, sempre rassegnati.

Finalmente verso sera ecco che è arrivato il Generale, ci passa in rivista alla svelta consegnando alcune decorazioni, è già scesa la sera e dovremo fare pure la sfilata. Noi come solito, sempre fortunati, sfileremo per ultimi, visto che dovremo andare di corsa, bella scoperta.

Finalmente è arrivato anche il nostro momento, serriamo sotto ed a qualche centinaio di metri dal palco partiamo di corsa. La gente è addirittura entusiasta, non avevano mai visto sfilare un reparto di corsa, sfido io, vanno sempre piano in tutte le loro cose, immaginiamoci se dovessero correre così per niente[165].

Il 29 ottobre 1937, nel Foro Mussolini a Roma, alla presenza del Duce e dei vertici della Milizia, delle Forze Armate e del Partito Nazionale Fascista, si svolse la cerimonia di consegna delle decorazioni ai familiari dei Caduti della guera di Spagna.

Merita di essere riportato quanto scritto da Galeazzo Ciano nel proprio diario:

29 OTTOBRE - Stamani consegna delle medaglie alle vedove dei caduti di Spagna. Cerimonia ben riuscita. Ma nel vedere sfilare tanta gente in gramaglie e nel fissare tanti occhi arrossati mi son fatto il caso di coscienza, e mi sono chiesto se questo sangue è stato giustamente versato. Sì: ecco la risposta. A Malaga, a Guadalajara, a Santander si è difesa la nostra Rivoluzione. E il sacrificio è necessario quando si deve creare l'anima audace e forte dei popoli. I feriti erano fierissimi. Uno di loro, che aveva perduto le due mani e un occhio, ha detto: "Chiedo solo un'altra mano per tornare in Spagna."

Sembra una risposta da antologia e l'ho sentita da un ragazzo di vent'anni, stroncato dal ferro nemico, che era felice perché il Duce, un istante, si è soffermato con lui. I tedeschi che erano con noi hanno imparato qualche cosa[166].

Franco non volle concedere tregua al nemico. Il 9 marzo, ad un anno da Guadalajara, iniziò l'offensiva in Aragona, cui partecipò tutto il Corpo Truppe Volontarie, inclusa la Divisione *Frecce*.

---

165 Bonezzi 2006, p. 96.
166 Ciano 1990, pp. 50-51.

Per i legionari del C.T.V. la data aveva un significato speciale: quella della vendetta su Lister e i suoi uomini, che a Guadalajara avevano fucilato numerosi prigionieri, e distrutto i cimiteri degli italiani abbattendone le croci e facendone latrine da campo.

Era l'ora. Dietro gli ultimi massi, gli animi tesi e un tremito nervoso nei muscoli. "Lister, vecchia conoscenza, ti conceremo noi per l'anniversario". Il bosco di Brihuega l'avevamo salutato dodici mesi or sono di quest'ora, le scarpe pesanti del fango rossastro dell'altipiano.

Era l'ora. Tu non ci aspettavi, Lister, falegname asturiano, generale di sangue che adoperavi la spada come un mannarese e le mitragliatrici come pialle assurde di un'umanità sofferente. I tuoi uomini erano anch'essi tesi per l'assalto, il tuo odio stava per traboccare su di noi legionari. Ma anche noi ti odiavamo, Lister, e tu non conoscevi la vendetta legionaria. Nell'alba grigia di marzo i battaglioni avevano sostituito le vedette e il rullo era pronto per schiacciare le tue trincee, le tue mitraglie, i tuoi scherani in un unico groviglio di sangue, di cemento e d'acciaio. E la tua macchina era in ritardo di poche ore e quelle poche ore sarebbero state la tua fine, e noi lo sapevamo, appiattati dietro gli ultimi ripari, la fronte pronta a ricevere il tuo piombo e ne gioivamo per i nostri morti che tu avevi sconciato sulla grande strada di Francia, per le croci abbattute[167].

Parteciparono all'offensiva le Divisioni *Littorio* (per metà adesso composta di Camicie Nere) e la Divisione CC.NN. *Fiamme Nere 23 Marzo*, la *Frecce*, un Raggruppamento Carri Veloci su tre Battaglioni, un battaglione di Bersaglieri motociclisti, e il Raggruppamento di Artiglieria su quattro Gruppi di medio calibro, quattro di grosso calibro e due Gruppi di artiglieria contraerea.

Punta di lancia sarebbe stata la Divisione *Frecce*.

La preparazione d'artiglieria durò un'ora, poi, dopo una breve pausa, riprese a martellare le linee repubblicane per un'altra ora e mezza. Le *Frecce Nere* sfondarono la linea avversaria alla Cruz Santa, giungendo sino a Segura de los Baños, alle spalle dello schieramento repubblicano, mentre le *Frecce Azzurre* avanzarono su Rudilla, Nuesca del Comùn e Nuesa, aprendo la strada alla *23 Marzo* ed alla *Littorio*.

I repubblicani si difesero bene, e le perdite furono elevate, ma a metà mattina lo sfondamento era effettuato.

Tra i feriti della giornata vi fu lo stesso Bergonzoli, che, come a marzo, combatteva spesso in prima linea, avvicendato al comando della *Littorio* dal Generale Frusci.

Bergonzoli per il suo comportamento ricevette la Medaglia d'Oro al Valor Militare, anche in riconoscimento del suo eccezionale comportamento a Guadalajara:

Ufficiale Generale di alte qualità militari, combattente della guerra italo turca, della grande guerra e di quella per l'impero, dove già aveva sparso il suo sangue generoso, ha dato in terra di Spagna nuova prova del suo eccezionale valore. Alla testa di una divisione volontari nella quale aveva trasfuso il suo entusiasmo e la sua certezza del successo, sempre primo e sempre presente ove fosse una resistenza, più delle altre tenace, da superare; comandante accorto e sereno e ad un tempo combattente audace fra gli audaci, attraverso dieci giorni di continui e violenti combattimenti, cui partecipava come fante in prima linea, conduceva le sue truppe alla vittoria.

Santander (Spagna), 14-26 agosto 1937

Sfondato il fronte, la *23 Marzo* scavalcò la divisione *Frecce*, ed il giorno successivo, 10 gennaio, occupò Muniesa, dopo un durissimo combattimento in cui intervennero anche i carri italiani[168]. Il

---

167   Lodoli 1989, p. 158.
168   Tra i carristi cadde il Capitano Paladini, MOVM, di eroismo tanto sublime da essere decorato, agonizzante, con la *Cruz laureada de San Fernando*, la decorazione spagnola più prestigiosa, come il Colonnello Moscardò, difensore dell'Alcazar di Toledo.

13 venne raggiunta Andorra, e venne costituito un Gruppo celere composto da due Compagnie di carri d'assalto, una di Bersaglieri motomitraglieri, i Battaglioni Camicie Nere *Lupo* ed *Ardente* e due Gruppi di artiglieria motorizzata e anticarro.

Iniziò una vera e propria corsa per raggiungere Alcañitz, che venne occupata.

Gli italiani si trovarono allora di fronte la 5ª Divisione repubblicana, la migliore unità nemica, formata da comunisti comandati dal generale Enrique Lister, il miglior generale rosso. Scrivono i Consoli Ettore Lucas e Giorgio de Vecchi che il fronte si irrigidì e la battaglia diventò un calvario per i Legionari[169].

Le testimonianze dell'epoca confermano tale giudizio.

Così Lodoli descrive i duri scontri di quota 444 contro gli uomini di Lister:

Avanti. I battaglioni attaccavano. Fra gli ulivi salivano di corsa i tre plotoni arditi, tra le raffiche rosse salivano e le compagnie dietro all'assalto. Cadde il tenente degli arditi, per primo, davanti al gagliardetto nero. Il capitano alpino della nona si lanciò subito oltre la morte d'argento[170]. Ed ebbe la sua pallottola. Il braccio stroncato gli ricadde a battere l'anca e una striscia di sangue segnò le pietre. [...]

Correvano gli altri ed erano ad ogni passo di meno. Col "Savoia" rauco nelle gole piombarono sull'ultima quota ad infiammarla di bombe.

"Mueran los comunistas" c'era scritto intorno alla calavera nostra. "Muoiano e così sia". Le 7,40, l'obbiettivo, quota 444, era raggiunto. Un pugno d'arditi, un pugno di fanti, una pesante, tre ufficiali.

Dalla destra, di là del vallone, di là della strada li fulminavano le mitraglie miliziane. Perché non avanzava presto l'altro reggimento? Perché non ci liberava il fianco? Sulla quota pelata, senza un cespuglio, senza un sasso, gli uomini cadevano, uno dopo l'altro. Non si poteva aggiungerli, non si poteva passare. Solo il tenente pazzo dei cacafuoco tentò l'assurdo. Salì con tutti i suoi muli e tutti i suoi artiglieri. Iniziò il fuoco accanto agli arditi e dopo cinque minuti non aveva più muli, né capi-pezzo, e i cannoni non sparavano più. Anche il *pequeñito* era morto, una palla in fronte, senza un lamento. Il suo attendente piangeva, inebetito, sul corpo riverso. Un mulo colpito si rovesciava scalciando per l'aria, e al fianco di un altro sprizzava un getto di sangue, violento, continuo, ineusaribile. I feriti rantolavano. Sangue di uomini e sangue di muli. Da destra tiravano sempre.

Allora un ardito s'alzò ritto, levò il suo moschetto, il vento sbatté il gagliardetto nero, intonò con una voce forte dalla rabbia il *Cara al Sol*, l'inno della nuova Spagna.

A coprire le mitraglie rosse e nostre le voci di venti uomini, feriti e insanguinati, lo seguirono a ruota.

Si te dicen que caì me fui
Al puesto que tengo allì.

Basti pensare che lo stesso Franco ne fu decorato solo dopo la guerra. Ecco la motivazione della MOVM:

Ufficiale di eccezionale bravura, nelle battaglie di Malaga, Guadalajara e Santander, prodigava l'esuberante ardimento del suo generoso cuore di soldato trascinando fanti e carristi su tutte le vie ove il valore legionario rifulse. Nella battaglia d'Aragona, dopo aver dato nuove entusiasmanti prove della sua capacità di comandante e del suo impeto di combattente, in una rischiosa operazione svolta da una sua compagnia, dirigendone fuori del carro l'azione, veniva ferito una prima volta al braccio, poi gravemente all'addome, concludendo eroicamente come l'aveva vissuta la sua vita di soldato nel sacro nome della Patria lontana.

Terra di Spagna, 12 aprile 1938.
169   De Vecchi, Lucas 1976, p. 144.
170   Il teschio (*calavera*) ricamato sul gagliardetto.

Gli uomini cadevano, il canto s'alzava più forte, i superstiti non mollavano. Sarebbero morti tutti se l'altro reggimento non liberava la destra. Sarebbero morti tutti. Ma quella era la loro posizione, l'avevano conquistata e l'avrebbero tenuta[171].

L'arrivo delle Camicie Nere del 2° Reggimento della *Liitorio* costrinse alla rotta i comunisti, sbloccando la situazione degli Arditi reggimentali del 1° Reggimento.

Gli scontri divennero feroci, ma, appoggiati dagli attacchi a massa dell'Aviazione Legionaria e dell'artiglieria, le Camicie Nere continuarono ad avanzare.

Ogni chilometro segnato di sangue nostro, tanto come non mai, come non fu a Guadalajara, né a Bilbao, né a Santander. Tanto e gli arditi erano rimasti pochi. Era dura l'azione, e lunga. Sempre una nuova quota da conquistare, un ultimo bosco da esplorare dinanzi a noi. E sempre gracidavano le mitragliatrici rosse e sempre un ultimo cecchino ci tirava alle spalle. Dinanzi ai battaglioni legionari andavano gli arditi, la sigaretta tra le labbra, il moschetto a tracolla e su una baionetta era legata la fiamma nera con il teschio d'argento. *Mueran los comunistas*. Erano tanti e non finivano mai[172].

I combattimenti furono terribilmente aspri, soprattutto nel settore di Mirablanca; il 1° Reggimento delle *Frecce Nere* riuscì dopo durissimi scontri a giungere fino sul Rio Matarraña, avanzando sulla via di Gandesa, che venne conquistata poi il 3 aprile da una colonna celere della *23 Marzo*.

Scrive alla data del 16 marzo nel suo diario Franco Bonezzi, degli Arditi della *23 Marzo*

Ci siamo, ora tocca a noi, è venuto il momento che le avanguardie nostre hanno incontrato la resistenza, e non riescono a avanzare, il Quinto Reggimento che era avanzato, è stato fermato dalle Brigate di Lister che è venuto con i suoi internazionali a dare il cambio agli spagnoli che non facevano altro che scappare senza mai fermarsi. Ora invece Lister è riuscito a fermarci ed a noi resterà il compito di smuovelo e sloggiarlo.

Compito di fiducia e di fegato, come al solito[173].

Il 19 marzo era un anno dalla controffensiva rossa su Brihuega e Palacio de Ibarra. Triste anniversario, ma una data da vendicare. Annotò Ciano nel suo diario:

L'offensiva è ripresa stasera. Ancora nessuna notizia ufficiale, ma una nota di servizio apre l'animo alla più lieta speranza di successo. Un anno fa passai la mia più brutta giornata: Guadalajara[174].

E il 20 il ministro degli esteri poté scrivere:

In Spagna l'offensiva procede bene. Eroica e vittoriosa.

L'avanzata, rallentata dalla strenua resistenza dei comunisti di Lister proseguì in direzione di Tortosa, su tre colonne: al centro la *23 Marzo* lungo la carretera Gandesa – Tortosa, a destra la *Littorio* e a sinistra la *Frecce*.

La difesa repubblicana non riuscì però ad arrestare gli italiani, tranne che a Cherta, mentre Pinell e Paulus caddero nelle mani dei legionari di Mussolini.

Bonezzi descrive l'avanzata della *23 Marzo* su Mazaleon, la sera del 30 marzo, e l'incontro delle Camicie Nere con i giornali di propaganda avversari.

Si opera, davanti è il 5° Reggimento, viene poi il 7° ed in ultimo noi. Appena chiaro ha cominciato il solito tiro di preparazione l'artiglieria, sono poi venuti i bombardieri ed alle dieci circa si sono

---

171 Lodoli 1989, pp. 159-160.
172 Lodoli 1989, p. 167.
173 Bonezzi 2006, pp. 111-112.
174 Galeazzo Ciano, *Diario 1937-1943* (a cura di R. de Felice), Milano 1990, p. 115.

mosse le prime pattuglie che senz'altro hanno preso contatto col nemico. L'incontro non è stato molto duro, e subito ci siamo buttati in mezzo allo sbaraglio.

Si avanza senza incontrare resistenza e nel pomeriggio saremo già penetrati per oltre dieci km. in territorio nemico.

Più tardi ci danno il loro sgradito saluto alcuni carri sbucati chissà da dove, ci picchiano dalla destra ed è probabile che siano stati tagliati fuori dalla manovra.

All'imbrunire, siamo arrivati nelle prossimità di MAZALEON che le nostre avanguardie hanno già occupato. Ci fermiamo e consumiamo il rancio. Strada facendo abbiamo trovato per terra un mucchio di giornali di tutte le qualità, che ora noi ci divertiamo a leggere ridendo delle grandi panzane che sono stampate. Va bene dire delle balle per tenere alto il morale dei combattenti, ma giungere al punto di scrivere che stanno avanzando, quando invece stanno dandosela a gambe a più non posso!!!

E' un po' grossa. Povera gente, sono proprio impanzanati fino alle midolla, sfido io che resistono, gli dicono che prendono città su città, quando poi il combattente è impossibilitato a verificarlo deve crederci per forza.

Quello poi che dicono nei nostri riguardi fà [sic] addirittura rizzare i capelli, ladri, assassini, senza patria, profanatori, siamo insomma secondo loro i più brutti ceffi che si potrebbero incontrare nei bagni penali.

"No pasaran" dicono poi, ma se non mi sbaglio dal giorno che abbiamo iniziato, siamo ormai passati per oltre cento km.!!!

"Li faremo correre" dicono poi!!! Corriamo sì, ma in avanti, come stanno facendo loro, da circa un mese.

Ho poi trovato in un ufficio da campo, una lettera che era datata dal mese scorso, è un tizio che da ALICANTE scrive al fratello che si trovava in questo settore, e gli dice che aveva fatto domanda per venirlo a raggiungere nel suo medesimo battaglione, che anche lui aveva tanta voglia di trovarsi faccia, faccia con gl'Italiani e che gli sarebbe piaciuto di vederci a correre. Carino!!!

Mi piacerebbe per davvero vederlo per domandargli solamente se si è sfogato a correre, però all'indietro. Sono certo che se a quest'ora, non ha già messo le scarpe al sole, starà ancora correndo alla volta di Alicante[175].

Gli spagnoli e gli italiani, nel frattempo, avevano raggiunto il Mediterraneo a Viñaroz. La Spagna rossa era divisa in due, con la Catalogna isolata dal resto della Repubblica.

A Viñaroz, sul Mediterraneo, arrivammo verso sera; nella gloria di una giornata estiva. L'aria sentiva di mandorle e di polvere da sparo. Per le strade tanti giovanotti con camicie di fresco bucato, mai lavate, barbe rase si fingevano contadini in festa accorsi dalle campagne. (Erano soldati che sino ad un'ora prima sparavano sui tetti sui nazionali). Ma chi badava a questo? Il mare era là, di fronte, liscio e lucido e la Spagna era tagliata in due dalle forze di franco: la vittoria rideva su tutti i volti, anche - si sarebbe detto - su quello dei vinti. E così le camicie di bucato si mescolavano ai polverosi esultanti combattenti appena arrivati, cantavano strofette erotiche. Secondo un rito antico, i soldati traversavano il paese recandosi subito alla spiaggia per bagnare i piedi nel Mediterraneo. Molti vi si rotolavano con zaino, fucile e tutto il resto[176].

Rimasero tagliate fuori molte truppe avversarie, e Berti propose una manovra avvolgente per catturale, impedendo loro il passaggio dell'Ebro. Le operazioni proseguirono, ma per colpa di un ritardo

---
175 Bonezzi 2006, pp. 122-123.
176 Artieri 1995, pp. 233-234.

dei nazionalisti, nella notte tra il 18 ed il 19 aprile i repubblicani riuscirono a fuggire oltre l'Ebro, mettendosi in salvo.

Tortosa, che era oltre l'Ebro, rimase in mai repubblicane sino al 13 gennaio 1939.

Gli italiani avevano dimostrato di essere senza paragoni le migliori truppe presenti in Spagna; ma anche i comunisti della 5ª *Division de Infanteria* si erano battuti bene e con fierezza, dimostrandosi migliori soldati dei nazionalisti di Franco.

Gli italiani avevano perso 3.225 uomini tra morti e feriti, tra i quali ben 303 ufficiali, ciò che era indice della durezza dei combattimenti. Ma si era vinto.

Dopo la battaglia di Aragona, solo la divisione *Frecce* rimase al fronte, venendo trasferita al nord il 24 maggio, ed entrando di nuovo in azione a partire dall'otto giugno nella zona di Albocacer.

Le Divisioni *Littorio* e *Fiamme Nere - 23 Marzo*, invece, vennero inviate a riposo nella zona di Saragozza per riorganizzarsi.

VIII
"UN INDESCRIPTIBLE INFERNO"
IL LEVANTE E L'OFFENSIVA SU VALENCIA

Il periodo di riposo del Corpo Truppe Volontarie durò sino a metà del mese di giugno, quando il C.T.V. venne impiegato nella sua totalità nell'offensiva contro la regione di Valencia.
Dopo che le truppe spagnole ed il C.T.V. avevano raggiunto il mare, tagliando fuori la Catalogna, la guerra sembrava giunta ad un punto decisivo; ma il governo francese di Leòn Blum, anch'esso, come Italia, Germania, Unione Sovietica e Gran Bretagna ufficialmente neutrale, aprì la frontiera pirenaica, e grandi quantitativi di armi di produzione sovietica, acquistati in ogni parte del mondo o ceduti sottobanco dai francesi raggiunsero la Catalogna insieme a molti volontari e mercenari di varia provenienza, ciò che costituì più che una boccata d'ossigeno per gli stremati eserciti repubblicani.
Le operazioni militari dei nazionalisti verso la Catalogna rallentarono, e l'obbiettivo divenne la regione del Levante e la zona di Valencia, il cui grande porto ed il ricco retroterra agricolo costituivano un'utilissima base logistica e di approvvigionamento per i due belligeranti.
Il 14 giugno 1938 i nazionalisti conquistarono Castellòn, un porto sul Mediterraneo a 67 chilometri a nord di Valencia, primo porto nazionalista nel Mediterraneo centrale.
Mosse anche il C.T.V., con la Divisione *Littorio* in testa, che in pochi giorni avanzò di cento chilometri malgrado il difficilissimo terreno e la resistenza dei repubblicani.
Gli scontri furono durissimi: la *Littorio* e i repubblicani si disputarono accanitamente il villaggio di Sarriòn, che passò di mano per tre volte. Nei combattimenti cadde il Tenente Colonnello Tullio Giannotti, comandante del 1° Reggimento, che venne decorato di Medaglia d'Oro al VM alla memoria[177].
Ricorda Lodoli, Ufficiale degli Arditi della *Littorio*:
Cantiamo e beviamo. Siamo ancora quattordici ufficiali, eravamo ventisette in partenza, quattordici e trecento uomini circa dei cinquecento che dieci giorni or sono uscirono dalle trincee innanzi a Sarriòn
Ce ne fregammo un dì della galera
Ce ne fregammo della brutta morte...[178]
Il 19 luglio la *Littorio* conquistò d'impeto la Cima Pine, venendo citata negli ordini del giorno dei comandi nazionali, mentre le Camicie Nere della *23 Marzo* circondava Barracas insieme alla divisione *Frecce*.
Ecco come Renzo Lodoli ricorda la conquista di Cima Pime:
La collina fiammeggia. I mitragliatori non riescono a raggiungerci. Ce n'è uno venti metri sotto con il tiratore scelto. Lauretta, il più anziano dei miei arditi, balza lungo la china, afferra l'arma, scende ancora, strappa dalle spalle di un fante la cassetta munizioni, risale volando fra le nuvolette

---

177   *In aspro combattimento di rottura conduceva all'attacco il proprio battaglione animandolo e guidandolo con esemplare coraggio. Conquistato l'obiettivo, violentemente attaccato da forze rilevanti appoggiate da numerosi carri armati, fronteggiava con serenità e fermezza l'urto nemico respingendolo. Colpito a morte, nell'imminenza della fine, non dimostrava altro dispiacere se non quello di lasciare il suo battaglione. Chiudeva così la sua bella esistenza di comandante valoroso.*

Battaglia del Levante, 13 luglio 1938.
178   Lodoli 1989, p. 215

delle esplosive. D'un salto è tra noi, piazza l'arma, la carica, spazza la trincea, avanti, un caricatore, un secondo. È in piedi sul bordo, il mitragliatore poggiato alla spalla, raffica e raffica. Maccagno si getta avanti, gli ultimi arditi, i pochi fanti, trenta demoni che gridano "Savoia!", i miliziani che ristanno, indietreggiano dinanzi all'urto inaudito. Lauretta è sempre in testa. Ha gettato il fucile mitragliatore scarico, tira con il moschetto. Lancia la sua unica Breda, avanza tra le fiamme. I vestiti gli hanno preso fuoco, una bomba lo sbatte in terra, cerca di strapparsi di dosso la giacca fiammeggiante. I rossi si sono ripresi, ombre nostre e ombre loro brancolano nel fumo. Fadda mi rantola addosso con il petto bucato, il mio sergente ha il volto ridotto a una maschera orrenda di sangue e di terra. Maccagno si trascina sulla sua gamba cionca. E Lauretta lentamente s'alza sulle ginocchia e lancia i sassi che ha intorno contro il nemico che gli è addosso di nuovo e riesce a levarsi dritto, ché ha intravisto al di là del velo di sangue che gli scende sugli occhi, di là delle fiamme e del fumo, un ufficiale miliziano, afferra il moschetto per la canna, s'avventa, e mentre il calcio ferrato s'abbatte sul nemico, mentre con la sua voce rauca, irriconoscibile grida. " Qui ci sono gli arditi, non si passa, non si passa", una raffica gli frantuma il cuore[179].

In particolare i legionari della Brigata *Frecce Azzurre* si distinsero nella zona Barracas-Vivel, tanto che il II Battaglione del 2° Reggimento *Frecce Azzurre* venne decorato con la *Medailla Militàr Collectiva*.

Anche il Battaglione *Monte Jata* (I/3°) delle *Frecce Nere* ricevette tale decorazione.

Va detto la Brigata *Frecce Nere* è l'unica di cui sia possibile l'accertamento delle perdite, che furono pesanti: 213 morti (5 ufficiali) e 914 feriti (42 ufficiali) e 37 dispersi.

È molto probabile che anche le altre unità impiegate abbiano subito perdite percentualmente simili. Passato il rio Aguas le Camicie Nere fecero una scoperta impressionante: un enorme mucchio di miliziani repubblicani giustiziati dai comunisti di Lister in ritirata. Un episodio non isolato: pochi giorni dopo, a Cambrils, Andrè Marty comandò personalmente la decimazione per codardia dei miliziani in rotta davanti all'attacco italiano[180].

Man mano che le truppe italiane e spagnole avanzavano verso Valencia, la difesa si irrigidiva e si giunse infine a ridosso delle linee fortificate, chiamate *linea XYZ*, allestite dai repubblicani nella zona di Palencia e Sagunto.

Il 21 Camicie Nere e Legionari attaccarono le linee fortificate di Palencia, ma vennero fermati dalla durissima resistenza avversaria sulle posizioni di Viver (Castellon)-Cerro de San Roque-Cerro de Santa Cruz dopo durissimi combattimenti all'arma bianca[181], tanto che la Divisione *Littorio* dovette venire ritirata dal fronte per essere riorganizzata, venendo rilevata dalla *Frecce Nere*.

Un ufficiale repubblicano, che parlò di *indescriptible infierno*, ricordò
las incesantes oleadas de endemoniados ataques de todas las unidades del C.T.V.[182] y con muchísimas bajas de parte y parte.

L'attacco venne sospeso in attesa del concentramento delle artiglierie, oltre trecento pezzi di grosso calibro, che la notte del 25 luglio iniziarono un violentissimo bombardamento preparatorio all'offensiva del C.T.V.

Era un giorno simbolico, San Giacomo, *Santiago*, il protettore della Spagna imperiale e cattolica, il patrono della *Reconquista*.

---

179 Lodoli 1989, pp.222- 223.
180 Petacco 2006, p.174.
181 *Mi Batallón, el 720, Cuarto y formando la Reserva operativa de la Brigada 180, en la 54 División, ocupó posiciones en la mañana del día 19 de Julio a ambos lados de la carretera de Teruel a Sagunto, delante del pueblo de Viver (Castellón), Cerro de San Roque y Cerro de Santa Cruz, con la carretera de por medio, rechazando todos los ataques de la punta de lanza del C.T.V., llegando físicamente a la lucha cuerpo a cuerpo en las mismas posiciones, resultando yo herido de bayoneta italiana* (Ten. S. F. de la Torre).
182 In realtà era la sola *Littorio de Asalto*.

Ma l'attacco non avvenne mai.

Quella stessa notte, alle 0.15 il più grande esercito mai messo in campo dalla Repubblica spagnola, l'*Ejercito del Norte*, forte di centomila uomini al comando di Miaja, comprendente l'*Ejercito del Ebro* comandato da Modesto e il XV *Cuerpo de Ejercito* di Tagueña, insieme ad elementi del V *Cuerpo* di Lister che non erano stati impegnati contro il C.T.V. passò l'Ebro nell'ultima offensiva repubblicana, cogliendo di sorpresa i nazionali e sfondando per una profondità di dieci chilometri lungo un fronte di quindici le linee del Corpo d'Armata del Marocco del generale Yagüe, nella zona tra Pàndols, la Fatarella e Caballs travolgendo i *Regulares* della 50ª divisione. Al tramonto del 25 il fronte nazionale tra Gandesa e Caspe era dissolto.

Il secondo giorno dell'offensiva i prigionieri furono già oltre quattromila. Come ai tempi di Guadalajara la stampa antifascista cominciò a sbandierare la vittoria definitiva dei repubblicani.

Il 26 luglio il generale Berti inviò a Galeazzo Ciano il seguente telegramma, che riassume il ruolo svolto dal C.T.V. nelle operazioni dei giorni precedenti:

Il giorno 24 la Brigata Frecce Nere sostituì la Divisione Littorio, che aveva eroicamente combattuto ininterrottamente per dodici giorni. Il 25 le operazioni sono state momentaneamente sospese. In dodici giorni di dura battaglia il CTV ha conquistato dodici paesi tra grandi e piccoli, ha progredito per oltre cinquanta chilometri, ha sconfitto più di quaranta battaglioni nemici, catturando quasi duemila prigionieri e una quantità enorme di materiale da guerra. Il suo tributo di sangue nei soli elementi italiani è stato di 27 ufficiali morti, 1 disperso, 140 feriti, 205 legionari morti, 1473 feriti, in totale 1846 legionari fuori combattimento[183].

Rispetto a Guadalajara non era certo mutato l'armamento, rimasto quello standard italiano, complessivamente inferiore a quello avversario (l'arma individuale del fante repubblicano era il fucile Mauser *K98* tedesco, oltre a moschetti automatici totalmente assenti nell'armamento italiano) tranne che nell'artiglieria; né i combattenti repubblicani erano inferiori a quelli del marzo 1937: in Aragona gli italiani si erano trovati di fronte oltre agli internazionali ed agli uomini del V *Cuerpo d'Ejercito* di Lister, le migliori truppe rosse, anche le truppe regolari dell'*Ejercito Popular*, non miliziani raccogliticci: eppure il migliorato addestramento, il morale più alto, il comando di livello ben diverso da quello del marzo 1937 avevano dato frutti eccellenti. E come ricordò Luigi Barzini in una lettera al Duce, *senza il formidabile colpo d'ariete dato dal Corpo legionario su Albentosa*, l'esercito nazionale sarebbe rimasto incagliato davanti al campo trincerato di Sarrion, dove Varela era fermo da oltre un mese senza risultati. La condotta degli spagnoli era di totale passività ed indolenza. Peggio, scrive Barzini,

Non è eccezionale il caso che delle azioni belliche siano modificate o deviate per non rovinare oliveti o vigneti appartenenti a questo o a quel gran signore amico e sostenitore del movimento nazionale[184].

Quando la lettera arrivò a Mussolini, a questi caddero le braccia, anche per il rapporto ricevuto da Berti sui comportamenti spagnoli, quantomeno strampalati dal punto di vista della condotta delle operazioni, ciò che aveva permesso a Miaja di attraversare l'Ebro con centomila uomini senza che i nazionali si avvedessero di nulla; Mussolini si sfogò violentemente con Ciano, che annotò nel proprio Diario:

24 AGOSTO - IL DUCE, SULLA BASE DI ALCUNE INFORMAZIONI [DI] BARZINI, SI PRE-

---

183 Rovighi, Stefani 1993, II bis, pp. 194 segg.
184 Canosa 2008, p. 277.

OCCUPA DELLA SITUAZIONE IN SPAGNA. HA AVUTO ACCENTI VIOLENTI CONTRO FRANCO CHE SI LASCIA SFUGGIRE LA VITTORIA, ANCHE QUANDO L'HA GIÀ IN PUGNO. IL DUCE PENSA AD UN RITORNO OFFENSIVO E VITTORIOSO DEI ROSSI [...][185]

E ancora, cinque giorni dopo:

29 AGOSTO – IL DUCE È SEMPRE PIÙ RISENTITO CON FRANCO PER LA SCIALBA CONDOTTA DELLA GUERRA. TEME CHE SI POSSANO AVERE SORPRESE DI MOLTA GRAVITÀ. "SEGNA NEL TUO LIBRO - MI HA DETTO - CH'OGGI, 29 AGOSTO, PREVEDO LA SCONFITTA DI FRANCO. QUEST'UOMO NON SA FARE O NON VUOL FARE LA GUERRA. I ROSSI SONO DEI COMBATTENTI: FRANCO NO [...][186]

Ad agosto, a Gandesa, le truppe di Miaja vennero bombardate in massa dall'aviazione spagnola e da quella italiana, mentre la lotta di posizione stagnava totalmente, senza che le truppe di Franco si muovessero mentre le trincee rosse venivano bombardate dall'aria e martellate dal Raggruppamento di Artiglieria Legionaria di Manca di Mores, unico reparto del C.T.V. a partecipare alla battaglia, e che da solo praticamente arrestò i repubblicani.

Sospese le operazioni sugli altri fronti, solo lentamente i nazionalisti respinsero i *rojos*, espugnando posizione per posizione, spingendo i repubblicani verso l'Ebro, che venne definitivamente ripassato dopo la nuova offensiva nazionalista del 30 ottobre.

Il 16 novembre la battaglia era finita.

La spina dorsale della Repubblica era ormai spezzata.

Su centomila uomini dell' *Ejercito del Norte* ne erano morti 30.000 e 20.000 erano stati fatti prigionieri. Ma si dimenticò che la fine dell'offensiva dell'Ebro era dovuta ai cannoni legionari, e che il vero vincitore dell'Ebro fu il Generale barone Ettore Manca di Mores, che per il suo ruolo ricevette la Medaglia d'Oro al VM.

Ufficiale generale che in pace e in guerra ha emerso sempre quale organizzatore sagace, animatore di eccezione, capo insuperato. Comandante dell'artiglieria legionaria in O.M.S. ha dato alle operazioni, oltre che il concorso inestimabile della sua dottrina, della sua esperienza, della sua passione, quello del suo valore personale sul campo, imponendosi colla sua opera e colla sua bravura, all'ammirazione di amici e nemici e tenendo alto il nostro prestigio in terra straniera. Ha ben meritato dall'Esercito e dal Paese.

O.M.S., maggio 1937 - novembre 1938.

Il 22 settembre poi, sia per favorire un accordo internazionale che portasse ad un armistizio, sia perché Stalin voleva disimpegnarsi dal pantano spagnolo, venne deciso il ritiro delle Brigate Internazionali, che furono ritirate dal fronte per concentrarsi a Barcellona per il rimpatrio. In cambio Mussolini acconsentì al ritiro di 10.000 volontari con oltre diciotto mesi di servizio.

I brigatisti iniziarono a partire in direzione della Francia, in ferrovia o via mare ai primi di dicembre, anche se restarono molti che avevano acquisito la cittadinanza spagnola.

---

185 Ciano 1990, p. 168.
186 Ibid., p. 169. È un passo di notevole importanza storica, perché dimostra come il Duce fosse a conoscenza dei diari del genere.

IX
"PASARON!"
DALLA CATALOGNA A MADRID

Mentre sull'Ebro si decidevano le sorti della guerra, Mussolini intanto si andava sempre più irritando nei confronti di Franco, tanto da pensare di ritirare tutte le truppe italiane.
Il 3 settembre Gambara si recò in udienza a Palazzo Venezia. Annotò Ciano nel proprio diario:
3 SETTEMBRE - A Palazzo Venezia, colloquio con Gambara, il quale esprime il punto di vista del comando del C.T.V. circa la convenienza o meno di lasciare forze in Spagna. Viene scartata l'idea del Duce di lasciare una sola divisione: egualmente impegnativa e più pericolosa. O ritirare tutte le fanterie, o rinforzare con complementi le due divisioni attuali, assumere il comando delle Frecce, farsi dare due divisioni spagnole ed attaccare con questa massa Barcellona. Il Duce scarta questa proposta e accetta il ritiro totale delle fanterie. Redige un telegramma per Berti con l'ordine di comunicarlo a Franco. Se egli è d'accordo, bene. Se no, troveremo un'altra soluzione, ma il Duce imporrà le sue condizioni circa il modo di condurre la guerra. Il Duce è convinto che Franco ha perso le migliori occasioni di liquidare la partita con rapidità. Adesso la situazione è cambiata. Il tempo, come sempre, lavora contro chi lo perde[187].
Gli italiani si lamentavano dell'eccessiva lentezza di Franco nel condurre le operazioni, con gli spagnoli che andavano sempre a rimorchio del C.T.V..
Luigi Barzini scrisse a Mussolini una lettera privata, in cui riporta un dialogo tra Berti e Franco.
I nazionalisti sono ancora timidi. Si spaventano del successo rapido, e a lasciarli fare si fermerebbero. Per fortuna c'è il Corpo dei legionari che li trascina. Il generale Berti non fa che spronare Franco ad agire, ad agire subito, rapidamente, a fondo. Franco appare convinto dei piani di manovra che gli sono suggeriti, ma poi cerca sempre di prendere un po' di respiro.
"Sì, bisogna agire presto" egli dice. "Bisogna continuare l'avanzata senza sosta".
"Che cosa farete?".
"Prenderò le necessarie disposizioni".
"Quando?"
"*Mañana*".
"No. Oggi. Subito."
"Sta bene".
"Che ordini mi date?"
Questo è il tono delle consultazioni. Se non c'erano i legionari l'avanzata nell'Aragona sarebbe ancora all'inizio. I nostri legionari, al centro, hanno fatto da cuneo sempre aiutando l'avanzata sulle ali[188]...
Il *Caudillo*, ovviamente, si guardò bene dal rinunciare alle migliori truppe a sua disposizione, e si giunse ad un compromesso.
Ciò che preoccupava Berti e le autorità romane era la presunta stanchezza degli uomini dopo più di venti mesi di campagna, e l'abbassamento del loro morale. Scrisse Galeazzo Ciano il 20 settembre:
Mi si conferma da fonte sicura che le nostre truppe sono stanche. Molto stanche. E che l'idea di lasciare ancora in Spagna una divisione non ha incontrato alcun favore. Le lettere anonime ed

187 Ciano 1990, pp. 172-173.
188 Petacco 2006, p. 178.

anche firmate nelle quali si chiede il rimpatrio abbondano. I segni di irrequietudine si accentuano. Non vorrei che questa magra divisioncina di veterani sfiduciati dovesse darci, un giorno o l'altro, qualche grosso dispiacere[189].

Timori destinati ad essere smentiti dai fatti, tanto che soltanto due giorni dopo Ciano annotò stupefatto ed ammirato:

In Spagna, la "23 Marzo" ha compiuto prodigi di valore. Meravigliosi legionari, che protestano e mugugnano quando sono a riposo, e che all'attacco, ritrovano l'entusiasmo del primo combattimento. E son lì da ventidue mesi![190]

Il 1° ottobre 1938 Franco decretò il congedo dei legionari con oltre diciotto mesi di servizio; ciò permise a Mussolini un ulteriore riduzione del C.T.V., anche in cambio del riconoscimento inglese dell'impero in Etiopia, ritirando diecimila volontari.

Le divisioni interamente italiane si ridussero alla sola *Littorio d'Assalto*, nata dalla fusione tra la vecchia *Littorio* e la *23 Marzo*, su due reggimenti fanteria, il primo dell'Esercito ed il secondo della Milizia:

1° Reggimento Fanteria *Littorio* (Col. M. Gloria):

4 Battaglioni,

1 Batteria da 65/17;

Plotone carri CV 35;

Plotone artieri.

2° Reggimento Fanteria *Littorio* (Ten. Col. F. Olivetti, composto interamente da Camicie Nere):

4 Battaglioni (*Ardente*, *Inflessibile*, *Lupi*, *Vampa*);

1 Batteria da 65/17;

Plotone carri CV 35;

Plotone artieri.

Con le *Frecce* vennero create le nuove Divisioni miste, ma con armamento e comando italiani, *Frecce Azzurre* e *Frecce Verdi*, che s'aggiunsero alla *Frecce Nere*.

Divisione Mista *Frecce Nere* (Col. i.g.s. V. Babini):

- 1° Reggimento Fanteria (Col. Butti), su tre Battaglioni (*Monte Jata*, *Bermeo*, *Munguia*) ed una Batteria da 65/17;
- 2° Reggimento Fanteria (Col. Farina), su tre Battaglioni (*Peña*, *Amarilla*, *Algorta*) ed una Batteria da 65/17;
- Raggruppamento di Artiglieria su tre Gruppi Cannoni di vari calibri;
- Battaglione A.A.
- Plotone Carri Leggeri;
- Battaglione Genio su due Compagnie;
- Servizi.

Divisione Mista *Frecce Azzurre* (Col. i.g.s. G. La Ferla)

- 1° Reggimento Fanteria, su tre Battaglioni ed una Batteria da 65/17;
- 2° Reggimento Fanteria, su tre Battaglioni ed una Batteria da 65/17;

---

189 Ciano 1990, p. 181.
190 Ibid., p. 182, alla data del 22 settembre 1938. Non è chiaro a quale operazione faccia riferimento Ciano, poiché in quel periodo non risultano operazioni del C.T.V. Le uniche unità nazionali impiegate in quel periodo furono il CdA *Marroquì* del gen.Yagüe e il CdA del Maestrazgo del Generale Valiño per la conquista del crocevia di Camposines (18 settembre-14 ottobre) nell'ambito della battaglia dell'Ebro: Rovighi, Stefani, 1992, II, p. 257. Anche De Vecchi e Lucas, 1976, non riportano alcuna menzione di azioni svolte in quei giorni dalle Camicie Nere. Quelle di Ciano sembrano piuttosto annotazioni relative all'offensiva del Levante, di cui evidentemente aveva avuto modo in quei giorni di leggere i rapporti riservati di Ettore Muti.

- Raggruppamento di Artiglieria su tre Gruppi Cannoni di vari calibri;
- Battaglione A.A.
- Plotone Carri Leggeri;
- Battaglione Genio su due Compagnie;
- Servizi.

Divisione *Frecce Verdi* (Col. i.g.s. E. Battisti)
- 1° Reggimento Fanteria, su tre Battaglioni ed una Batteria da 65/17;
- 2° Reggimento Fanteria, su tre Battaglioni ed una Batteria da 65/17;
- Raggruppamento di Artiglieria su tre Gruppi Cannoni di vari calibri;
- Battaglione A.A.
- Plotone Carri Leggeri;
- Battaglione Genio su due Compagnie;
- Servizi.

Raggruppamento Carristi:
- I e II Battaglione Carri d'Assalto;
- Battaglione Bersaglieri motomeccanizzato;
- Battaglione Misto (lanciafiamme, mitraglieri, anticarro, Arditi, più una Batteria da 65/17).

Raggruppamento Artiglieria Legionaria (Gen. D'Amico):
- Sette Gruppi di vari calibri;
- Reggimento Artiglieria Contraerei.

Raggruppamento Genio del C.T.V.:
- Battaglione artieri,
- Battaglione telegrafisti;
- Battaglione radiotelegrafisti;
- Compagnia fotoelettriche.

Il Corpo Truppe Volontarie inquadrava, alla vigilia dell'ultimo sforzo offensivo, 25.935 tra sottufficiali, legionari e CC.NN., e 2.077 ufficiali[191].

Il C.T.V. ebbe modo di essere la migliore unità nazionalista nelle battaglie di Catalogna conquistando Badalona, dove vennero catturati 800 prigionieri della IX *Brigada*, e Gerona e nell'offensiva finale da Toledo, quando i legionari conquistarono il porto di Alicante il 30 marzo 1939, segnando la fine della guerra.

In previsione della nuova offensiva, le truppe del C.T.V. vennero schierate nel settore della testa di ponte di Seros, sulla riva sinistra del Rio Segre.

Inutilmente il papa chiese ai belligeranti una tregua per Natale. L'attacco scattò lungo tutto il fronte dall'Ebro ai Pirenei.

L'offensiva iniziò il 23 dicembre, con la Divisione *Littorio de Asalto* avanzò verso Cogull, fiancheggiata sulla sinistra dalla Divisione *Frecce Nere*.

Nella prima giornata la *Littorio* avanzò di trenta chilometri nelle linee repubblicane, avanzando lungo la strada Lerida-Tarragona, raggiungendo la rotabile Sarroca-Mayals, dove venne annientata la Fanteria di Marina della 56ª *Brigada*, ritenuta una delle migliori unità repubblicane.

---

191 De Vecchi, Lucas, 1976, p. 148.

La sera dell'inizio dell'offensiva il Generale Gambara inviò al Duce il suo primo telegramma della campagna.

Oggi 23 dicembre segnata una delle più belle vittorie. Raggiunta strada Sarroca-Mayals. Sbaragliata anche 56ª Brigata di Marina che aveva ricevuto ordine contrattaccarci. Perdite nemiche ingentissime. Trincee piene di cadaveri. Prigionieri cifra imprecisata calcolabile 1500 o 2000 uomini. Numerosissimo materiale fra cui due batterie et intero comando gruppo[192].

Il C.T.V. proseguì l'avanzata, impattando nelle truppe del V *Cuerpo* del Generale Lister nella zona di Castellserà, dove gli scontri si fecero subito accaniti.

I comunisti di Lister combattevano con odio feroce i fascisti. E con *fascisti* intendevano italiani, portassero o no la camicia nera.

Quando i *rojos* prendevano prigionieri dei Legionari italiani si affrettavano a giustiziarli, come avvenne al Sottotenente Mario Ricci ed ad altri tre militari del I Battaglione Carri d'Assalto: si noti, uomini dell'Esercito, non Camicie Nere.

Ricci gridò in faccia ai suoi fucilatori *Viva l'Italia!* Ebbe la Medaglia d'Oro al VM alla memoria.[193]

La lotta era feroce, ma la vigilia di natale, alle 14.30 la *Littorio* occupò Sierra Grossa, mentre le *Frecce Nere* presero prima Farinas e subito dopo le Quote 177 e 180 di Vasconcelos. Il 26 le Camicie Nere del 2° Reggimento *Littorio*, dopo un durissimo combattimento contro gli uomini di Lister, occuparono Granena, dove entrarono *con musica e inno "Giovinezza"*, come telegrafò a Roma il generale Gambara, che aggiunse:

Situazione sera è la seguente: reparti carristi dominano Alfés. Frecce Nere dominano Aspa. Littorio domina Cogull. Frecce Verdi sud est Torrebeses. Frecce Azzurre Sarroca. Notizie accertate varie fonti danno questa sera V Corpo Lister in concentramento zona Aspa. Sembra che unità V Corpo Lister vogliano attaccare. Disposto in conseguenza, per difesa e contromanovra. Tutto a posto. Situazione ottima. Perdite odierne non ancora precisate perché battaglia durante tutto il giorno. Eroicamente caduto all'assalto tenente colonnello s.m. Giorgio Morpurgo cui cadavere è ospedale Saragozza. Prigionieri sorpassano migliaio con grande quantità armi.

Morpurgo ebbe la Medaglia d'Oro al VM alla Memoria.

Ma nella motivazione non si disse che il Tenente Colonnello Morpurgo, pluridecorato, volontario di tre guerre, era stato richiamato in Italia perché di *razza ebraica*. Chiese allora di comandare l'assalto degli arditi reggimentali, con l'intenzione di cercare la morte sul campo di battaglia, l'unica morte degna di un ufficiale che non poteva accettare di esser richiamato per la sua *razza*, di dover abbandonare la divisa che portava sin dai tempi dell'accademia, della Libia, di Vittorio Veneto, di Trieste, che non poteva tollerare di non poter più considerarsi fascista, lui che aveva voulto venire in Spagna contro i rossi, gli stessi rossi che gli avevano sputato sulla divisa nel 1919.

Fu il primo a cadere nella giornata, il corpo riverso sul reticolato rosso, sul quale strisciò dopo essere stato più volte ferito. Andò all'assalto cantando *Giovinezza*, una rivendicazione di fede fascista che costituisce il più feroce atto d'accusa contro le leggi razziali.

Ufficiale di Stato Maggiore incaricato di una speciale missione nelle prime linee l'assolveva con l'appassionata competenza che aveva prodigata in numerose precedenti battaglie. Giunta l'ora su-

---

192   Cit. in Canosa 2008, p. 322.
193   *Comandante di un plotone carri d'assalto, si offriva sempre con generosa dedizione per l'assolvimento di ogni rischiosa impresa, con cosciente e sereno sprezzo del pericolo. Durante la battaglia di Catalogna benché ferito, insisteva ed otteneva di partecipare ad una nuova azione. Mentre stava per rientrare da una irruzione compiuta su posizioni nemiche, saputo che il proprio capitano era rimasto immobilizzato, col proprio carro affrontava decisamente il rischio di tentarne il salvataggio, malgrado il micidiale fuoco avversario ed il terreno difficile. Nel generoso tentativo, ripetutamente colpito, precipitava col carro in un profondo burrone dove, ferito e privo di sensi, veniva poi catturato, dalle truppe rosse. Interrogato dal capo di queste riaffermava fieramente la propria fede fascista, destando anche fra i nemici, rispetto ed ammirazione. Condotto dinanzi ad un plotone di esecuzione, affrontava stoicamente la morte, riconfermando ancora una volta la forte tempra del soldato italiano. Spagna, aprile 1938-gennaio 1939.*

prema della fanteria, preso dal suo spirito eroico e avvinto dall'onda di entusiasmo che aveva infiammato le truppe, si portava alla testa dei più arditi, incitandoli al canto guerriero di «Giovinezza». Ripetutamente ferito alle braccia insisteva nel proposito di superare un reticolato ancora intatto finché un'ultima fucilata gli trapassava il cuore, abbattendolo sugli stessi appostamenti nemici.
Testa di Ponte di Seros, 23 dicembre 1938[194].
Morpurgo fu il terzo ufficiale di origini ebraiche a ricevere in Spagna la Medaglia d'Oro al VM alla memoria, dopo il Console Generale Liuzzi e il sottotenente Abate, caduti a Guadalajara.
Il 3 gennaio si ebbero gli scontri più agguerriti. Gli arditi attaccarono le posizioni repubblicane.
Il Capomanipolo Lino Zambrini del Battaglione Arditi della *Littorio* si guadagna la Medaglia d'Oro al VM alla memoria assaltando e espugnando la munitissima posizione rossa di Barranco di Quota 340, lasciandoci la vita.
Le Camicie Nere e gli Arditi delle *Frecce Azzurre* attaccano e conquistano le pendici di Monte Fosca. Nell'azione cade il Sottocapomanipolo Mario Granbassi. Falciato da una mitragliatrice nemica grida in faccia all'avversario le sue ultime parole: *Viva il Duce!*
Appoggiati dai pezzi dell'artiglieria del C.T.V. e dai continui attacchi dei caccia e dei bombardieri italiani, le Camicie Nere sfondarono il fronte tenuto dai soldati di Lister, ed il 5 gennaio conquistavano Borjas Blancas ed il dieci fu presa anche Montblanch. Di nuovo scontri durissimi con i comunisti di Lister, di nuovo posizioni espugnate come nella Grande Guerra a colpi di granate offensive e pugnale: Quota 802 di S. Coloma di Jueralt, dove cadde la Camicia Nera Lazzaro Liberatori, che in piedi, sparando con il suo Breda 30, falciò i rossi che stavano per espugnare la posizione, mettendoli in fuga
In piedi, solo, bersaglio di tutte le armi, sotto il lancio delle bombe a mano, già ferito, col fucile mitragliatore imbracciato a guisa di moschetto decimava il gruppo più minaccioso, volgendo in fuga gli altri, sorpresi da tanta audacia[195],
rimanendo poi ucciso, quota 806 di Queralt, costone di Coscuma... altri assalti, altri morti, altre Medaglie d'Oro: Camicia Nera Umberto Migliori, 1° Centurione Mario Cecconi Roselli, episodi minori in una lotta più vasta.
Lo slancio italiano sorprese non solo gli avversari, ma lo stesso comando di Franco e gli ambienti romani, convinti della stanchezza dei Legionari dopo oltre venti mesi di permanenza al fronte.
Annotò Ciano
Le notizie dell'avanzata in Catalogna sono sempre migliori. Il generale Gambara si è felicemente assunto il ruolo di trascinare tutte le forze spagnole[196].
L'avanzata proseguì in due direzioni: una colonna motorizzata agli ordini del tenente colonnello Pace si diresse su Tarragona, dove arrivò insieme alla V *Brigada de Navarra*, il resto del C.T.V. avanzò verso Igualada e Esparraguera, con obbiettivo primo il Rio Llobregat, e poi su S. Quirico de Tarrasa. Ma come sarebbe avvenuto anche a Barcellona, Franco voleva che i primi ad entrare a Tarragona fossero gli spagnoli, e non gli italiani, che vennero fatti fermare per far passare avanti i navarresi, per entrare in città poi subito dopo.
Virgilio Lilli, inviato del *Corriere della Sera* in Spagna ricorda come
Lasciammo la colonna legionaria a sette chilometri da Tarragona mentre le fanterie spagnola la venivano superando. Con gli occhi torvi di gelosia i legionari guardavano i navarresi, truppa fortunata alla quale essi erano tenuti a cedere il passo[197].

---

194 In realtà, come prova il telegramma di Gambara, il 26.
195 Dalla motivazione della Medaglia d'Oro al VM alla Memoria.
196 Ciano 1990, p. 240, alla data del 15 gennaio 1939.
197 V. Lilli, *Racconti di una guerra*, Palermo 1988, p. 66.

Ad innalzare per primo la bandiera rossa e oro sul palazzo della Generalitat di Tarragona però fu un italiano, il Sottosegretario agli Esteri Giuseppe Bastianini[198], che si trovava allora in missione in Spagna su incarico di Ciano. Bastianini oltretutto indossava la divisa nera d'orbace del P.N.F., ciò che non mancò di impressionare e colpire una folla come quella spagnola, amante della teatralità e delle divise appariscenti. Scrisse Lilli

A Tarragona trovammo poca gente sparpagliata a grumi allarmati, gente sul chi vive, che non sapeva come si sarebbero messe le cose, poiché i rossi partendo avevano avvertito la popolazione che un grande saccheggio e stupro si preparava da parte dei mori e degli italiani. Pattuglie di navarresi ora entrati in città venivano battendo la pianta del paese per evitare sorprese di qualche genere. E qualche fucilatina fischiava qua e là, sinistra. Sulla piazza una folla si aggrumava, gialla, ilare, levava le bandiere al cielo, cantava con voce melanconica e forte: *Cara al sol...* Sul balcone del palazzo della Generalità alcuni cittadini attendevano qualcosa, una parola, una invocazione da parte dei liberatori. Questa parola la gridò Bas[tianini] la cui automobile aveva aperto la nostra pazza corsa, la pazza corsa dell'automobile dei due giornalisti italiani al seguito della colonna d'occupazione. Salito al balcone Bas[tianini] gridò con voce robusta: *Viva Franco! Viva la Falange! Viva il Fascismo!* La sua uniforme fascista metteva una nota ferma in mezzo al gruppo di civili tarragonesi. Il ghiaccio era rotto; Tarragona si svegliò con un grido lungo appassionato, un singhiozzo di amore e di liberazione salì dalla piazza al cielo, la truppa levò in alto i moschetti: *Franco Franco Franco!... Duce Duce Duce!*
Le donne si buttarono nelle braccia dei soldati laceri e polverosi, sul balcone della Generalità l'italiano inchiodò la bandiera di Spagna e un suo fazzolettino bianco rosso e verde, piccino ma vivido. Tarragona era libera[199].
Intanto, a Barcellona era il panico. Fu un esodo verso la Francia, di centinaia di migliaia di catalani che cercavano di fuggire a piedi o sulle poche navi non colate a picco dagli attacchi aerei dei *Falchi delle Baleari*. Il terrore della *limpieza* franchista terrorizzava i catalani. Il 25 i generali Yagüe e Gambara giunsero alle porte di Barcellona, che apparve loro come una città fantasma, immersa in un silenzio irreale, con la popolazione che non era riuscita a fuggire barricata nelle proprie abitazioni. Il governo separatista chiese all'Inghilterra di intervenire presso Mussolini per evitare i massacri nazionalisti.
L'ambasciatore britannico Perth si recò a Palazzo Chigi da Ciano.
25 GENNAIO - [...] ricevo Perth che viene a chiedere un nostro intervento presso Franco affinché non si abbandoni alla vendetta contro tutti i suoi nemici. Gli do assicurazione e gli dico che noi abbiamo sempre svolto azione moderatrice. Ricordo che dopo la presa di Bilbao il duce mandò una lettera che, quando sarà conosciuta, darà molto onore al suo autore.
I nostri volontari stanno superando le ultime resistenze della Divisione Lister. Barcellona è anche per loro, che hanno avuto il compito più duro, in vista e sono ansiosi di raggiungerla[200].
L'azione moderatrice di Mussolini e dei comandi italiani salvò la vita a decine di migliaia di catalani come già di baschi. Ma tutto ciò è oggi dimenticato.
La Catalogna non esisteva più.
Scrisse ancora Galeazzo Ciano nel suo diario:
26 GENNAIO - [...] Mentre ero al Golf è giunta la notizia della presa di Barcellona. L'ho fatta pervenire al Duce, al Terminillo, ed ho concertato con Starace le manifestazioni in tutta Italia. E'

198	Lilli lo indica solo come Bas*.
199	Lilli 1988, p. 67.
200	Ciano 1990, p. 243.

bastato fissare l'ora: non c'è stato bisogno di pressione perché il popolo ha gioito di questo evento con profonda sincerità.

Il Duce era, anche lui, commosso, benché volesse ostentare la sua imperturbabile calma. Ma ha ben ragione di essere soddisfatto: la vittoria in Spagna ha soltanto il nome di Mussolini, che ha condotto l'operazione con coraggio, sicurezza, fermezza, anche quando coloro che oggi applaudono erano in gran parte contro di lui[201].

Ma il C.T.V. proseguì l'avanzata. Il 29 gennaio Gambara divide le sue forze in tre colonne, mantenendo le *Frecce Verdi* di riserva, inviando la *Littorio de Asalto* in direzione di Gerona, che cadde il 4 febbraio, dove vennero catturati 800 prigionieri della IX *Brigada* colti completamente di sorpresa dalla rapidità dell'avanzata legionaria, le *Frecce Nere* avanzarono su Granolles, e le *Frecce Azzurre* su Blanes.

Il 10 febbraio la bandiera rossa ed oro sventolava su tutti i posti di frontiera pirenaici.

Nel corso dell'ultima fase della battaglia il C.T.V. ebbe numerose perdite: circa 6.000 tra caduti e feriti, di cui 2.700 italiani.

I Consoli Lucas e de Vecchi riportano le cifre relative alla sola divisione *Frecce Nere*, indicative però anche delle perdite subite dalle altre divisioni:

156 caduti (14 ufficiali) e 954 feriti (69 ufficiali).

Nella battaglia di Catalogna erano state distrutte due Armate repubblicane forti di 220.000 combattenti in prima linea; i nazionali avevano perso circa 40.000 uomini, tra i quali, come detto, 6.000 erano del C.T.V.

Ed infine, quando si tenne la parata della vittoria anche il C.T.V. sfilò davanti al *Caudillo* in una Barcellona piegata soprattutto dai bombardieri italiani.

La meschina ingratitudine del piccolo Generale galiziano non aveva permesso ai legionari di entrare per primi a Barcellona come avrebbero meritato, vincendo la campagna anche per gli spagnoli, che li avevano seguiti quasi al rimorchio.

Il 16 febbraio 1939, Ettore Muti inviò da Barcellona uno dei suoi rapporti a Ciano, in cui scriveva circa l'atmosfera che si respirava nel comando franchista:

16. 2 Barcellona.

Carissima Eccellenza,

 a seguito mio radio ti informo che dopo la chiusura della battaglia si incomincia a sentire nell'aria quell'ostilità e quella incomprensione che non è esattamente quella stessa che ha seguito la nostra vittoria di Santander e dell'Ebro (la quale era data dall'invidia e mitigata dalla necessità del nostro aiuto a venire).

[...] Ho proprio l'impressione che incominci ora l'ingratitudine che generalmente il beneficato sente verso il suo benefattore quando ha già raggiunto il suo scopo, e sente solo la noia di dover pagare il debito di gratitudine.

Franco ha ormai raggiunto il rafforzamento della sua personale posizione. Ha dato a sè ed a tutti gli spagnoli la convinzione che ormai la corrida sta per finire, e perciò gli italiani... gli danno ormai solo fastidio con la sola permanenza in Spagna.

Una delle cose che si possono afferrare (perché le altre infinite manifestazioni sono piuttosto impalpabili perché effettuate con quella sottile arte geopolitica prettamente spagnola) è quella della *rivista*.

Per impedire a noi una semplice sfilata per Barcellona per dare ai soldati della Littorio la soddisfazione di vedere almeno la città, ha inventato una grande rivista da lui personalmente passata in

---

[201] Ibid.

rassegna e con limitazioni ai nostri reparti di modo che essi vengano ad essere facilmente confusi nei tanti.

[...] Credo che un intervento, o un intervento degli Ambasciatori, potrebbe richiamare alla realtà Franco lo scrittore, il politico, lo stratega, lo statista, l'ecce-homo!

Questo frescone non si rende conto che se respira lo deve esclusivamente all'ossigeno che gli ha dato il Duce[202].

A ristabilire la verità su a chi spettasse veramente la palma della vittoria fu Mussolini, nel discorso tenuto per la caduta della capitale catalana, e che si rivolgeva non solo agli avversari, ma anche agli alleati:

La parola d'ordine dei rossi era questa: No pasaran.
Siamo passati, e vi dico che passeremo!

Franco inviò un telegramma a Mussolini:

Terminando la campagna della Catalogna e dopo aver passato in rivista in Barcellona l'esercito vittorioso del quale fanno parte i valorosi legionari italiani il popolo spagnolo ha acclamato l'Italia e il suo Duce al passaggio di così gloriose truppe
Con l'entusiastico saluto dell'esercito spagnolo per i suoi camerati italiani Vi invio quello mio più sentito
Franco.

Cui il Duce rispose con le seguenti parole:

Vi ringrazio di aver concesso truppe legionarie alto onore sfilamento dinanzi a Voi in Barcellona riconquistata alla Spagna una libera grande che state costruendo-
Ricambio con profonda cordialità Vostro cameratesco saluto riconfermandoVi che legionari italiani sono ai vostri ordini sino alla definitiva vittoria.
Mussolini.

La guerra era virtualmente finita, anche se in mano repubblicana restavano ancora Madrid, Valencia ed Alicante.

Il 23 febbraio Gambara si recò a Roma incontrando il Duce e Ciano:

23 FEBBRAIO - [...] Arriva Gambara. Fa un rapporto molto buono sulle cose di Spagna. O Madrid cede automaticamente tra breve, oppure alla fine di marzo sarà vibrato da cinque colonne il colpo che segnerà la fine della Spagna rossa. La situazione in Catalogna è buona. Franco la migliora con un'assennata e severa politica. Anche molti italiani sono stati presi: anarchici e comunisti. Lo dico al Duce che mi ordina di farli fucilare tutti, ed aggiunge. "I morti non raccontano la storia"[203].

L'ordine del Duce ha sempre scatenato durissime reazioni. Ma va detto che gli accordi internazionali avevano previsto il ritiro dei contingenti internazionali, e che chi rimaneva non era da considerarsi legittimo combattente ma franco tiratore. Inoltre chi si è così indignato per l'ordine mussoliniano del febbraio1939 - a guerra pressoché finita - si è ben guardato dal condannare chi sistematicamente passava per le armi dall'inizio del conflitto i legionari ed i piloti italiani caduti prigionieri, loro sì meritevoli della qualifica di combattenti regolari. Del trattamento dei prigionieri da parte italiana, sempre corretto, si è detto più volte.

Non solo, ma i *fascistas* davano da mangiare alle popolazioni delle zone conquistate, in preda alla carestia dovuta prima ancora che alla guerra al folle modo di governare dei repubblicani, utopistico e totalmente inetto.

Fu l'Italia fascista (e molto meno il governo di Burgos) ad aiutare i catalani ridotti alla fame. Gam-

---

202   Ettore Muti a Galeazzo Ciano, 16 febbraio 1939, in Rovighi, Stefani, 1993, II bis, doc. 118, p. 466.
203   Ciano 1990, p.256.

bara chiese ed ottenne l'invio di generi alimentari dall'Italia:
Gambara chiede l'invio di viveri perchè le popolazioni sono letteralmente alla fame. Dividono il rancio dei legionari, al grido di "Viva Franco. Viva l'Italia"[204].
Il giorno seguente, il ministro degli Esteri annotò una frase di poche parole:
Inviati i rifornimenti alimentari a Barcellona[205].
In meno di ventiquattr'ore la richiesta di Gambara non solo era stata approvata da Mussolini, ma i viveri erano già inviati nella città conquistata.
Senza fretta Franco iniziò quindi a concentrare le truppe per dare il colpo di grazia alla sempre più evanescente repubblica.
Il C.T.V., sempre agli ordini di Gambara, venne rischierato nella zona di Toledo, alle dipendenze dell'*Ejercito del Centro*.
Franco attese che la repubblica si sfaldasse dall'interno, e solo il 28 marzo diede inizio all'ultima offensiva. L'avanzata fu una passeggiata senza una vera opposizione, con i repubblicani che gettavano armi e bandiere e alzavano il braccio destro nel saluto romano.
Legionari e Camicie Nere presero Arajunez ed Albacete; il 30 aprile gli italiani entrarono in Alicante accolti come trionfatori da una folla in delirio, che coprì di fiori legionari e Camicie Nere. Particolarmente calorosa fu l'accoglienza dei quindicimila combattenti repubblicani e dei rifugiati, felici dell'arrivo dei fascisti al posto dei molto più vendicativi franchisti.
Il partito della pace, guidato dal generale Casado, s'impadronì del potere, esautorando il governo del filo-comunista Negrìn con l'aiuto degli anarchici, formando una giunta che tentò trattative di pace, cercando di ottenere migliori condizioni di resa. Ma era troppo tardi.
Nella notte tra il sei ed il sette marzo, il destituito governo repubblicano fuggiasco si rifugiò nell'aeroporto di Monovar, occupato *manu militari* da Lister, e da qui, su due *Douglas DC2* e tre *Dragon Ràpide*, i primi due diretti in Francia, gli altri nel Marocco Francese, i caporioni repubblicani fuggirono rapidamente ed ingloriosamente verso l'esilio e la salvezza.
Sugli aerei, oltre all'ex presidente Negrìn ed ai membri del governo deposto, erano imbarcati Lister, Ercole Ercoli (Togliatti), Rafael Alberti, e la *Pasionaria*, Dolores Ibarruri.
La *Pasionaria* era l'inventrice della parola d'ordine dei combattenti repubblicani, il celeberrimo motto ¡No pasaran!
Erano passati.
Madrid cadde il 27 marzo, senza che fosse sparato un solo colpo di fucile, ed il 30 i nazionali entrarono a Valencia, la capitale repubblicana.
Franco potè far diramare il 1° aprile alle ore 23.15 l'ultimo, tacitiano bollettino della Gurerra Civile Spagnola:
Oggi, dopo aver catturato l'esercito rosso, le truppe nazionali hanno raggiunto i loro obbiettivi. La guerra è finita.

Generalissimo Franco.

---

[204]   Ibid., pp. 244-245, alla data del 29 gennaio 1939.
[205]   Ibid., p. 246, alla data del 30 gennaio 1939.

X
"NESSUNO CREDER CHE IN SPAGNA NOI NON VOGLIAMO NULLA"

CONCLUSIONE

La guerra era davvero finita.

Le aveva vinto la legalità, quella di fatto, se non di diritto, il principio di ordine e di moralità contrapposto a quanto simboleggiato dalla paradossale somma di tre rivoluzioni opposte ed inconciliabili tra di loro: quella socialista, la comunista e l'anarchica.

Si deve concordare con Giovanni Artieri quando ricorda come, annegata nelle sue stesse illusioni, la repubblica borghese, democratica e cattolica, non durò neppure tanto da contare qualcosa nella catastrofe che aveva essa stessa preparato[206].

Franco vinse, prosegue Artieri, perché la sua insurrezione proveniva dalle radici stesse dello spirito religioso spagnolo, della cultura spagnola, dell'anima immortale della Spagna. I nazionali partirono dalle province da dove mossero in cinque secoli, i re e gli eroi della *Reconquista*: i Ferdinando, gli Alfonso, il Cid, sino ai sovrani che strapparono ai mori il Paese. I suoi soldati venivano dalle regioni di maggiore *castiza*. I *nacionales* erano tutto ciò che in bene ed in male è più profondamente spagnolo. I loro avversari erano tutto ciò che la Spagna non era e non era mai stata, e che non volle diventare: uno schema di nuda civiltà deterministica, costituita dalla camicia di forza del sistema economico marxista, del gerarchismo sorretto dalle varie *Cekas*, dalla polizia politica e dai plotoni di esecuzione[207].

Anche Franco ebbe polizia segreta e plotoni d'esecuzione. Ma nell'ordine, e non nel caos.

Nel diario di Nenni, si legge:

Mi rammarico di non essere riuscito a sfondare le difese di Saragozza per poter fare pulizia del clero di quella città ed incendiare la grande Basilica della Madonna del Pilar.

In queste scempiaggini sta la ragione vera della sconfitta dei repubblicani e degli internazionali, morale prima che militare: il fatto che della Spagna ne capivano quanto di Marte. La mancanza di una minima conoscenza della psicologia e della storia spagnola nelle parole esemplari del socialista romagnolo è peggio che un'espressione di fanatismo, o meglio, una smargiassata, è una stupidaggine. Per gli aragonesi la *Virgen del Pilar* è il simbolo della loro religione, della loro storia, del loro orgoglio: è una Madonna guerriera, la *Capitana*; e ancor oggi cantano, come nel 1808 le truppe di Palafox e i civili assediati in Saragozza dai francesi, dai polacchi, dagli italiani del generale Verdier, le parole di Agustina Domenech, cantata da Byron nel *Childe Arold* e disegnata dal Goya, descritta da un ufficiale polacco come bellissima, mentre da sola puntava il cannone, intorno al quale era caduto suo marito con gli altri serventi, sulle colonne francesi:

La Virgen del Pilar dice
que no quiere ser francesa,
que quiere ser la Capitana
de la tropa aragonesa.
Un orgullo singular

---

206   Artieri 1995, p. 220.
207   Ibid., p. 221.

*tienen los aragoneses
un orgullo singular
porque tienen por Patrona
a la Virgen del Pilar.*
Non potevano vincere, non dovevano vincere. Non vinsero.
Il 19 maggio gli italiani sfilarono a Madrid nella parata della vittoria, mentre nel cielo le squadriglie legionarie Asso di Bastoni formavano con i propri CR32 la scritta *Viva Franco* ed il fascio littorio, e finalmente il 31 maggio i volontari italiani iniziarono ad imbarcarsi a Cadice, accompagnati dal generale Queipo de Llano e dal ministro degli esteri Serrano Suñer.
A Napoli furono passati in rivista dal re Vittorio Emanuele III, dal Segretario del P.N.F. Achille Starace, e da Galeazzo Ciano.
Il Duce non era voluto andare per fare un dispetto al sovrano.
1 GIUGNO - I legionari sono spiacenti che il Duce non li passi in rassegna. Ma egli non intende modificare la sua decisione: a Napoli non va perché c'è il re: a Roma non vuole farne venire se non una rappresentanza. Farà un ordine del giorno.[208]
Un gesto meschino che i combattenti di Spagna non meritavano, e un'occasione persa per sempre. Non sarebbero più sbarcati in Italia altri eserciti vittoriosi, ma invasori stranieri.
L'Italia non si impadronì delle Baleari, come gli inglesi e i francesi avevano temuto. Era ciò che Galeazzo Ciano, che era stato il maggior fautore dell'intervento italiano in Spagna, aveva detto:
Nessuno crederà che in Spagna noi non vogliamo nulla.
Aggiungendo, parlando con l'ambasciatore Cantalupo,
Anche questa volta gli italiani saranno molto più idealisti di quanto tutti sospettano: non caveremo nulla dalla Spagna e ci contenteremo di raggiungere i fini generali che ci siamo proposti: impedire che, bolscevizzandosi la Spagna, abbia inizio la bolscevizzazione del Mediterraneo.
Era la verità.
La guerra civile era costata cara all'Italia in termini di perdite:
Caduti: 272 ufficiali (105 dei quali della M.V.S.N.), 2.764 sottufficiali e soldati (1.357 appartenenti alla Milizia).
Feriti: 981 ufficiali (399 della M.V.S.N.), 10.205 sottufficiali e soldati (5.200 della Milizia),
Dispersi: 9 ufficiali (4 della Milizia.),
272 militari deceduti per malattia e incidenti vari[209].
A ciò vanno aggiunte le ingenti perdite di materiale che depauperarono il già scarso potenziale bellico italiano alla vigilia della seconda guerra mondiale, quantificabili in 14 miliardi di lire dell'epoca.
In Spagna combatterono complessivamente 29.000 Camicie Nere; nel corso del conflitto la M.V.S.N. meritò le seguenti decorazioni:
4 Ordini Militari di Savoia;
33 Medaglie d'Oro al Valor Militare;
426 Medaglie d'Argento al Valor Militare;
532 Medaglie di Bronzo al Valor Militare;
1.745 Croci di Guerra al Valor Militare.
Oltre a loro, nel campo avversario, erano caduti altri 547 italiani: si erano battuti molto bene a Madrid ed a Guadalajara, e a loro va il nostro rispetto, il rispetto dovuto a chi combatte e muore per le proprie idee. Ma non morirono per *la libertà e la democrazia* come ancor oggi qualcuno pretende:

---

208   Ciano 1990, p. 305, alla data del 1 giugno 1938.
209   Rovighi, Stefani 1993, II, p. 472.

morirono in massima parte in nome di ideali sbagliati, quelli del comunismo ortodosso di Stalin, di Togliatti, di Marty, tentando di imporre alla Spagna una dittatura infinitamente peggiore di quella di Franco, e chi non si adeguava, veniva allontanato, come Piacciardi o Penchienati, o eliminato; spesso agirono da polizia politica contro trotzkisti, sindacalisti ed anarchici: non sappiamo invece il numero degli anarchici italiani massacrati dai comunisti, come Camillo Berneri. E mentre combattevano e morivano in Spagna, marionette inconsapevoli, in Unione Sovietica continuava il *Grande Terrore* staliniano, le deportazioni dei gruppi etnici, il massacro dei kulaki, i processi farsa in cui Togliatti era parte attiva, e il terrore staliniano raggiunse il culmine proprio nel 1937, l'anno di Guadalajara[210]. Li ricordiamo con rispetto, ma non li rimpiangiamo.

Scrisse Ciano:
28 MARZO - […] Cade Madrid e con la capitale, tutte le altre città della Spagna rossa. La guerra è finita. È una nuova formidabile vittoria del fascismo, forse, finora, la più grande. […]
Manifestazioni a Piazza Venezia per la caduta di Madrid. Il Duce è raggiante. Indicando l'atlante geografico aperto sulla pagina della Spagna, dice: è stato aperto così per tre anni, ora basta. Ma so già che devo aprirlo in un'altra pagina". Ha in mente l'Albania[211].

---

[210] R. Mieli, *Togliatti 1937. Le responsabilità del leader del P.C.I. nel terrore staliniano*, Milano 1988; R. Conquest, *The Great Terror*, London 1968 (tr. it. Milano 1999).
[211] Ciano 1990, p. 273.

LE CC.NN. NELLA BATTAGLIA DI GUADALAJARA

Guadalajara, 8 marzo 1937. Le Camicie Nere iniziano l'offensiva sotto il maltempo.

Camicie Nere sulla Carretera de Francia, marzo 1937.

Gambara, comandante del CTV, e Bergonzoli, comandante della Divisione Littorio.

Guadalajara, carro CV 35 lanciafiamme sulla Carretera de Francia.

Guadalajara. Camicie Nere della 3ª Divisione Penne Nere sulla Carretera de Francia.

Le Camicie Nere del Raggruppamento 23 Marzo smontano dai camion a Guadalajara.

Brigatisti della XII Brigada Internacional.

Brihuega. Carri T-26 della Brigada Carros de Combate Pavlov.

Guadalajara, marzo 1937. Mitragliatrice Fiat 1914 delle Camicie Nere.

Guadalajara, marzo 1937. Camicie Nere in azione.

Guadalajara, marzo 1937. Camicie Nere all'attacco presso Trijueque.

Guadalajara, marzo 1937. Artiglieria legionaria.

Guadalajara. Le linee repubblicane sotto attacco.

Guadalajara. Internazionali con una mitragliatrice Maxim di fornitura sovietica.

Guadalajara, 18 marzo 1937. Artiglieria del CTV in ripiegamento.

Guadalajara, marzo 1937. Ingorgo di mezzi della 1ª Divisione CC.NN.

Guadalajara, 18 marzo 1937. Mezzi distrutti dall'aviazione repubblicana.

Guadalajara, marzo 1937. Camicie Nere dell'XI Gruppo Banderas sotto attacco aereo.

Guadalajara, 18 marzo 1937. Mezzi distrutti dall'aviazione repubblicana.

Guadalajara, marzo 1937. Un legionario ferito.

Guadalajara. Si soccorrono i legionari feriti.

Guadalajara. Prigionieri italiani.

La tomba di una Camicia Nera sulla Meseta, marzo 1937.

Barcellona 1939. Avenida Diagonal. Il CTV sfila davanti al Generalissimo Franco.

Il CTV sfila a Barcellona.

Autocannoni del CTV sull'Avenida Diagonal.

Un Panzer I Comando della Legione Condor sfila a Barcellona.

Il CTV rientra a Napoli.

Napoli, giugno 1939. Il CTV attende di essere passato in rassegna dal Re.

Napoli, giugno 1939. Il Re e Gambara passano in rassegna il CTV.

MAPPE

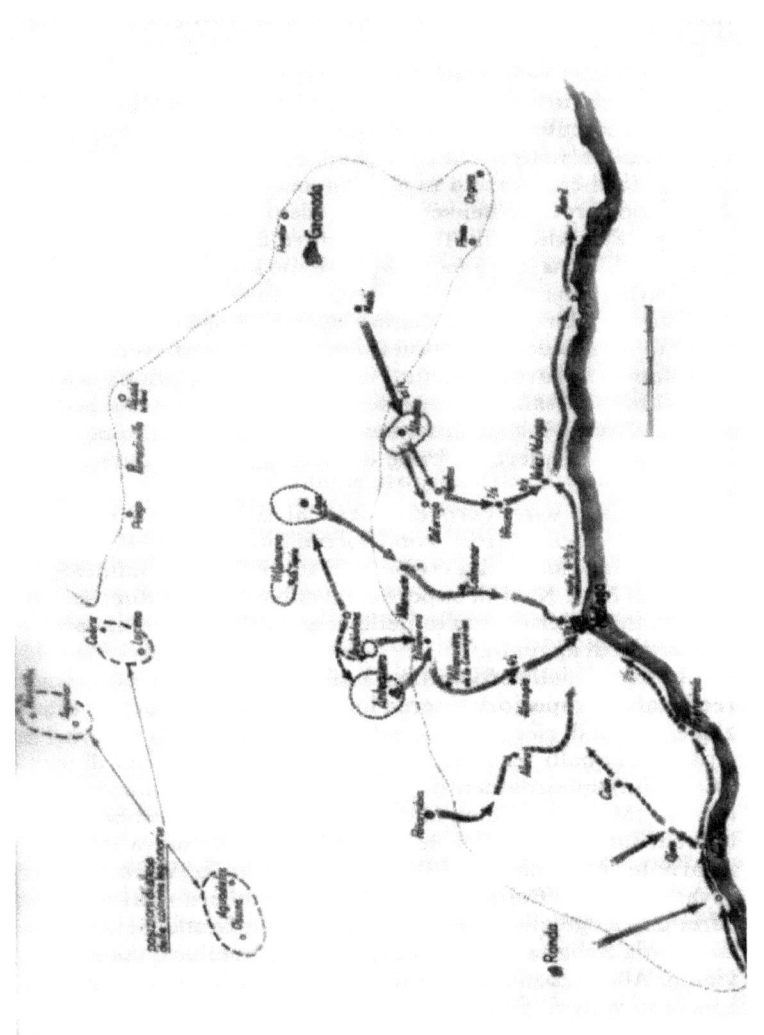

Operazioni a Malaga.

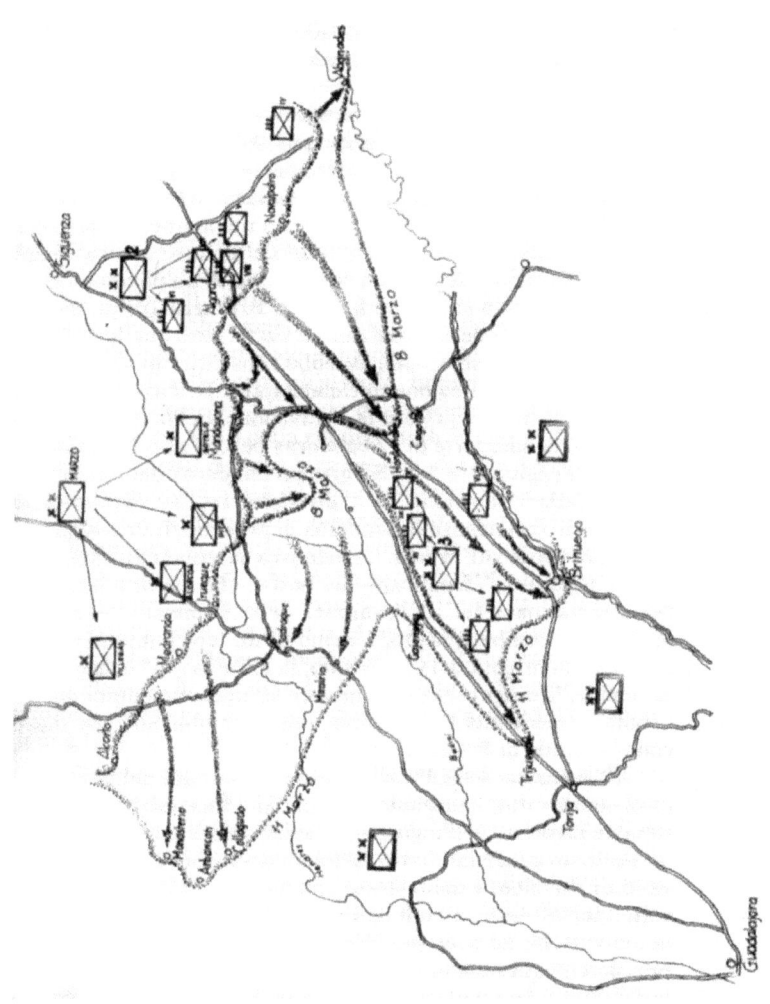

Operazioni a Guadalajara, 8-11 marzo.

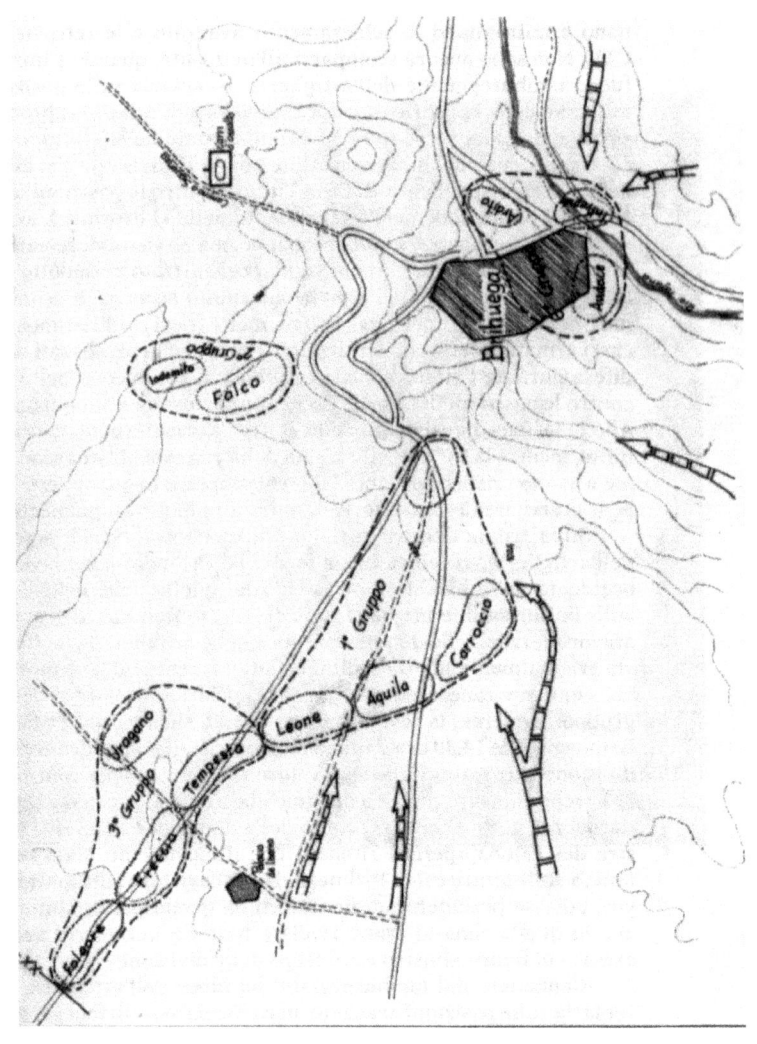

Attacco repubblicano su Brihuega, 11 marzo ore 12.00.

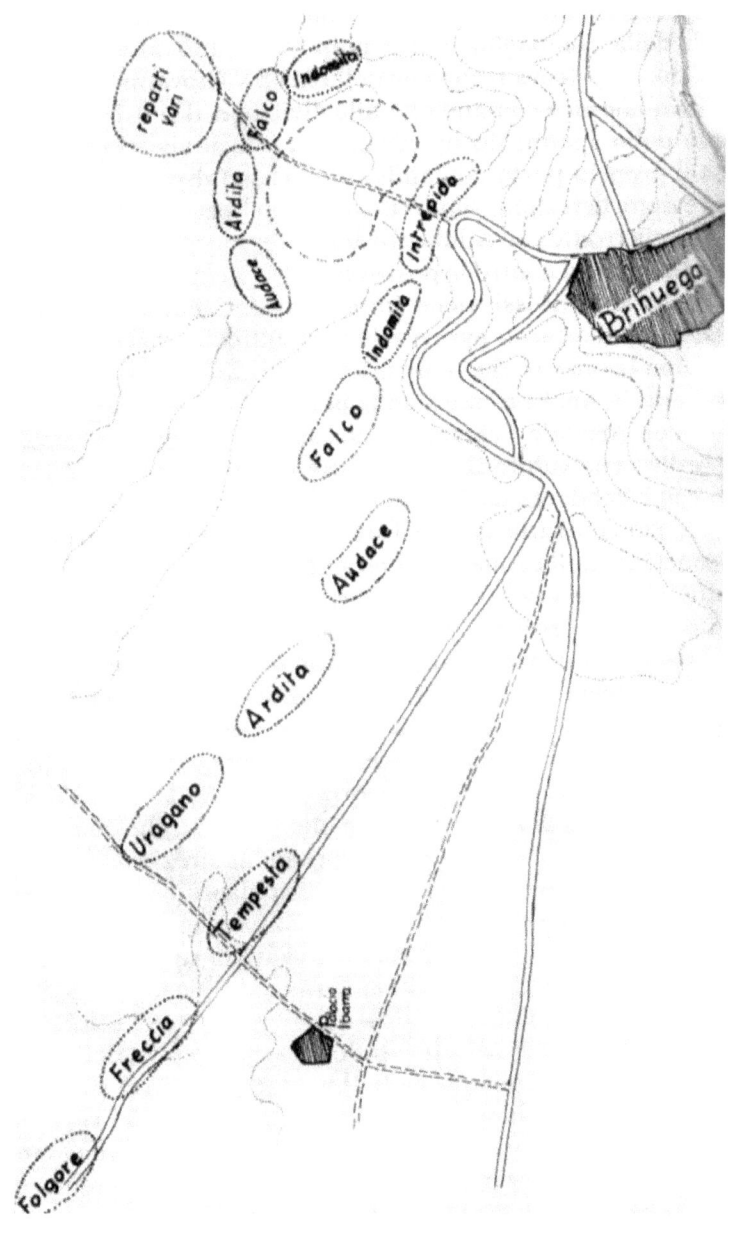

Schieramento della 1ª Divisione CC.NN. il 18 marzo alle ore 18.00 e ripiegamento notturno.

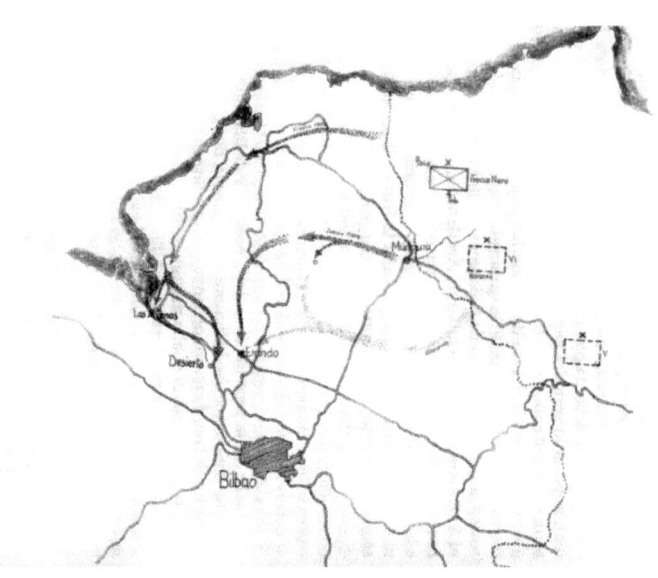

Conquista di Bilbao e di Santander.

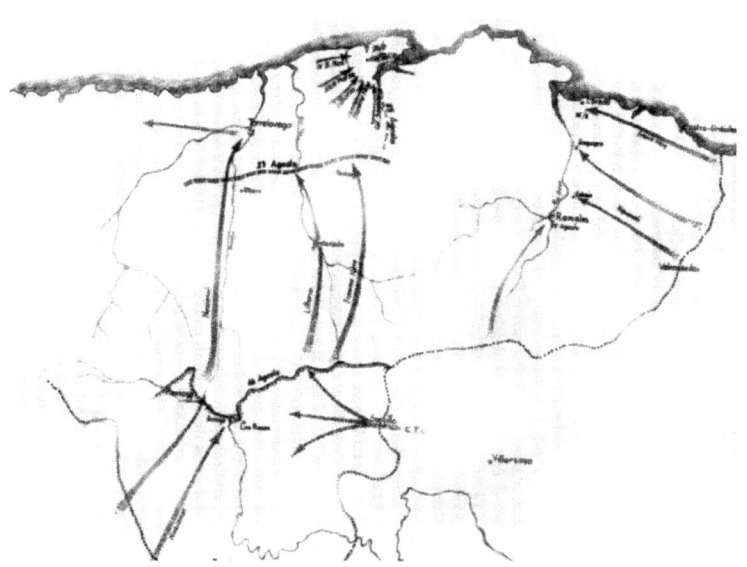

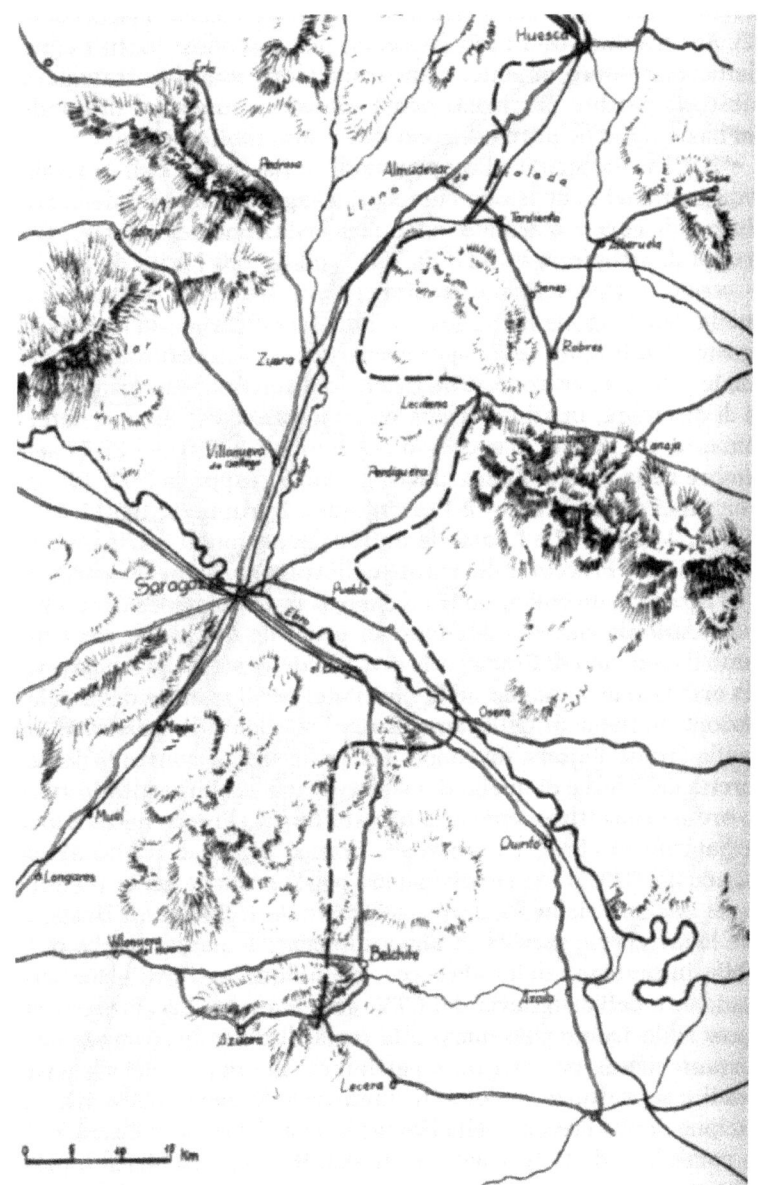

Situazione in Aragona nel settembre 1937.

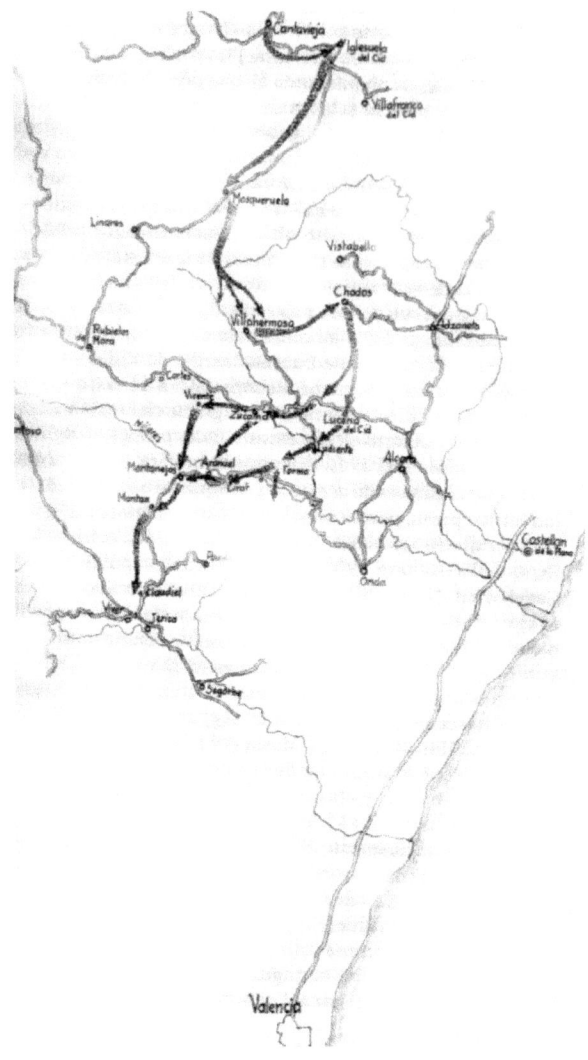

Battaglia del Levante, operazioni delle Frecce.

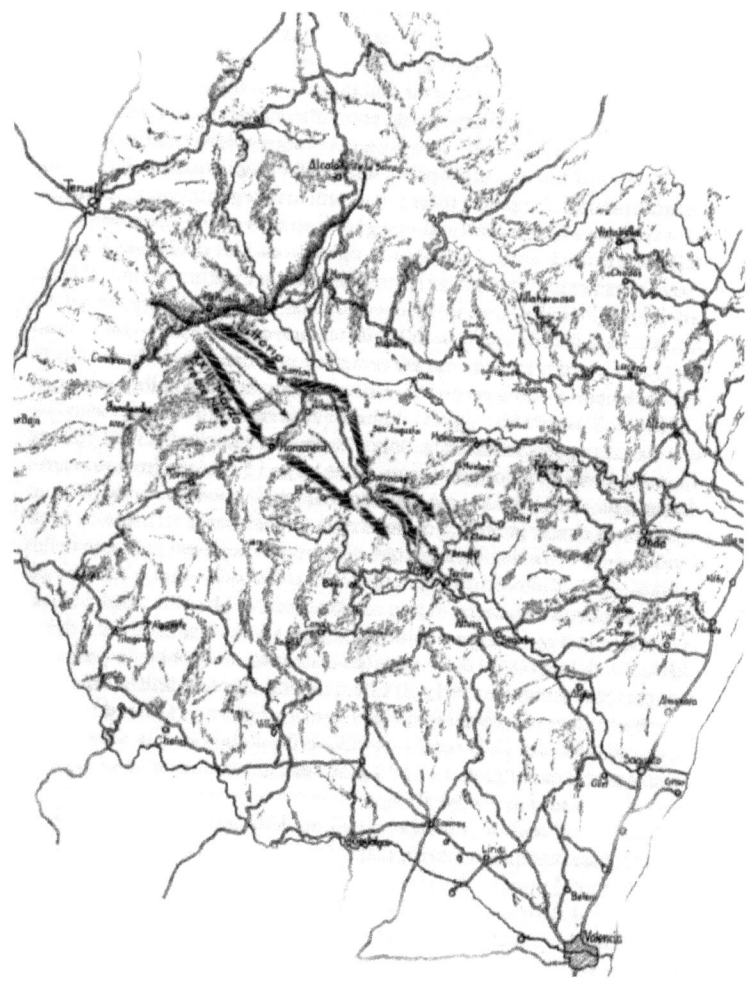

Operazioni del CTV nel settore di Manzanera e Sarrion, 1938.

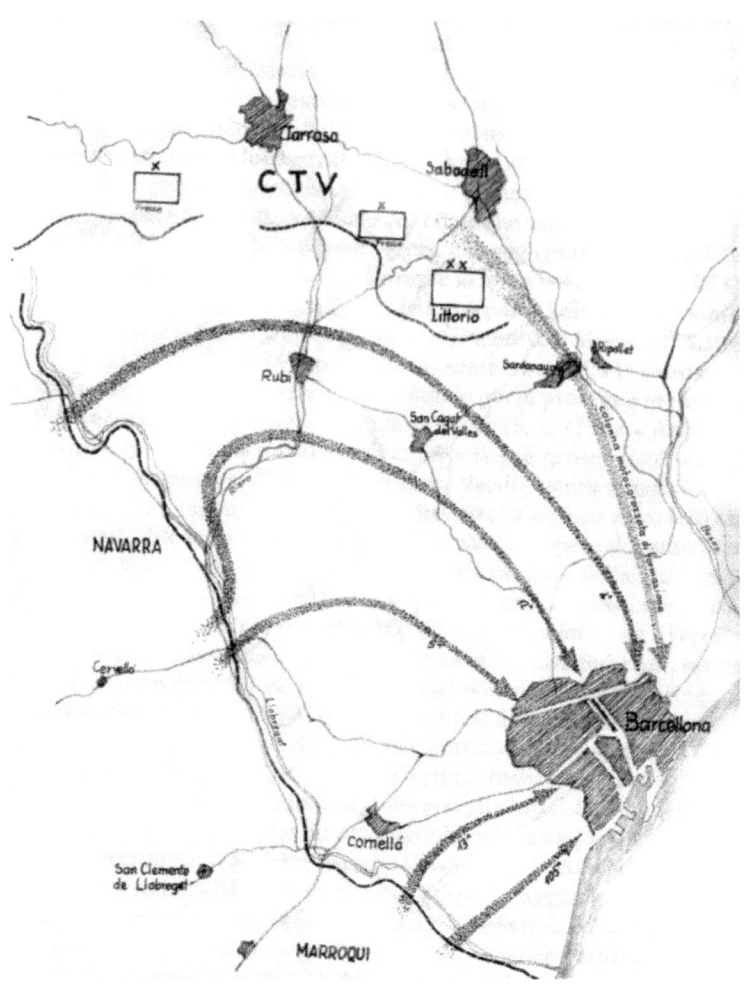

Presa di Barcellona.

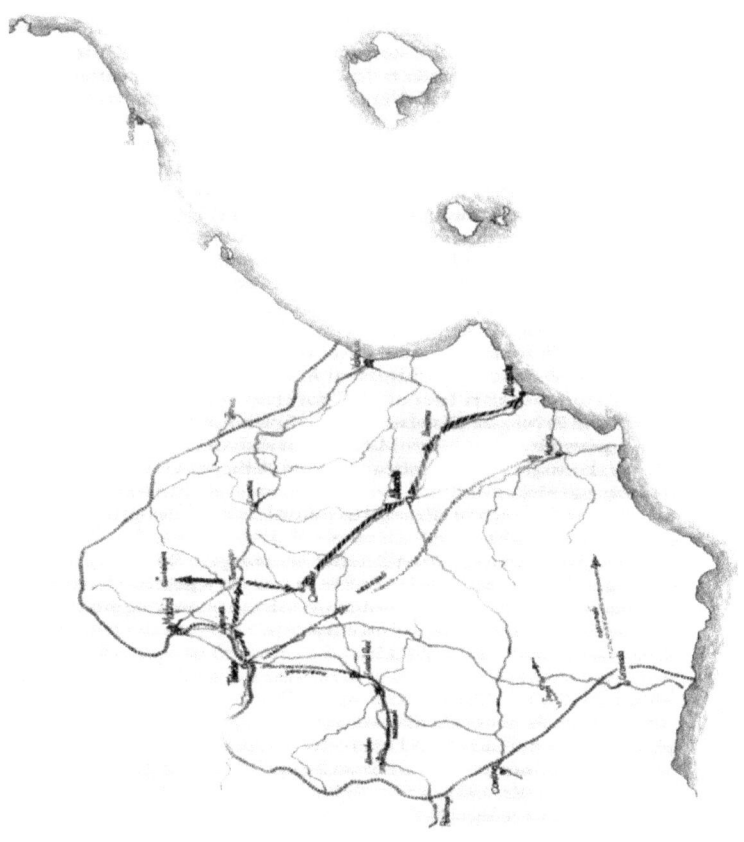

Avanzata del CTV su Alicante.

IL C.T.V. IN SPAGNA
NELLE FOTOGRAFIE DI UN LEGIONARIO[212]

"Strada di Cherta. Giorno 8 aprile poche ore prima della partenza. Un fedele componente della mia squadra ferito. Crociata antibolscevica".

"Sulla strada di Gaudesa. Crociata antibolscevica".

---

212 Fotografie dell'archivio Luca Maiorano, ricercatore, collezionista e artefice del sito www.littorio.net. Le didascalie tra virgolette sono quelle originali alle fotografie apposte dal veterano.

"Sul Guadalupa".

"Tarazona. 16/12/1937. Prov. Saragozza. Crociata antibolscevica. Ricordo di un sincero amico e compagno d'armi".

Legionari a Guadalajara.

Prigionieri repubblicani catturati a Guadalajara.

"Vitoria 12/10/1937. Crociata antibolscevica. W il Duce".

"Fronte di Bilbao. 14/6/1937. La vita è bella quando lottata. Molti nemici molto onore. Crociata antibolscevica".

"Vitoria 25/9/1937. Crociata antibolscevica. L'amico Dabusti e Pini".

"Crociata antibolscevica. Santander".

"Bilbao. Crociata antibolscevica. Ponte minato e fatto saltare dai rossi durante la ritirata".

Gli onori ai camerati caduti.

"Ternel 16/7/1938 XVI. Crociata antibolscevica. Residenza del colonnello Rej completamente distrutta dal martellamento dell'artiglieria rossa".

"Gaudesa 25/8/1938 XVI".

Pezzo Flak da 8.8 cm della Legione Condor.

Sfilata della Falange.

"Villanane, 10/7/1937. Crociata antibolscevica".

"Vitoria 24/10/1937. Crociata antibolscevica".

"Fronte Santander. W l'Italia. Crociata Antibolscevica".

"Vitoria. 19/10/1937. W il Duce.
Questa è stata pubblicata dal Giornale di Voghera".

Legionari del CTV.

Spagna 1937. Ufficiale della MVSN.

"Moncajo 28/1/1938. Crociata antibolscevica.

Il rum è buono anche a 2400 mt. Selmo Angiolini e il sergente Simoncelli".

"Nelle nevi del Moncajo. 28/1/1938. P. Aragona.

Crociata antibolscevica. Salendo per l'ultimo strappo ai 2400 mt."

"Gaudesa 8/9/1938 XVI. La popolazione liberata dalle armi dei Legionari".

APPENDICE 1

GUADALAJARA

Articolo di Benito Mussolini,

"Il Popolo d'Italia", n. 167, 17 giugno 1937 XXIV.

Mattina dell'8 marzo dell'anno XV, sull'altipiano della Vecchia Castiglia, flagellato dai venti, pietroso e nudo come il Carso della guerra mondiale. Trenta chilometri di marcia d'avvicinamento sotto il nevischio e con le uniformi adatte al clima mediterraneo di Malaga. Molte notti passate all'addiaccio. Quando i primi plotoni dei legionari scattano, il termometro segna cinque gradi sotto zero e il cielo è coperto di nubi di tempesta che impediscono alla meravigliosa- ripetiamo meravigliosa!- aviazione legionaria di innalzarsi in volo. Prima domanda. Si poteva ritardare l'azione per attendere giornate migliori? Certo, ma qualsiasi variante a piani stabiliti nel tempo e nel modo, pone delle nuove incognite, presenta difficoltà e complicazioni. Era lecito prevedere che il maltempo sarebbe durato oltre il ragionevole, quantunque nelle Sierre del centro tutt'affatto continentale della Spagna la stagione invernale sia particolarmente rigida e lunga.
Per disporre di una giornata migliore quanto tempo sarebbe stato necessario attendere?
I legionari italiani ebbero da affrontare un primo terribile nemico: gli elementi. Ciò nonostante essi travolsero nelle prime giornate tutte le difese rosse, presero d'assalto una posizione dopo l'altra, fecero letteralmente 'rotolare' reparti e battaglioni di miliziani, l'avanzata raggiunse in profondità ben quaranta chilometri dal punto di partenza: le avanguardie si attestarono nei dintorni di Guadalajara. Tutto ciò accadde con rapidità fulminea, marciando nel fango, sotto il nevischio, senza appoggio sistematico di artiglieria e di carri armati.
Il Comando franco-russo di Madrid comprese il pericolo mortale costituito dalla perdita di Guadalajara. Qualora i legionari si fossero impadroniti di questa piccola, ma strategicamente importantissima città, Madrid avrebbe dovuto capitolare.
La calma regnava in quei giorni su tutti i fronti spagnoli e specialmente su quello di sud-est di Madrid dove l'offensiva nazionale aveva ottenuto successi di semplice natura tattica. I legionari non potevano e non dovevano che contare su se stessi. Il comando franco- russo poté quindi ammassare le brigate internazionali con una forza valutata tra i quindici e i ventimila uomini bene comandati, potentemente armati e lanciarle al contrattacco. La battaglia ebbe allora momenti durissimi. Alcune posizioni passarono più volte dai rossi ai legionari e viceversa. Un battaglione di Camicie Nere che aveva perduto i collegamenti, vide cadere quasi tutti i suoi ufficiali. Ci furono le oscillazioni, le mischia, il disordine furioso e inevitabile che in tutte le battaglie accompagna gli attacchi e i contrattacchi all'arma bianca. Nel bosco della Villa Ibarra si lottò coi pugnali; gli episodi di eroismo ai quali assistettero osservatori stranieri furono moltissimi e splendidi. Il carattere assolutamente offensivo che i comandi avevano impresso all'azione, aveva provocato sulle immediate retrovie l'intasamento degli autocarri carichi di Camicie Nere che avrebbero dovuto sostituire la Prima Divisione impegnata ormai da una settimana.
Ma l'operazione del così detto "scavalcamento" delle divisioni, che sembrava abbastanza facile

sulla carta, non lo è altrettanto nell'inferno della battaglia. Così accadde che le colonne ferme sulle "carretere", o meglio sull'unica "carretera", cioè sulla strada rotabile esistente, fossero facile bersaglio di ondate successive dell'aviazione da bombardamento e da caccia bolscevica, che utilizzava, fino alla notte, i vicinissimi campi di Madrid, mentre quelli di nazionali erano molto più lontani, e, ciò che è più grave, essendo campi di fortuna, impraticabili.

Fin qui il Comando non aveva commesso errori, se non di circostanza; ma ad un certo punto diede ordine alle truppe di retrocedere e questo fu un errore, un grande errore. Lo stesso Comando lo ammise pochi giorni dopo, effettuato un più calmo esame della situazione: i legionari italiani si erano battuti da leoni, ma non erano stati battuti. Ragioni obbiettive per ripiegare non ce n'erano. Si trattava di superare un momento di crisi di natura morale e che riguardava i comandi. Le truppe si consideravano vittoriose. Inoltre vi erano migliaia di uomini di riserva che non erano stati minimamente impegnati. I legionari di un generale che ha dato prove di coraggio fino alla temerarietà, il generale che i suoi legionari hanno battezzato "barba elettrica", erano impazienti di muoversi e di lanciarsi, ma dovettero obbedire al movimento generale di ripiegamento. Dei quaranta chilometri dell'avanzamento, venti rimasero tuttavia in possesso dei nazionali.

Ottenuto lo scopo di allontanare l'immediata minaccia su Madrid, i rossi non osarono prudentemente spingersi al di là. Essi avevano perduto oltre cinquemila uomini. La battaglia dei dieci giorni si esauriva così il 18 marzo e su quel tratto di fronte da allora regna la stasi della guerra di posizione.

I morti legionari non erano stati ancora sepolti, i convogli dei feriti erano ancora in viaggio verso gli ospedali, quando la stampa antifascista internazionale scatenò la sua vituperevole campagna di invenzioni e di calunnie. In questa impresa brigantesca si distinse tutta la stampa inglese senza eccezioni di sorta, e tutta la stampa francese di sinistra. Lo scacco di un battaglione diventò una disfatta. Un ripiegamento imposto da un Comando e che si svolse in ordine quasi perfetto, fu bollato come una catastrofe, furono nell'inchiostro "suicidati" generali che sono vivissimi, si trassero da un episodio generalizzazioni offensive per tutto l'Esercito italiano, dimenticando quel che esso aveva dato di contributo risolutivo alla vittoria degli alleati nella guerra mondiale; le jene in sembiante umano si gettarono sul sangue purissimo della migliore gioventù italiana come se fosse whisky e perdettero ogni residuo di pudore, come fanno le canaglie ed i vigliacchi quando la paura è passata. Noi abbiamo raccolto con diligenza tutte queste pubblicazioni perché un giorno ci serviranno..

Oggi dopo tre mesi si leggono diverse valutazioni e giudizi più equanimi. Si parla tutt'al più di un "insuccesso", che non poteva avere e non ha avuto conseguenze di carattere militare, un "insuccesso" che la speculazione antifascista è riuscita a gonfiare per un momento, onde rialzare il morale depresso delle masnade bolsceviche sul fronte spagnolo e sul fronte della terza internazionale. Più che di un insuccesso si deve parlare di una vittoria italiana, che gli eventi non permisero di sfruttare a fondo.

Ma ben al di sopra di questi, forse tardivi per quanto obbiettivi riconoscimenti stranieri, sta l'azione dei vivi, dei legionari che successivamente sul fronte di Biscaglia hanno compito azioni degne di storia. Anche per Bermeo la turpe canea della stampa antifascista abbozzò un tentativo di speculazione, ma i fatti lo stroncarono immediatamente con scorno e vergogna di coloro che lo avevano osato.

Ora, ben più alto e solenne parlano i morti. Uomini di tutti i paesi non insensibili alla bellezza di chi muore per un ideale, ascoltate questa sacra testimonianza come l'ascoltiamo noi, in riverente silenzio!

Nella battaglia del marzo i Caduti fascisti furono centinaia e centinaia e ben duemila i feriti. Il Fascismo, che ha abituato gli italiani a vivere una vita di ardimento e di verità, non ha taciuto le perdita, ma ha pubblicato i nomi, additandoli alla riconoscenza della Nazione e alla esaltazione vendicatrice delle Camicie Nere.

Dove, quando, come non è oggi possibile dirlo. Ma una cosa è certa, come un dogma di fede, della nostra fede: anche i morti di Guadalajara saranno vendicati.

APPENDICE 2

MOTIVAZIONI DELLE MEDAGLIE D'ORO AL VALOR MILITARE

CONFERITE AD APPARTENENTI

ALLA MILIZIA VOLONTARIA SICUREZZA NAZIONALE

DURANTE LA GUERRA CIVILE SPAGNOLA

BARONI TULLIO

Capomanipolo 3° Divisione «Penne Nere», 840ª Bandera «Carso»

Alla memoria

Tempra eccezionale di fascista e di soldato, in due giorni di aspri combattimenti fu sempre primo nelle imprese più ardite e più rischiose. Durante un attacco, visto minacciato il fianco del suo battaglione, si poneva volontariamente alla testa di pochi audaci, coi quali sorprendeva e catturava due centri di mitragliatrici avversarie. Risolta così la situazione da quel lato, accorreva a partecipare all'attacco del battaglione, trascinando con l'esempio i suoi uomini all'assalto, ed irrompendo nelle trincee nemiche, dove, in piedi, nell'atto di lanciare l'ultima bomba, cadeva colpito in fronte. Esempio luminoso di cosciente ardimento e di supremo sprezzo del pericolo.

Strada di Francia, 11 marzo 1937.

LIUZZI ALBERTO

Console Generale XI Gruppo «Banderas»

Alla memoria

Comandante di una colonna avvolgente attraverso un bosco, riusciva a snidare il nemico fortemente trincerato, mediante due successivi corpo a corpo che conduceva alla testa delle proprie truppe. Durante un mitragliamento e spezzonamento aereo nemico, il terzo in breve ora, sdegnava ogni riparo e si recava in mezzo alle sue truppe che, contemporaneamente soggette a vigoroso attacco terrestre, subivano forti perdite. Nel generoso atto, che era valso a rianimare e rinsaldare la resistenza dei suoi, cadeva colpito a morte, dando esempio di fulgido valore e di magnifiche qualità di comandante.

Zona di Trijueque, 11 -12 marzo 1937.

MOSCA LUIGI

Capomanipolo 3ª Divisione «Penne Nere», XI Gruppo

Ufficiale addetto ai rifornimenti del battaglione, avendo appreso che esso trovavasi in situazione critica, si metteva di iniziativa, alla testa di un nucleo di porta feriti e di legionari addetti ai servizi e lì dirigeva, sotto intenso fuoco, a rincalzo del battaglione. Ferito da mitragliatrice ed impossibilitato a camminare, rifiutava ogni soccorso e, fattosi issare sulle spalle di un legionario, continuava a guidare avanti i suoi uomini. Nuovamente colpito da granata, che gli asportava una gamba, incitava i superstiti a raggiungere la linea e manteneva un contegno magnifico, rammaricandosi soltanto di non poter oltre combattere.

Trijueque, 12 marzo 1937.

GIULIANI LUIGI

Centurione Bandera «Falco» 535° Battaglione Speciale

Alla memoria

Comandante di compagnia, già distintosi in un'altra battaglia per singolare coraggio e felice iniziativa, avendo chiesto ed ottenuto, pur essendo in menomate condizioni fisiche perché in stato febbricitante, di partecipare ad una rischiosa impresa, destinata a liberare un reparto circondato dall'avversario, si lanciava con pochi uomini contro il nemico, riuscendo a creare un varco nello schieramento dello stesso, attraverso il quale si iniziò il salvataggio degli assediati. Accortosi, nel frattempo, che l'avversario partiva al contrattacco per richiudere il varco, si lanciava al controassalto alla testa dei pochi altri e, venuto al corpo a corpo, immolava eroicamente la sua vita, permettendo col suo sacrificio il completo raggiungimento dello scopo dell'azione.

 Puerto de Leon - Palacio Ibarra, 7 febbraio-14 marzo 1937.

LINGIARDI ALESSANDRO

Camicia Nera 4ª Compagnia Mitraglieri 535ª Bandera «Indomito»

Alla memoria

Ufficiale, arruolatosi nel corpo volontari come semplice camicia nera, durante la difesa di una posizione violentemente attaccata dall'avversario, rimasto superstite con pochi altri asserragliati in una casa, ne assumeva il comando e, incoraggiando i compagni a resistere, rifiutava ogni invito alla resa da parte del nemico. Rimasto ucciso il tiratore del fucile mitragliatore, ancora efficiente, usava egli stesso l'arma, finché una raffica di mitragliatrice lo fulminava al suo posto di combattimento e di gloria.

(O.M.S.) Palacio Ybarra, 14 marzo 1937.

MINA MARIO

Capomanipolo Bandera «Falco»

Alla memoria

Comandante di plotone, già distintosi in precedente battaglia per particolare ardimento e capacità, si offriva volontario per partecipare ad una rischiosa azione per liberare un reparto circondato dal nemico. Con pochissimi uomini, con slancio magnifico, al canto degli inni della Patria, si gettava sull'avversario, che, benché superiore in forze, cedeva, aprendo un varco attraverso il quale si iniziò la evacuazione degli assediati. Delineatosi un contrattacco avversario, partì al contrassalto, sbaragliando ancora una volta il nemico e frustandone il tentativo di chiudere il varco. Mentre gli ultimi camerati liberati sfilavano per esso, ed egli, faccia al nemico, ne proteggeva il passo, cadeva fulminato da una raffica di mitragliatrici.

Puerto de Leon - Palacio Ibarra, 7 febbraio -14 marzo 1937.

TEMPINI LUIGI

Capomanipolo 524° Battaglione «Carroccio»

Alla memoria

Volontario della guerra di Spagna e già volontario in quella per la conquista dell'impero, dimostrò in azione elette qualità morali, assoluta dedizione al dovere, ardente fede fascista nei moventi ideali della lotta. Nei numerosi combattimenti cui prese parte, si distinse per perizia militare e sereno sprezzo del pericolo. Durante la battaglia di Guadalajara, sottoposto col suo reparto a violenti attacchi dell'avversario e minacciato di accerchiamento, reagiva con indomita fierezza trascinando più volte il suo plotone ad epici contrattacchi. Colpito a morte, rivolgeva il suo ultimo pensiero al Duce ed alla Patria.

Brihuega, 14- 18 marzo 1937.

NUZZO ANTONIO

Camicia Nera 530ª Bandera «Inesorabile», 152ª Legione

Alla memoria

Fisicamente minorato e proposto per la smobilitazione, di suo pugno sul foglio di proposta medica, scriveva: «Piuttosto morire in combattimento che essere smobilitato» e volle partecipare all'azione. Sempre in testa al plotone, era di incitamento ai compagni, dando esempio di coraggio e sprezzo del pericolo. All'assalto della trincea cadde eroicamente.

Raspanera, 14 agosto 1937.

VALENTINI GIOVANNI

Capomanipolo 735ª Bandera

Alla memoria

Comandante audace di un plotone di arditi, ufficiale di sperimentato valore, già ferito in precedenti azioni di guerra, rinunciava al rimpatrio e all'estrema consolazione di riabbracciare la madre morente, per condurre a rischiosissima impresa gli arditi del suo plotone e del battaglione « Invincibile », che egli aveva preparato a tutto osare con esemplare virtù trascinatrice. Sotto violento fuoco nemico lanciandosi, primo, alla conquista di forte posizione avversaria, si apriva un varco nell'intrico dei reticolati coi tubi di gelatina, di sua mano posti e fatti brillare. Alla testa dei suoi arditi, irrompeva poi sul trinceramento conteso affrontando il nemico con il pugnale e le bombe a mano e nella lotta aspra e sanguinosa, dava mirabile prova di valore e di eccezionale ardimento. Colpito a morte, rifiutava ogni soccorso e seguitava ad incitare i suoi uomini, elevando l'ultimo grido di fede e di vittoria: " Avanti! Non curatevi di me! Proseguite. A chi non obbedisce lancio una bomba. Viva l'Italia! Viva il Duce! ".

Monte Picones, 14 agosto 1937.

VIDUSSONI ALDO

Sottocapomanipolo 738ª Bandera « Disperata »

Comandante di un plotone fucilieri, sapeva infondere nei suoi uomini il suo ardore e il suo slancio giovanile e si offriva sempre volontario nelle azioni più rischiose e difficili. Nell'attacco di una munita posizione nemica giungeva primo sull'obbiettivo dove resisteva bravamente al contrattacco di rilevanti forze avversarie, subito accorse. Ferito una prima volta, rifiutava ogni soccorso, incitando i suoi militi alla difesa nel sacro nome della Patria e del Duce. Nuovamente e gravemente ferito agli occhi, perduta una mano per lo scoppio di una bomba lanciatagli a bruciapelo, insisteva nei suoi propositi di resistenza ad oltranza, trovando ancora l'energia di intonare l'inno « Giovinezza ». Esempio altissimo di eroismo e di rarissime virtù militari.

Venta Nueva, 15 agosto 1937.

BELLOCCHIO GIOVANNI

1° Caposquadra Misto Fanteria Legionaria 2° Reggimento

Alla memoria

Vicecomandante di plotone arditi in seguito a morte dell'ufficiale, assumeva, sebbene egli stesso ferito ad una gamba, il comando del plotone incitando i suoi uomini a vendicare il comandante e guidandoli all'attacco. Colpito a morte a pochi passi dall'obiettivo, ricusava ogni soccorso incitando i dipendenti ad ultimare l'azione e pregandoli di salutare gli ufficiali del battaglione. Spirava serenamente volto alla ormai conquistata trincea.

Paridera de Arriba, 24 settembre 1937.

FLORIS ANTONIO

Camicia Nera 7° Reggimento «Fiamme Nere»

Alla memoria

Porta ordini di un Comando di reggimento, volontariamente si univa ad una pattuglia esplorante una zona insidiosa. Scoperta una posizione di mitragliatrice e intuita la minaccia per un reparto di avanguardia, alla testa di pochi audaci, l'assaltava con lancio di bombe, costringeva alla resa i difensori e catturava l'arma. Sempre volontariamente partecipava ad un ardito colpo di mano per la conquista di importante quota, distinguendosi per sprezzo del pericolo, astuzia e audacia. Ferito, occultava le sue sofferenze per poter dare il suo contributo alle future battaglie. Unitosi in seguito, ad un plotone di arditi impegnato per il possesso di altra importante quota, tenacemente difesa dal nemico, avvistata una mitragliatrice che col suo fuoco impediva l'avanzata del reparto, l'assaltava decisamente riuscendo a farla tacere. Nel gesto eroico di rincorrere i difensori in fuga, nell'atto di lanciare l'ultima bomba, veniva mortalmente colpito. Cadeva incitando i camerati, che volevano soccorrerlo, ad andare avanti, sempre avanti, e persistere nella lotta e vincere. Spirava col nome della Patria e del Duce sulle labbra. Esempio fulgido di eroismo.

Andorra, 13 marzo - Castelsera, 16 - 17 marzo - Quadrivio di Mirablanca, 24 marzo - Quota 483 Mezaleon, 30 marzo 1938.

STRENGACCI PIETRO

Caposquadra 4° Reggimento CC.NN.

Alla memoria

Legionario di pura fede fascista, in dieci mesi di guerra, ha fatto generosa dedizione di ogni sua energia. Già distintosi per ardimento e sprezzo del pericolo a Malaga, a Guadalajara, ove rimase ferito ad un braccio, ed a Bilbao nel luglio 1937 rinunzia al rimpatrio, cui era stato proposto in seguito a gravi ferite riportate in servizio per incidente automobilistico che gli procurarono una minorazione permanentemente alla gamba destra. Ancora zoppicante lascia volontariamente l'ospedale ed ottiene di partecipare all'azione di Santander. Nella battaglia dell'Ebro, pur potendo rimanere in zona arretrata, insiste per prendervi parte attiva e in due giorni di combattimento, 18 e 20 marzo, compie atti di eccezionale valore. Il 18 marzo salva un aviatore atterrato con l'aereo in avaria oltre le nostre linee, malgrado le fiamme cui l'apparecchio è preda e le raffiche delle mitragliatrici nemiche tendenti ad impedire il gesto generoso. Il 20 marzo, volontario in una pattuglia ardita, si slancia per il primo contro una mitragliatrice nemica. Colpito alla fronte, lancia, prima di morire, il suo grido di dedizione alla Patria adorata e al Duce, suggellando col suo sangue la sua fede nel motto fascista: «Credere - obbedire - combattere».

Terra di Spagna, febbraio 1937-marzo 1938.

FOWST ANTONIO

Centurione 1° Reggimento «Frecce Nere»

Alla memoria

Combattente della grande guerra, ferito e decorato al valore, accorreva volontario in terra di Spagna per il trionfo degli ideali fascisti. In ogni contingenza ardito e capace, fu esempio ai propri dipendenti per attaccamento al dovere e sprezzo del pericolo. Comandante di una compagnia fucilieri, per sventare un contrattacco nemico delineatosi in forze, non esitava a portarsi alla testa del plotone di rincalzo e con esso si slanciava arditamente contro il nemico riuscendo a metterlo in fuga. Nell'atto ardimentoso, colpito da raffiche di mitragliatrici, incontrava morte eroica concludendo così come l'aveva vissuta tutta una vita dedita alla Patria e al Fascismo.

Settore di Valjunquera, 26 marzo 1938.

PERTOLDEO ALESSANDRO

Centurione 5° Reggimento CC.NN.

Alla memoria

Ufficiale di grande fede, di eccezionale sentimento del dovere, già distintosi in precedenti combattimenti. Comandante di compagnia in un aspro combattimento per la conquista di importanti posizioni fortemente organizzate e tenacemente difese, guidava con esemplare, costante ardimento i suoi uomini all'assalto e alla vittoria. Ferito una prima volta ad una gamba non volle recarsi al posto di medicazione fasciandosi da sé la ferita. Nuovamente ferito ad una spalla, al comandante di battaglione che gli ordinava di cedere il comando del reparto per raggiungere il posto di medicazione rispondeva: «Non ho ancora compiuto tutto il mio dovere». Conquistata poi, di slancio, l'ultima importante posizione nemica, mentre schierava le armi automatiche e per una di esse indicava, in piedi, l'obiettivo da battere, una raffica di mitragliatrice lo colpiva mortalmente. Pur conscio della fine imminente, si preoccupava di sapere l'esito dell'azione e teneva stoico contegno rivolgendo il suo ultimo saluto alla Patria e al Duce.

Battaglia dell'Ebro: Mazaleon - Gandesa, 30 marzo -1° aprile 1938.

BOSSONETTO ANTONIO

Capomanipolo Medico 2° Reggimento Fanteria «Frecce Azzurre»

Alla memoria

Capomanipolo dirigente il servizio sanitario di un reggimento di fanteria, già decorato di due medaglie d'argento al valor militare, animato e sorretto dalla fede più calda e da entusiastico ardore combattivo, abbinava, sulle primissime linee del campo di battaglia, l'azione del medico con quella del combattente destando in tutti ammirazione e rispetto per la sua figura leggendaria e mistica. In un aspro sanguinoso combattimento, visti passare dal posto di medicazione molti ufficiali feriti, si portava in primissima linea con i fanti dove riteneva di poter svolgere anche opera di combattente. Coinvolto in un contrattacco nemico ed in una lotta a corpo a corpo, si pose alla testa di due plotoni rimasti privi di ufficiali, animò e trascinò con l'esempio del suo ardore i soldati fino a ricacciare il nemico e raggiungeva la posizione stabilita. Ferito al petto da una raffica di mitragliatrice e rimasto privo di parola, faceva segno con la mano ai soldati che lo reggevano di non occuparsi di lui e indicava il trincerone da raggiungere, che costituiva il loro obbiettivo.

Strada Pauls - Cherta - Tortosa, 16 aprile 1938.

LORENZONI GIUSEPPE PAOLO

Capomanipolo 2ª Compagnia, Battaglione «Carroccio», 3° Reggimento Fanteria Legionaria

Alla memoria

Trentino, volontario della grande guerra, legionario fiumano, di fede adamantina e di elevato sentire, sebbene non più giovane d'anni ed in condizioni di salute non buone, chiese insistentemente ed ottenne di partecipare alla lotta contro il comunismo in terra di Spagna. Comandante di plotone apprezzato per le sue doti morali, intellettuali e tecnico professionali, rinunziò sempre ad incarichi che potevano allontanarlo dal combattimento. Partecipò a tutte le azioni, sempre alla testa del proprio reparto, destando ammirazione per il sereno contegno soprattutto sotto l'infuriare del fuoco nemico. Mentre alla testa dei suoi uomini, assaltava a colpi di bombe a mano una importante posizione battuta dalle mitragliatrici e dalle artiglierie avversarie, incitando i suoi uomini alla lotta, cadeva colpito al cuore.

Gandesa - Tortosa - Quota 138,8, aprile 1938.

MOLES GIUSEPPE

Camicia Nera 3° Reggimento Fanteria, Divisione «Frecce Nere»

Alla memoria

Si distingueva in tutte le azioni per ardimento e sprezzo del pericolo. Raggiunta con un manipolo di arditi, una importante posizione nemica, sotto violento fuoco di mitragliatrici, penetrava tra le file avversarie e, con lancio di bombe a mano, ne provocava lo scompiglio. Nell'alterna vicenda dell'azione visto cadere un porta fucile mitragliatore, si impadroniva dell'arma e furiosamente la adoperava contro il nemico che lo aveva circondato. Sebbene fatto oggetto a lancio di bombe a mano ed a violenti raffiche di mitragliatrice, non indietreggiava e continuava impavido a sparare sino a quando cadeva fulminato da numerosi colpi, stringendo rabbiosamente l'arma, anch'essa colpita e resa inservibile da proiettili esplosivi.

Gandesa - Tortosa, quota 138,8, aprile 1938.

BRONZI SERGIO
Capomanipolo Divisione «23 Marzo» 734° Battaglione, 7° Reggimento Fanteria
Alla memoria.
Giovane ufficiale di purissima fede, all'attacco di quote saldamente presidiate dal nemico, primo fra tutti scattava all'assalto, trascinando nel generoso slancio i propri uomini, malgrado la violenta reazione dell'avversario. Sprezzante del pericolo, insisteva nell'eroico sforzo, e si slanciava nuovamente in avanti, sul terreno completamente scoperto, brandendo una bomba in atto di sfida al nemico. Mortalmente ferito e stremato di forze, trovava nobilissime parole per esprimere la sua intima gioia di chiudere la sua esistenza nel compimento del sacro dovere. Fiero ed ardito combattente della nuova generazione, sempre ed ovunque primo fra i primi, chiudeva la sua eroica esistenza confermando in sé le più alte virtù della razza.
Masia de Las Fuentes, 13 luglio 1938.

MUTI ETTORE[213]

Maggiore di cpl. Pilota

Ufficiale superiore pilota, volontario fra i primi in una missione di guerra combattuta per l'affermazione dei più alti ideali fascisti, si distingueva per eccezionale attività bellica svolta con ammirevole fervore e con dedizione assoluta. Già distintosi precedentemente per valore e coraggio e sempre pronto ad ogni più rischiosa missione, eseguiva nel periodo di un anno oltre 160 azioni di bombardamento colpendo efficacemente il nemico nei più lontani e vitali obiettivi. Più volte attaccato dai caccia avversari, durante l'espletamento della sua ardimentosa attività di bombardiere, impegnava, per tredici volte aspro combattimento in condizioni di assoluta inferiorità, riuscendo sempre a respingere gli attacchi e conducendone due vittoriosamente con l'abbattimento in fiamme di due apparecchi avversari.

Cielo di Spagna, aprile 1937-aprile 1938.

LENCI CARLO

Centurione 4° Reggimento

Alla memoria

Comandante di una compagnia avanzata, lanciata alla rottura di un fronte potentemente armato ed organizzato, con sereno sprezzo del pericolo, alla testa delle sue camicie nere, superava e travol-

---

213 Sebbene la MOVM di Muti sia stata conferita in quanto ufficiale pilota, inseriamo la motivazione perché Muti era Luogotenente Generale della MVSN.

geva le prime resistenze nemiche. Trovatosi improvvisamente di fronte ad un centro di fuoco, fino allora non individuato, audacemente vi si slanciava contro. Gravemente ferito nell'eroico tentativo, sprezzante delle ferite riportate, continuava a lanciare bombe a mano verso il nemico. Ferito anche al braccio destro non scemava il suo ardore combattivo e servendosi dell'altro braccio gettava ancora delle bombe, finché veniva nuovamente e mortalmente ferito. Ad un legionario che gli era vicino, affidava il suo saluto e l'incoraggiamento al reparto e spirava con il nome del Duce e dell'Italia sulle labbra. Quota 1294 - La Muela, 13 luglio 1938.

CANTONETTI ALESSANDRO

Camicia Nera Scelta 3° Reggimento Fanteria «Littorio», 751° Battaglione d'assalto «Temerario»

Alla memoria

Capo di una pattuglia in servizio di esplorazione svolgeva brillantemente il compito affidatogli assumendo importanti notizie sul nemico. Di ritorno, scontratosi con una pattuglia avversaria di forze superiori, benché mortalmente colpito, continuava nella sua azione di comando, riuscendo a metterla in fuga. Non curando la propria salvezza, ordinava ai propri dipendenti di preoccuparsi di far giungere al più presto al Comandante la compagnia le notizie raccolte. Conscio della gravità delle sue ferite, esprimeva parole di fede, solo rammaricandosi di non poter continuare l'azione.

Pina, 17 luglio 1938.

GIOVE' LUIGI

Centurione 2° Reggimento Fanteria «Frecce Azzurre»

Alla memoria

Comandante di compagnia fucilieri di rincalzo, durante l'attacco a munitissima posizione nemica, con grande valore e brillante spirito di iniziativa, cooperava alla conquista di un caposaldo. Assuntone il comando, combatteva da prode alla testa dei suoi uomini per ricacciare forti contrattacchi del nemico. Caduti tutti i subalterni, con le armi automatiche poste fuori uso dal violento fuoco di artiglieria nemica, di fronte a nuovo potente contrattacco, disponeva con grande calma per il ripiegamento dei suoi reparti su posizione arretrata e ne curava, con stoica serenità, l'esecuzione. Sotto l'incalzare del fuoco e delle baionette nemiche, con eroico contegno, rimaneva ultimo sulla posizione e disdegnando le proposte di resa rivolte gli dal nemico, faceva fronte a colpi di bombe a mano e col fuoco della propria pistola all'orda irrompente, fino a quando cadeva gravemente ferito sulla posizione, scomparendo nel turbine della battaglia. Cerro Cruz, 20 luglio 1938.

PAOLETTI VEZIO

Seniore Raggruppamento Artiglieria Piccoli Calibri

Comandante di un gruppo da 65/17 in accompagnamento immediato, gravemente ferito in un incidente automobilistico durante l'azione e costretto all'ospedale, ne usciva dopo pochi giorni sebbene ancora sofferente e febbricitante, per riprendere il suo posto di combattimento. Durante un violento, improvviso attacco nemico, che penetrava in prossimità della linea dei pezzi e minacciava di estendersi rapidamente, con virile coraggio e rapide e felici disposizioni riusciva ad organizzare la difesa e a passare al contrattacco alla testa dei suoi artiglieri e al canto degli inni della Patria.

Legionario di altissima fede, fulgida figura di combattente, comandante sereno, accorto, valente, valorosamente distintosi in venti mesi di campagna per brillanti qualità militari e indomito coraggio. Battaglia del Levante - Caudiel, 27 luglio 1938.

VALENTI GIUSEPPE

Camicia Nera 7° Reggimento CC.NN.

Alla memoria

Durante l'occupazione di una forte posizione nemica, sotto il fuoco micidiale dell'avversario, si slanciava all'assalto al canto di "Giovinezza" mentre ancora infuriava la preparazione delle nostre artiglierie. Ferito una prima volta rifiutava ogni cura e, ponendosi nuovamente alla testa degli arditi, proseguiva verso la meta, gridando: «L'ardito non teme e non muore». Ferito ancora e ridotto all'estremo delle forze a causa della perdita di sangue, raccoglieva le ultime energie, per scagliare tutte le bombe a mano che teneva contro il più vicino fortino nemico, nel quale irrompeva per primo brandendo il pugnale. Nel tentativo d'inseguire il nemico esterrefatto, datosi alla fuga, incontrava morte eroica. Alto de el Buytre, 21 settembre 1938.

MELE GIUSEPPE LUCIANO

Centurione 7° Reggimento CC.NN. Divisione «23 Marzo»

Alla memoria

Nell'imminenza di una importante azione affidata alla Divisione chiedeva insistentemente ed otteneva di essere destinato ad un reparto di primo impiego. Alla testa di una compagnia di camicie nere e, quantunque subito ferito al petto, compiva atti di sublime eroismo, trascinando il reparto alla fulminea conquista di due forti capisaldi nemici, dai quali i numerosi difensori erano costretti a fuggire atterriti. Colpito una seconda volta mortalmente in una pericolosa fase di contrattacco avversario, piegava esanime sulla trincea, proiettando la luce del suo spirito oltre la meta e verso la vittoria. Preclaro esempio di combattente legionario animatore; trascinatore e degno del nobile appellativo di eroe.

Sierra de Javalambre, 22 settembre 1938.

BRESSAN OTTORINO

Seniore 2° Reggimento Fanteria «Littorio»

Alla memoria

Comandante del battaglione CC.NN. «Inflessibile», scriveva una delle più belle pagine di gloria nella battaglia della Catalogna. Chiamato a costituire una testa di ponte, dopo accanito combattimento raggiungeva l'obiettivo alla testa del suo reparto. Quivi respingeva reiterati contrattacchi sferrati dal nemico in due giorni di lotta furibonda. Successivamente, avuto ordine di allargare l'occupazione, riprendeva decisamente l'offensiva e, mentre avanzava tra i primi, cadeva mortalmente ferito. I suoi legionari, quale estremo omaggio al loro intrepido comandante, vollero rendergli l'onore delle armi e dell'appello fascista, mentre ancora infuriava la battaglia.

Catalogna - Cogul, 26-27-28 dicembre 1938.

GRANBASSI MARIO

Sottocapomanipolo 1° Reggimento Fanteria d'Assalto «Frecce Azzurre»

Alla memoria

Comandante di plotone arditi di battaglione, si lanciava audacemente contro una munitissima posizione nemica che, con nutrito fuoco, causava forti perdite al suo battaglione, riuscendo, dopo aspro combattimento a corpo a corpo, a scacciarne l'avversario. Ferito, si faceva medicare sommariamente. Ripreso il comando dei suoi arditi, si gettava ancora, con suprema audacia, nella lotta finché, investito da una raffica di mitragliatrice, cadeva colpito a morte. Prima di spirare inneggiava al Duce, all'Italia, incitando i suoi uomini a continuare la lotta e a non preoccuparsi della sua persona.

Pendici di Monte Fosca, 3 gennaio 1939.

ZAMBRINI LINO

Capomanipolo Arditi, Raggruppamento Carristi, Divisione «Littorio»

Alla memoria

Primo nell'assalto di forte posizione nemica, animatore instancabile dei propri uomini, ferito gravemente da scheggia di granata e conscio della propria fine, volle, prima di abbandonare la posizione conquistata, incitare i suoi dipendenti a persistere nella lotta. Al proprio comandante di battaglione che lo rincuorava rispondeva: «Non mi illudo, per me è finita, muoio però tranquillo e contento per aver compiuto fino all'ultimo il mio dovere di fascista».

Barranco di quota 340-320-300; N. W. carrareccia Cogul, km. 26,500 strada Albaces - Casteldans, 3 gennaio 1939.

LIBERATORI LAZZARO

Camicia Nera, 2° Reggimento CC.NN. d'Assalto, Divisione «Littorio»

Alla memoria

Porta arma di un plotone fucilieri avanzato, sprezzante di ogni pericolo, difendeva la posizione che gli era stata affidata, causando gravi perdite ai nemici che, resi bandanzosi dal numero, per tre volte erano venuti inutilmente all'assalto, Nel corso di nuovo e più violento attacco, avuta la sensazione che i pochi difensori, già duramente provati dalla stanchezza e dalle perdite subite, non avrebbero ulteriormente potuto resistere al nuovo poderoso urto degli assalitori, votandosi coscientemente al sacrificio per infondere nei propri compagni la disperata volontà di resistere, usciva dalla posizione e si slanciava contro il nemico irrompente. In piedi, solo, bersaglio di tutte le armi, sotto il lancio delle bombe a mano, già ferito, col fucile mitragliatore imbracciato a guisa di moschetto decimava il gruppo più minaccioso, volgendo in fuga gli altri, sorpresi da tanta audacia. Cadeva poi colpito a morte, mentre i compagni infiammati da tanto sublime eroismo, scattavano al contrattacco che determinava la definitiva sconfitta dell'avversario. Fronte di Catalogna - Quota 802 di S. Coloma de Oueralt, 16 gennaio 1939.

MIGLIORI UMBERTO

Camicia Nera, 2° Reggimento CC.NN. d'Assalto, Divisione «Littorio»

Alla memoria

Anima ardente di fascista e di legionario, in una memorabile giornata di battaglia, si slanciava all'assalto di una munitissima posizione nemica, che raggiungeva primo fra i primi. Visto un soldato nemico che tentava di fuggire con una mitragliatrice, lo raggiungeva uccidendolo e catturando l'arma, impegnava quindi una lotta a corpo a corpo con altro soldato che tentava di lanciargli una bomba a mano. Lo disarmava e, con mirabile sangue freddo, gettava lontano la bomba, prima che questa, ormai priva di sicurezza, potesse scoppiare. Successivamente, fulminato da una pallottola alla fronte, chiudeva, col nome d'Italia sulle labbra, la sua eroica esistenza.

Catalogna, Quota 806 di S. Coloma de Queralt, 16 gennaio 1939.

ROSELLI CECCONI MARIO

1° Centurione M.V.S.N., Battaglione Mitraglieri «Frecce Nere»

Alla memoria

Combattente della grande guerra, volontario in A.O., più volte decorato al valore. Nell'imminenza di un combattimento, assumeva volontariamente il comando di un reparto e lo trascinava in un travolgente assalto contro munitissima posizione nemica. Colpito a morte non desisteva dall'incitare i suoi legionari finché le forze lo abbandonavano. Chiudeva così eroicamente tutta una esistenza dedicata al culto della Patria.

Costone di Coscuma, 17 gennaio 1939.

LORENZETTI LORENZO RENATO

Centurione M.V.S.N., IV Gruppo Cannoni 65/17, Divisione «Frecce Verdi»

Alla memoria

Audace e valoroso combattente, comandante di compagnia cannoni anticarro, ha portato generoso e valido contributo al conseguimento della vittoria. In più combattimenti, coscientemente e serenamente sfidando le più intense offese, ha preceduto con i suoi cannoni reparti più avanzati di fanteria, entusiasmando e trascinando questi e i propri dipendenti. Nella dura giornata del 30 gennaio, mentre davanti a tutti, neutralizzava autoblinde e carri armati che si opponevano tenacemente all'avanzata delle divisioni, veniva mortalmente colpito: unico suo rammarico quello di abbandonare la lotta.

(O.M.S.) Llinas del Vailes, 30 gennaio 1939.

APPENDICE 3

INNI DELLA GUERRA CIVILE SPAGNOLA

Abbiamo incluso il testo di alcuni inni legati al conflitto spagnolo che vennero sicuramente cantati dai combattenti italiani durante il conflitto.

Spesso la conoscenza delle canzoni può illuminare sui sentimenti, le idee, il modo di affrontare la vita e la morte di un soldato più di mille pagine.

Se l'innodia del periodo fascista è abbastanza nota, quella cantata dai volontari del C.T.V. rimane ancor oggi oscura, anche per la progressiva scomparsa dei reduci che le cantarono.

Più che quelli in italiano, furono popolari i canti spagnoli, soprattutto *Cara al Sol* e *El Novio de la Muerte*, inno del *Tercio* in cui i primi volontari giunti in Spagna furono inquadrati. Molto popolare fu poi la variante dell'*Oriamendi*, inno dei *Requetés*, che venne verosimilmente adottata dagli italiani durante la campagna di Vizcaya.

Ricorda Lodoli che anche i complementi appena arrivati, che non conoscevano lo spagnolo, *cantarono tutti poco a poco. Canzoni spagnuole storpiate:*

Que cueste lo cueste

Se ha de conseguir

Que los legionarios

Entren en Madrid[214].

È una scelta molto limitata, anche perché la gran parte dell'innodica sull'argomento composta in Italia era totalmente ignota ai combattenti di Spagna, che, come ci testimoniarono numerosi reduci, *in primis* il compianto ing. Renzo Lodoli, presidente dell'Associazione Nazionale Combattenti Italiani in Spagna, ne vennero a conoscenza solo al ritorno in Patria. Vennero poi cantate le canzoni degli arditi e quelle fasciste, sembra che le più popolari fossero *Mamma non piangere* e le *Cantate dei Legionari*.

Di alcune poi non conosciamo che pochi versi, ma non la musica, come questi, riportati sempre da Lodoli:

Quando l'ardito del Littorio

Scende in campo a pelear...

---

[214] Lodoli 1989, p. 145.

CARA AL SOL

(RIDRUEJO - DE TELLERIA)

Inno della Falange Spagnola[215]

Cara al sol con la camisa nueva

que tú bordaste en rojo ayer,

me hallará la muerte si me lleva

y no te vuelvo a ver.

Formaré junto a mis compañeros

que hacen guardia sobre los luceros,

impasible el ademán,

y están presentes en nuestro afán.

Si te dicen que caí, me fui

al puesto que tengo allí.

Volverán banderas victoriosas

al paso alegre de la paz

y traerán prendidas cinco rosas:

las flechas de mi haz.

Volverá a reír la primavera,

que por cielo, tierra y mar se espera.

Arriba escuadras a vencer

que en España empieza a amanecer.

¡España una! ¡España una! ¡España libre!

¡Arriba España!

---

215   Contrariamente a quanto di solito affermato, l'autore del testo non fu José Antonio Primo de Rivera, ma Dionisio Ridruejo. Le parole sono ispirate dal discorso tenuto da Primo de Rivera all'atto della fondazione della Falange il 29 ottobre 1933:

Noi non vogliamo andare a disputare agli abitudinari i resti insipidi di un sudicio banchetto. Anche se talvolta transitiamo per quei luoghi, il nostro posto è fuori di là. Il nostro posto è all'aria aperta, sotto la notte limpida, arma al braccio e nel cielo le stelle. Che continuino gli altri nei loro festini. Noi, fuori, in vigilanza attenta, fervida e sicura già presentiamo l'alba nell'allegria dei nostri cuori.

EL NOVIO DE LA MUERTE

Inno del *Tercio Etranjero*, fu popolarissimo tra i combattenti italiani.

Nadie en el Tercio sabia
quién era aquel legionario,
tan audaz y temerario
que en la Legión se alistó.
Nadie sabia su historia,
mas la Legión suponia
que un gran dolor le mordia,
como un lobo el corazón.
Mas, si alguno quien era le preguntaba,
con dolor y rudeza le contestaba:

Soy un hombre a quien la suerte
hirió con zarpas de fiera,
soy un novio de la muerte
que va unirse en lazo fuerte
con tan leal compañera.

Cuando más rudo era el fuego
y la pelea más fiera,
defendiendo su bandera
el legionario avanzó.
Y sin temer al empuje
del enemigo exaltado
supo morir como un bravo
y la enseña rescató.
Y al regar con su sangre la tierra ardiente,

murmuró el legionario con voz doliente:

Soy un hombre a quien la suerte
hirió con zarpas de fiera,
soy un novio de la muerte
que va unirse en lazo fuerte
con tan leal compañera.

Cuando al fin le recogieron,
entre su pecho encontraron
una carta y un retrato
de una divina mujer.
Y en aquella carta decia:
"Si Dios un dia te llama,
para mi un puesto reclama
que a buscarte pronto iré."
Y en el último beso que le enviaba
su postrer despedida le consagraba.

Por ir a tu lado a verte
mi más leal compañera,
me hice novio de la muerte,
la estreché con lazo fuerte
y su amor fue mi bandera.

MARCHA DE ORIAMENDI

Il celebre inno carlista, nella sua versione basca e in quella spagnola, risale alla guerra civile tra i seguaci di don Carlos di Borbone, pretendente al trono iberico, ed i liberali di Maria Cristina di Borbone-Napoli, regina di Spagna. Il titolo fa riferimento alla battaglia del monte Oriamendi, vinta dai carlisti nel 1837.

Por Dios, por la patria y el Rey

Lucharon nuestros padres.

Por Dios, por la patria y el Rey

Lucharemos nosotros también.

Lucharemos todos juntos

Todos juntos en unión

Defendiendo la bandera

De la Santa Tradición. (bis)

Cueste lo que cueste

Se ha de conseguir

Que las Camisas Negras

Entren premieras en Madrid[216]. (bis)

Por Dios, por la patria y el Rey

Lucharon nuestros padres.

Por Dios, por la patria y el Rey

Lucharemos nosotros también.

---

216   La strofa originale del 1837 era:

Cueste lo que cueste
Se ha de conseguir
Venga el rey de España
A la corte de Madrid.

Nella Guerra Civile i *Requétes* carlisti cantavano invece:

Que los boinas rojas
Entren premieros en Madrid.

I *baschi rossi* sono l'emblema dei carlisti.

I legionari della Littorio a loro volta modificarono così il testo:

Que los Legionarios
Entren premieros en Madrid.

SI TE PREGUNTAN ALTO QUIÉN VIVE[217]

Si te preguntas alto quién vive
responderemos con recia voz
soy legiónario de Mussolini,
por España y la Religion!
Si te preguntan de qué centuria
de qué bandera o de qué legión
no nos importa, somos de Italia,
Y fascistas de corazón.
Camarada, camarada
ya vienen los aviones
son los de la Cucaracha[218]
arriba los corazones.

AL GRIDO DEI FRATELLI DI SPAGNA

Al grido dei fratelli di Spagna
Noi siam corsi compatti e serrati
A legioni di Camicie Nere
Per difender l'iberico suol.
Or squilli l'adunata dell'attacco,
echeggi il grido di battaglia,
con forza leonina e furente
ci scagliamo sul bieco oppressor.

Salve o DUCE,
per te noi pugniamo!

---

217 Altra celebre canzone carlista, che gli italiani adottarono probabilmente durante la campagna di Santander. Ne esiste anche una versione falangista.
218 Una delle più celebri squadriglie da caccia dell'Aviazione Legionaria.

Messaggeri del Fascismo noi siamo!

In alto il pugnale, da forti

noi vogliamo la Spagna liberar.

Mai ci tremi né braccio né cuore,

messaggeri di nuova storia noi siamo!

In alto le insegne, da prodi,

noi vogliamo la Civiltà salvar!

Ognor ci sorregga la Fede

Che ci sprona a tutti i cimenti.

Dell'Eterna Luce di Roma

noi siamo i baldi apportator.

L'Europa Fascista noi vogliamo,

che desti i popoli oppressi,

che doni il sorriso alle genti

martoriate dal rosso insidiator!

Salve o DUCE,

per te noi pugniamo!

Messaggeri del Fascismo noi siamo!

In alto il pugnale, da forti

noi vogliamo la Spagna liberar.

Mai ci tremi né braccio né cuore,

messagger di nuova storia noi siamo!

In alto le insegne, da prodi,

noi vogliamo la Civiltà salvar!

LEGIONARI IN GUADALAJARA

Canzone nata in Spagna nel 1937-1938, e rielaborata a varie riprese. Il testo attuale risale a dopo la campagna di Vizcaya, come prova la menzione di Bermeo.

Riportiamo qui la versione originale, con il ritornello che recita *Legionari in Guadalajara*, mentre quella registrata in Italia recita erroneamente: *Frecce nere del Guadalajara*.

Ovviamente a Guadalajara non c'erano le *Frecce Nere*, create solo in seguito, né alcun combattente di Spagna avrebbe mai detto *del Guadalajara*, forma usata per ragioni metriche, ma totalmente errata.

Testimonia Lodoli come la canzone fosse nata davvero al fronte, e ne riporta la versione corretta:

Ed i miei ragazzi, sporchi, stracciati, stanchi da cinquanta ore di lotta che hanno cominciato a cantare, un po' stonati, un po' rauchi, la canzone legionaria sorta sulla Strada di Francia tanti mesi or sono:

Legionari in Guadalajara,

giovinezza d'Italia più cara...[219].

Alba dell'8 marzo,

nel cielo di Castiglia

fragore di tempeste e di cannon:

"Guadalajara o morte",

in mezzo alla mitraglia

dei legionari è questa la canzon!

Travolta ogni difesa,

avanti ancor si va

e la vittoria incatenata è già!

Legionari in Guadalajara[220],

legionari all'ombra del Tricolor,

giovinezza d'Italia più cara,

ogni morto risorge più vivo ancor.

---

219 Lodoli 1989, p. 134.
220 Var. *Frecce nere del Guadalajara.*

Dall'Alpi fino al mar

eternamente

il nostro cuor vi griderà:

"Presente!"

Se la barbarie rossa

sui nostri eroi più belli

con la calunnia infame si avventò,

la gloria di Bermeo,

da tutta la Vizcaya

il fango dell'insulto via spazzò,

e son più vivi i morti,

perché giammai morrà

chi lotta e muore per la Civiltà!

Legionari di Guadalajara,

legionari all'ombra del Tricolor,

giovinezza d'Italia più cara,

ogni morto risorge più vivo ancor.

Dall'Alpi fino al mar

eternamente

il nostro cuor vi griderà:

"Presente!"

Legionari di Guadalajara,

che dormite all'ombra del Tricolor,

giovinezza d'Italia più cara,

ogni morto è più vivo nel nostro cuor.

Dall'Alpi fino al mar

eternamente

l'Italia grida a voi :

"Presente !"

FRECCE NERE

Nel cielo madrileno

Rintocchi di campane,

la vera Spagna si ridesta già.

Addio mia bella addio,

ti lascio il cuore mio,

un bacio ancora e poi si partirà,

si vincerà, si canterà.

Le Frecce Nere *son come il vento,*

in fitte schiere sempre marciano cantando:

Italia! Italia! Il legionario vincerà,

non c'è Cintura[221] che resistere potrà!

Canzoni baci e fiori

Ai baldi legionari

Nelle risorte e libere città:

se Malaga fu presa,

Bilbao già s'è arresa,

Guadalajara si vendicherà!

La Civiltà trionferà!

Le Frecce Nere *son come il vento,*

in fitte schiere sempre marciano cantando:

Italia! Italia! Il legionario vincerà,

non c'è Cintura che resistere potrà!

---

221   Allusione al Cinturon di Hierro ed alla campagna di Vizcaya della primavera- estate del 1937.

Si prende ogni trincera,

s'infrange ogni barriera,

s'avanza sempre

e ancor s'avanzerà!

Tuona il cannone, tuona,

Madrid e Barcellona

Saranno nostre quando si vorrà!

Ma il legionario è ritornato,

perché la Gloria sulla fronte l'ha baciato.

La nostra Fede in tutto il mondo trionferà,

segno di pace, di lavoro e civiltà!

BALDE FRECCE NERE

Inno della Brigata Mista *Frecce nere*.

Votato lo spirto al più puro Ideal
pel trionfo di santa battaglia,
corre ancora l'ardito d'Italia
sull'iberica terra a pugnar.
Colà si minaccia la stirpe latina,
caposaldo di pace e giustizia,
giammai tal ria nequizia
sopra la storia potrà prevaler.

Cantan le balde Frecce Nere,
mentre già fischia la mitraglia:
"Per la fede e per l'onor,
giovinezza avanti, a noi!".
Non c'è ostacol che l'arresti
nell'ardentissima battaglia,
la Vittoria conquider sapran,
per l'umana giustizia e libertà!

Scacciati per sempre i falsi profeti,
ridonato il Signor agli altari,
torneranno quei bei legionari,
con superba fierezza nel cor.
Orgoglio d'Italia col lauro v'aspetta,
del Fascismo l'abbraccio d'amore,
quest'è il più grande onore
che l'esultanza serena darà.

Cantan le balde Frecce Nere

quando rifulge la vittoria:

"Per la fede e per l'onor,

giovinezza avanti ancor!".

Ovunque splende la tua insegna,

splende la face della gloria,

la Vittoria presidio sarà,

d'ogni umana giustizia e libertà!

Non piega la fronte il Leon di Castiglia,

all'ondata di feccia innomata

vigil scolta la nera brigata

che in mille tenzoni imparò.

Col Fiore di Spagna il sangue si fonde,

in un nodo sublime d'amore,

fin che un solo traditore

su questa terra di cercar resterà!

ARRIBA ESPAÑA

All'armi Spagna all'armi per l'Ideal

Sino alla meta trionfal!

Sterminio a chi rinnega la Civiltà,

vinci nel grido Alalà!

E' il grido del Fascismo redentor

In odio al bolscevismo distruttor.

Segnacol di vittoria e di libertà,

il tuo vessillo garrirà!

Arriba España! Arriba España!
Tal grido di passion
Rimbomba col cannon!
Milizie di Franco, a voi la gloria:
scrive la Storia: vittoria e redenzion!

A morte il bolscevismo rinnegator,
sangue latino vinci ancor!
Il vindice vessillo spiega nel sol:
viva il Fascismo e il patrio suol!

All'or dei senza patria e senza onor
Opponi la tua Fede e il tuo valor
latin gentile sangue
ha scritto immortal:
Viva il Fascismo universal!

Arriba España! Arriba España!
Tal grido di passion
Rimbomba col cannon!
Milizie di Franco, a voi la gloria:
scrive la Storia: vittoria, alalà!

SE FRANCO VOGLIAMO SEGUIRE

Stornelli legionari.

Queste strofe nacquero spontaneamente tra i reparti italiani in Spagna, il che spiega la metrica zoppicante e l'italiano a volte curioso. Come molti canti nati nelle trincee fu più cantato degli inni ufficiali.

Coraggio e Fede Iddio ci mandi,

moriremo o andremo avanti.

Pugneremo ben feroci

Contro gli ateisti atroci.

Combatteremo da leoni,

con bombe mitraglie e cannoni,

se Franco vogliamo seguire,

per la Spagna pronti a morire!

Morte al vile Caballero[222]!

Viva Franco il condottiero!

Su avanti alla riscossa,

brucerem bandiera rossa!

Alla gogna i paladini [?]

Infedeli ed assassini!

E vittoria noi avremo

Se uniti combatteremo.

Spagnoli, l'ora è suonata:

---

[222] Francisco Largo Caballero, esponente del Partito Socialista Spagnolo, presidente del Consiglio repubblicano dal settembre 1936.

sporchi rossi in ritirata!
E c'è un'aquila imperiale
dei [sic!] *squadristi sul pugnale.*

I suoi colori son di Roma,
un messaggio alato ci dona:
a Franco gli auguri fascisti
di vittoria sui comunisti!

Morte al vile Caballero!
Viva Franco il condottiero!
Su avanti alla riscossa,
brucerem bandiera rossa!

AVANTI FALANGISTI!

Avanti della Spagna falangisti,
risplende l'ideale della Fede,
di quella fe' che pure a noi squadristi
le più belle vittorie ci diede.

Non temete il comunista,
egli è vile, fuggirà!
Basta l'arma del fascista
e la canaglia sparirà!

Avanti nella lotta, avanti, avanti!
Il Capo José Antonio de Rivera
guida le vostre armi trionfanti
a giunger presto nella luce vera.

Non temete il comunista,

egli è vile, fuggirà!

Basta l'arma del fascista

e la canaglia sparirà!

Le loro stolte e false mediazioni

di dubbia pace, no!, non accettate,

e delle interessate nazioni

ve ne infischiate, su, perseverate!

Mussolini, Hitler e Franco

Nella steppa cacceran

Il malefico orso bianco

Ed i fascisti trionferan!

Le seguenti due canzoni sono un esempio, tra i tanti possibili, della produzione di canti italiani dedicati alla Guerra Civile Spagnola. Non sappiamo se siano mai stati cantati dai legionari durante la guerra, ma sono interessanti per vedere come venisse influenzata l'opinione pubblica italiana riguardo la Guerra Civile anche tramite la musica. Nelle due canzoni seguenti sono ripresi tutti temi della propaganda fascista, ma anche la Spagna dell'immaginario collettivo: l'amore, le belle donne, le chitarre, l'eroismo delle *Frecce Nere* (a quel che pare l'unità più citata nelle canzoni sul conflitto spagnolo!) e la *barbarie rossa*.

SPAGNOLITA

(TORRES - RUCCIONE)

O Spagnolita,

quando ai tuoi sarai riunita,

non scordare questa vita

che il mio cuore ti donò.

Al grido che mi giunse dal tuo cuore

o Spagnolita ho attraversato il mare,

sul petto mi son messo quel colore

che i falsi amici ai barbari donò.

O Spagnolita,

non temer per la mia vita,

per punir chi ti ha tradita

lieto il sangue verserò.

O Spagnolita,

torna a ridere alla vita,

se la casa t'han rapita

la mia casa ti darò.

Con le Falangi del tuo sole indomo

noi Frecce Nere *ti vendicheremo,*

dai rasi tuoi capelli leveremo

il rosso pugno e chi lo sollevò.

O Spagnolita,

non temer per la mia vita,

se tu fosti un dì tradita

io tradir non ti farò.

O Spagnolita,

torna a ridere alla vita,

se la mamma t'han rapita

la mia mamma ti darò.

O Spagnolita, prossima è l'aurora,

risorgere vedrai la tua bandiera,

vedrai sul cielo della Patria ancora

risplendere la santa libertà.

O Spagnolita,

non m'importa della vita,

sarà dolce ogni ferita

perché salva ti saprò.

CHITARRA SPAGNOLA

(BIXIO- CHERUBINI)

Canta la "rambla" in fiore...

canta la "Sierra" il mare...

Oggi respira il cuore

aria di libertà.

Torna a cantar l'amore,

vecchia chitarra che aspettavi in ansietà...

Suona, chitarra spagnola,

come un'allegra fanfara...

Saluta il sole della nuova primavera

ed accompagna una canzone legionaria.

Quando vedrai partire

tutte le "Frecce Nere"

tu non potrai sentire

la nostalgia, perchè

quelli che un dì morire

vedesti impavidi, rimangono con te!...

Mentre sorride l'aurora,

sorridi e canta anche tu

coi tuoi fratelli che, col sangue d'ogni vena,

hanno spezzato la catena

d'una odiosa schiavitù!

Oggi la gloria spiega al vento le bandiere...

Sorride il sole dal tuo mare alle frontiere!

È una canzone di vittoria

che in tutto il mondo s'udrà...

Suona chitarra, mentre canta con ebbrezza

questa nuova giovinezza

che nessuno fermerà!...

APPENDICE 4

DALLA "PARTE GIUSTA"

ESPOSTO DEL MAGGIORE MARIO PENCHIENATI, COMANDANTE DELLA XII BRIGADA INTERNACIONAL G. GARIBALDI ALLA PROCURA DI ROMA, 17 APRILE 1956

Nel 1937, per sostituire il troppo indipendente Pacciardi[223] al comando della *XII Brigada Internacional*, ridenominata *Giuseppe Garibaldi*, fu scelto un altro italiano, Carlo Penchienati, un ex ufficiale dell'esercito che aveva lasciato l'Italia dopo la promulgazione delle leggi *fascistissime* del 1925. Nell'ambiente del fuoriuscitismo Penchienati era stato considerato vicino ai comunisti e ciò spiega come questi pensassero di poter controllare attraverso lui la *Garibaldi*. Longo, infatti, fece nominare suo capo di stato maggiore lo stalinista Barontini, quello stesso di cui il generale Kléber aveva detto

Tutti sapevano che Barontini in battaglia aveva avuto paura. A Guadalajara, piangendo e tremando per il terrore, aveva fatto una misera figura ed era diventato lo zimbello dei suoi uomini.

Penchienati si accorse presto di esser stato posto sotto sorveglianza e si dimise non molto tempo dopo, il 31 agosto nel 1938, in seguito alla polemica seguita ad uno sconsiderato attacco guidato dal comunista Nino Raimondi (Casati), che condusse i suoi uomini sotto il fuoco di numerose mitragliatrici nazionali; fu un massacro. Centinaia di internazionali caddero senza poter neppure rispondere al fuoco.

Kléber voleva fucilare il Raimondi, ma la politica comunista prevalse, Kléber fu sostituito da Kahle, e Penchienati venne sostituito dal Raimondi stesso!

Penchienati rimase disgustato dai comunisti e dall'uccisione degli internazionali di fede incerta, tanto da abbandonare totalmente le idee marxiste, e da chiedere - ed ottenere - di rientrare in Italia, pur rivendicando sempre orgogliosamente il proprio passato di combattente spagnolo.

All'archivio Centrale dello Stato è conservato un memoriale dattiloscritto di 43 pagine a firma *Maggiore Carlo Penchienati ex comandante della Brigata "Garibaldi"* intitolato: "*I delitti dei caporioni comunisti nelle Brigate Internazionali in Spagna*[224]".

Il memoriale, stilato nella seconda metà del '41, si conclude così:

Oggi che finalmente ho rimesso piede sul suolo della mia Patria, dove molte Madri piangono i loro figli assassinati dalla "Tcheca" in Spagna e nel momento in cui i soldati Italiani combattono a fianco degli alleati germanici i bolscevichi fautori di disordini nel mondo intero, rendo di pubblica ragione gli episodi di delinquenza di cui si resero colpevoli i caporioni comunisti in Spagna [225] [...].

L'esperienza spagnola, che ne fece un deciso anticomunista, venne rievocata in un suo libro del 1950 dal titolo inequivocabile *Brigate internazionali. I delitti della Ceka in Spagna*[226], che nel clima di quegli anni fu sepolto sotto una pesante coltre di silenzio, cui fece seguito, nel 1965, *I giustiziati accusano: Brigate internazionali in Spagna*[227].

---

223 La rimozione di Pacciardi, va fatta risalire al maggio precedente, quando i comunisti avevano deciso di attaccare anarchici e trotzkisti a Barcellona ed egli si era rifiutato di far partecipare la sua brigata a quell'impresa. I suoi uomini, aveva detto, erano in Spagna per combattere i fascisti, non per fare *servizio di ordine pubblico*». Il gernerale Kléber accusò Pacciardi di *avere con il suo comportamento alienato molti onesti antifascisti dalla causa della repubblica*.
224 ACS, Roma, CPC, b.3838, fasc.112151.
225 Ivi, p. 43.
226 Edizioni Echi del secolo, Milano 1950.
227 Stab. Arte della stampa, Roma 1965.

Né si limitò a questo, cercando anzi di ottenere giustizia per i suoi uomini andati a combattere il fascismo in Spagna, e che come ricompensa avevano ricevuto il piombo comunista, spesso ad opera di altri italiani. Il 17 aprile 1956 Penchienati presentò un esposto alla Procura della Repubblica di Roma, che costituisce un documento fondamentale per comprendere ciò che avveniva veramente dalla *parte giusta* oltre ogni mito eroicizzante ancor oggi colpevolmente alimentato dalla storiografia di sinistra.

Al sig. Procuratore della Repubblica.

Per le disposizioni di legge in vigore i miliziani italiani che combatterono nelle Brigate Internazionali in Spagna sono riconosciuti come combattenti regolari con tutti i diritti riconosciuti.

Ciò premesso, diviene quindi evidente che essendo considerati regolari, tutti gli atti criminosi contro di loro commessi nel corso di quella campagna, necessitano la ricerca dei responsabili perché rendano conto dei loro atti e alle vittime sia resa giustizia.

Alla fine della guerra civile spagnola, la Magistratura francese, a seguito di denunce di parenti, dibattiti parlamentari, e campagne di stampa, ha dato corso a istruttorie onde mettere in luce le responsabilità per i delitti perpetrati contro i miliziani francesi arruolati nelle Brigate internazionali. In Italia molte delle famiglie delle vittime, o ignorando la fine dei loro congiunti o perchè intimorite da eventuali rappresaglie, nulla hanno fatto in questo senso, ma poiché, se non erro, quando i crimini di particolare gravità sono resi di dominio pubblico e non sono ancora caduti in prescrizione si procede d'autorità, nella qualità di ex comandante di unità militare in Spagna, ritengo mio dovere rendere noti i seguenti fatti.

1) *Nell'ottobre 1937 io ero comandante della brigata* Garibaldi *dalla quale partii per recarmi in licenza di convalescenza a Parigi, lasciandone il comando interinale al maggiore Nino Raimondi, italiano proveniente dalla Russia. Durante la mia assenza, e precisamente il 9 ottobre 1937, verso le 23, venne arrestato nei pressi di Caspe, dove la brigata trovavasi a riposo, il tenente Guadagnino del PSI, imolese residente a Genova, giunto in Spagna nel mese di maggio, al quale era stato affidato il comando della 2ª compagnia del III battaglione. Portato davanti al maggiore Raimondi, e i commissari politici Richard Ruegger e Luigi Eugenio Grassi e all'agente della "CEKA" Oghen, gli fu mossa l'accusa di essere un agente dell'OVRA e questo solo perché nei suoi discorsi non lesinava critiche al partito comunista e ai suoi metodi. Contrariamente alle leggi vigenti, Guadagnino fu invitato a fare "quattro passi" fuori dall'abitato dal commissario Grassi e dall'agente Oghen. A un certo punto, Grassi gli tirò una revolverata alla nuca, ma avendo l'arma fatto cilecca, lo scatto a vuoto allarmò Guadagnino, che voltandosi, esclamò: "Anche di questo siete capaci!"*

2) *Subito dopo fu ucciso. Due sue compagni di partito, che accortisi dell'arresto avevano seguito il gruppo a distanza, assistettero nascosti alla scena e, al mio ritorno, me ne descrissero i dettagli. Essi erano i tenenti Mario Alcaino e Gino Carceri del PSI. Questo assassinio destò enorme impressione nei socialisti che ne informarono Pietro Nenni. Alcuni di essi sono attualmente in Italia e possono testimoniare. Quando volli fare un'inchiesta e interrogai gli esecutori materiali, Grassi e Oghen mi dissero che l'ordine di esecuzione era partito dal commissariato delle Brigate internazionali che faceva capo a Luigi Longo, Andrè Marty, Edoardo D'Onofrio, ecc. Il maggiore Raimondi, il commissario Grassi e l'agente Oghen risiedono oggi in Italia.*

3) *Durante il mese di maggio 1938, quando avevo già lasciato la* Garibaldi *per assumere il comando di altra unità e comandante della brigata era il maggiore Martino Martini, con*

a fianco il commissario Emilio Suardi, fra tante esecuzioni diurne e notturne di ufficiali e miliziani fu giustiziato senza processo il miliziano Mario Rossi, di 54 anni, un anarchico che da quasi due anni combatteva nella Garibaldi ed era stato due volte ferito. Fu decretata la sua morte con la solita scusa di essere una spia dell'OVRA. L'esecuzione fu diretta dal commissario Mario Bonzano.

4) *Nel mese di luglio 1938, nella zona dell'Ebro, furono uccisi di notte, senza processo, c cinque miliziani, due italiani e tre spagnoli. Gli italiani erano Mario Capponi e Mario Tamburini. L'esecuzione fu personalmente diretta dal comunista Ossola, diventato capo della "CEKA". Ossola risiede in Italia.*

5) *Nel mese di agosto, a Media del Mar, per ordine del commissariato vennero arrestati cinque miliziani fra i quali uno italiano, il tenente Gino Carreri. I detenuti furono messi in un pozzo disseccato non essendoci la prigione. Il tenente Carreri, insieme al tenente Mario Alcaino, era stato testimone dell'esecuzione del tenente Guadagnino avvenuta l'anno prima. A giustiziarlo fu l'agente Ossola.*

6) *A pochi giorni di distanza, nella stessa località, il tenente Mario Alcaino che, alla notizia dell'arresto del suo amico Mario Carreri, aveva cercato di salvarlo inviando un rapporto allo Stato Maggiore spagnolo, fu denunciato come spia e in seguito eliminato con un colpo alla nuca. Anche di questa esecuzione fu informato Pietro Nenni. I testimoni trovansi oggi in Italia.*

Per questi crimini e altre decine di nefandezze presentai denuncia allo S.M. spagnolo e mi furono anche messe a disposizione forze di polizia, con le quali liberai, usando necessariamente metodi energici, alcuni miliziani spagnoli detenuti. Purtroppo, data la situazione politica di allora, non mi è stato possibile ottenere che la giustizia procedesse contro i responsabili dell'uccisione dei miei connazionali.

Carlo Penchienati
Ex comandante la brigata Garibaldi in Spagna[228].

---

228   C. Penchienati, "Esposto alla Procura della Repubblica di Roma in data 17 aprile 1956", rip. in Petacco 2006, pp. 166-168.

BIBLIOGRAFIA

AAVV, 1962, *Milizia Armata di Popolo*, Roma.

AAVV, 1968, *Grandes batallas de la guerra de España*, Barcellona.

A. Albanese, s.d., *Nella bufera spagnola con le Camicie Nere della «Divisione d'assalto Littorio»*, Firenze.

J.L. Alcofar Nassaes, 1971, *Los asesores sovieticos en la guerra civil española*, Barcelona.

J.L. Alcofar Nassaes, 1972, *CTV. Los legionarios italianos en la guerra civil española 1936-1939*, Barcelona.

J.L. Alcofar Nassaes, 1976, *La aviaciòn legionaria en la guerra civil española*, Barcelona.

S. Ales e A.Viotti, 2004, *Le uniformi e i distintivi del Corpo Truppe Italiane in Spagna 1936-1939*, Roma.

M. Alpert, 1989, *El Ejército republicano en la guerra civil*, Madrid.

G. Amoroso, 1941, *Mortai e Lupi in Catalogna*, Torino.

C. Andrew, O. Gordiewskij, 1991, *KGB. The Inside Story of Foreign Operation from Lenin to Gorbaciov*, New York (tr.it. Milano 1993).

A. Angelini, 1938, *Altre verghe per il Fascio. Un Legionario dodicenne alla guerra di Spagna*, Roma.

G. Artieri, 1995, *Le guerre dimenticate di Mussolini. Etiopia e Spagna*, Milano.

S. Astolfi, 1940, *Da Malaga a Guadalajara. Appunti di un legionario*, Bologna.

M. Aznar, 1958-1963, *Historia Militar de la Guerra de España*, Madrid.

U. Barlozzetti, A. Pirella, 1986, *Mezzi dell'esercito italiano 1935- 1945*, Firenze.

M. Bassi, 1940, *Da Cadice ai Pirenei. Taccuino di guerra di un legionario*, Firenze.

A. Beevor, *The Battle for Spain: The Spanish Civil War (1936-1939)*, London 2001 2a (trad.it. Milano 2006).

C. Blanco Escolà, 1993, *Franco y Rojo. Dos generales para dos Españas*, Barcelona.

F. Bonezzi, 2006, *Il diario del nonno fascista* (a cura di R. Bonezzi), Roma.

A. Bonaccorsi, 1958, *Guerra civile spagnola 1936-1939*, in AA.VV., *La grande proletaria*, Centro

Editoriale Nazionale, Roma, pp. 435-509.

G. Bottai, 1989, *Diario 1935- 1944* (a cura di G. B. Guerri), Milano.

O. Bovio 1999, *In alto la bandiera. Storia del Regio Esercito*, Foggia.

J. M. Bueno, 1997, *Uniformes Militares de la Guerra Civil Española*, Madrid.

B. Bolloten, 1961, *The Great Camouflage. The Communist Conspiration in Spain 1936- 1939*, London (tr.it. Roma 1966).

G. Bucciante 1987, *I generali della dittatura*, Milano.

G. Campa, 1939, *Lettere familiari dalla Spagna di un legionario caduto nella battaglia dell'Ebro*, Firenze.

M. Cangianelli, 1939, *Nella bufera spagnola*, Roma.

R. Canosa, 2008, *Mussolini e Franco. Amici, alleati, rivali: vita parallela di due dittatori*, Milano.

R. Cantalupo, 1948, *Fu la Spagna*, Milano.

A. Castells, 1974, *Las Brigadas internacionales de la guerra de España*, Barcelona.

L. Ceva, 1993, *Ripensare Guadalajara*, in «Italia contemporanea», 192, pp. 473-486

E. Chiappa 2003, *C.T.V. - Il Corpo Truppe Volontarie Italiano durante la Guerra Civile Spagnola 1936-1939*, Milano

L. Chiodini, 1966, *Roma o Mosca. Storia della guerra civile spagnola*, Roma.

G. Ciano 1990, *Diario 1937- 1943* (a cura di R. De Felice), Milano.

O. Conforti, 1967, *Guadalajara. La prima sconfitta del fascismo*, Milano.

R. Conquest, 1968, *The Great Terror*, London (tr. it. Milano 1999).

M. Cordedda, 1983, *Guerra di Spagna. 100/17, alzo zero,* Roma.

P. Corti, A. Pizarroso Quintero,1993, *Giornali contro. «Il Legionario» e «Il Garibaldino». La propaganda degli italiani nella guerra di Spagna*, Alessandria.

F. Coverdale 1973, *I Fascisti italiani alla Guerra di Spagna*, tr.it. Roma- Bari.

S. Corvaja 1982, *Mussolini nella tana del lupo*, Milano.

P. Crociani, P.P. Battistelli, 2010, *Italian Blackshirt 1935- 1945,* Oxford.

F.W. Deakin 1962, *The Brutal Friendship. Mussolini, Hitler and the Fall of Italian Fascism*, London (tr. it. in 2 voll., Torino 1990).

C. De Arce, 1975, *Los generales de Franco*, Barcelona.

C. De Arce, 1981, *Militares republicanos de la guerra de España*, Barcelona.

R. De Felice 1981, *Mussolini il duce*. II *Lo Stato totalitario 1936- 1940*, Torino.

J. L. De Mesa, 1994, *El regreso de las legiones. La ayuda militar italiana a la España nacional, 1936–1939*, Granada.

E. Faldella, 1939, *Venti mesi di guerra in Spagna*, Firenze

G. Gambara, 1957, *L'ultima parola sulla guerra di Spagna*, in «Il Tempo», 1, 8, 22, 29 agosto, 5 e 12 settembre 1957.

R. Garriga, 1974, *Guadalajara y sus consecuencias*, Madrid

L. Gelli, 1991, *«Fuoco!...» Cronache legionarie della insurrezione antibolscevica di Spagna*, Roma.

L. Gelli, A. Lenoci 1995, *Dossier Spagna. Gli italiani nella guerra civile (1936-1939)*, Bari 1995.

M. Griner 2006, *I ragazzi del '36 - L'avventura dei fascisti italiani nella Guerra Civile Spagnola*, Milano.

C. Hall, 1996, *Revolutionary Warfare: Spain 1936- 1937*, Upton.

H. Hidalgo Salazar, 1975, *Ayuda Alemana a España 1936- 1939*, Madrid.

L. Incisa, 1941, *Spagna nazional-sindacalista*, Bologna.

A. Kolpakidi, *La barricata spagnola (1936- 1939)* in S. Bertelli, F. Bigazzi (curr.) 2001, *P.C.I., la storia dimenticata*, Milano.

D. Lajolo, 1981, *Il «voltagabbana»*, Milano.

D. Lajolo, 1939, *Bocche di donne e di fucili,* , Osimo.

M. Lazzarini, 1994, *Italiani nella Guerra di Spagna*, Campobasso.

V. Lilli, 1988, *Racconti di una guerra*, Palermo.

E. Líster, 1968, *Con il 5° reggimento*, tr.it. Roma.

R. Lodoli, 1939, *Domani posso morire: storie di arditi e fanti legionari*, Roma.

R. Lodoli 1989, *I Volontari. Spagna 1936- 1939*, Roma.

E. Lucas, G. De Vecchi 1976, *Storia delle unità combattenti della M.V.S.N.*, Roma.

E. Malizia, 1986, *Ali nella tragedia di Spagna*, Modena.

E. Manca di Mores, 1941, *L'impiego dell'Artiglieria italiana nella guerra di Spagna (maggio 1937-novembre 1938),* Roma

J. M. Martinez Bande, 1976, *Frente de Madrid* ,Barcelona.

J. M. Martinez Bande, 1982, *La marcha sobre Madrid*, Servicio Historico Militar, Monografias de la Guerra de España, 1, Madrid.

J. M. Martinez Bande, 1984, *La lucha en torno a Madrid en el invierno de 1936- 1937*, Servicio Historico Militar, Monografias de la Guerra de España, 2, Madrid.

S. Mensurati, 1994, *Il bombardamento di Guernica. La verità tra due leggende*, Roma.

F. Olaya Morales, 1990, *La intervención extranjera en la guerra civil*, Ediciones, Móstoles.

D. Mack Smith, 1976, *Le guerre del Duce*, tr. it. Roma - Bari.

M. Mazzetti, 1974, *La politica militare italiana fra le due guerre mondiali (1918- 1940)*, Salerno.

I. Melandri, 1940, *30 mesi con le Frecce Azzurre. Dal taccuino di un legionario credendo, obbedendo, combattendo nel nome del Duce. Campagna di Spagna: dicembre 1936 – luglio 1939,.*, Bagnacavallo.

R. Mieli, 1988, *Togliatti 1937. Le responsabilità del leader del P.C.I. nel terrore staliniano*, Milano.

D. Vaquero Peláez 2007, *Credere, Obbedire, Combattere - Fascistas italianos en la Guerra Civil española*, Zaragoza.

A. Petacco, 1996, *Viva la Muerte*, Milano.

G. Pini, D. Susmel 1973, *Mussolini l'uomo e l'opera*, 4 voll, , IV[a] ed. Firenze.

L. Mosca, 1941, *Camicie nere a Guadalajara*, Partenope, Napoli

F. Odetti di Marcorengo, 1940, *Trenta mesi nel Tercio*, Roma.

C. Penchienati, 1950, *Brigate internazionali. I delitti della Ceka in Spagna*, Milano.

C. Penchienati, 1965, *I giustiziati accusano: Brigate internazionali in Spagna*, Roma.

A. Petacco, 2006, *¡Viva la muerte! Mito e realtà della guerra civile spagnola, 1936-1939*, Milano.

F. Pederiali, 1989, *Guerra di Spagna e Aviazione Italiana*, Pinerolo (2a ed. Roma 1992).

S. Piazzoni, 1939, *Le «Frecce Nere» nella guerra di Spagna (1937-39)*, Roma.

P. Preston, 1997, *Francisco Franco. La lunga vita del caudillo,* tr. it., Milano.

P. Preston, 1999, *La guerra civile spagnola (1936-1939),* tr.it. Milano 1999

P. Preston, 2002, *Le tre Spagne del '36. La guerra civile spagnola attraverso i suoi protagonisti,* tr.it., Milano.

J. Radey, 2007, *Guadalajara. No Pasaran,* in *Against the Odds Annual* 2007.

R. Radosh, M. R. Habek, Georgi Sevostyanov (curr.) 2001, *Spain Betrayed: The Soviet Union in the Spanish Civil War* ,Yale

P. Rapalino, 2007, *La Regia Marina in Spagna 1936-1939,* Milano.

J. M. Ravetto, 1996. *Uniformes italianos de la Guerra Civil Española : distintivos, emblemas y condecoraciones,* Madrid.

I. Recalde, 2011, *Los submarinos italianos de Mallorca y el bloqueo clandestino a la República (1936-1938),* Palma de Mallorca.

E. von Rintelen 1947, *Mussolini l'alleato,* Roma.

V. Rojo, 1987, *Asì fue la defensa de Madrid,* Madrid.

P. Romeo di Colloredo 2008, *Passo Uarieu. Le Termopili delle Camicie Nere in Etiopia,* Genova.

P. Romeo di Colloredo 2008a, *Emme rossa! Le Camicie Nere in Russia 1941- 1943,* Genova.

P. Romeo di Colloredo 2009, *I Pretoriani di Mussolini. Storia militare della Milizia Volontaria per la Sicurezza Nazionale,* Roma.

P. Romeo di Colloredo 2009a, *I Pilastri del Romano Impero. Le Camicie Nere in Africa Orientale1935- 1936,* Genova.

Roncuzzi, Alfredo, 1992, *La otra frontera. Un requeté italiano de la España en lucha,* Madrid.

G. Rosignoli 1995, *M.V.S.N.. Storia, organizzazione, uniformi e distintivi,*

Parma.

Rovighi, F. Stefani 1992, *La partecipazione Italiana alla guerra civile spagnola (1936- 1939),* I, Roma.

A. Santamaria, 1965, *Operazione Spagna (1936-1939),* Roma.

R. Segàla, 1938, Trincee di Spagna. *Con i legionari alla difesa della civiltà,* Milano.

I. Saz Campos, J. Tusell, (curr.), 1981, *Fascistas en España: la intervención italiana en la Guerra Civil a través de los telegramas de la «Missione Militare Italiana in Spagna» (15 diciembre 1936-*

FONTI ARCHIVISTICHE

Presso l'Archivio dell'Ufficio Storico dello Stato Maggiore dell'Esercito a Roma sono conservate le seguenti fonti documentarie, inclusi i Diari Storici delle unità impiegate nel conflitto:

Repertorio F6 – Fondo *Oltremare Spagna (O.M.S.) 1937- 1939* (337 raccoglitori);

Repertorio F7 – Fondo *Diari Storici O.M.S. 1937-1939* (49 raccoglitori):

- Divisione *Littorio*: dal n. 8 al n.15;
- Brigata *Dio lo vuole* e Brigata *Fiamme Nere*: nn.16-17;
- Divisione *Penne Nere*: n. 19;
- Divisione *Fiamme Nere- 23 Marzo*: nn. 20-23;
- Reparti delle *Frecce*: nn. 34-49;
- Reparti vari (*Banderas*, Battaglioni e Compagnie): nn.34-49;

Repertorio F8 – Fondo *O.M.S. Gabinetto 1936- 1937* (49 raccoglitori);

Registro Circolari M7, *Carteggio Ministero della Guerra - Gabinetto O.M.S. 1936-1939* (20 raccoglitori senza registro, numerati da 150 a 170).

1 marzo 1937), Madrid.

Viva la muerte: legionari italiani nella guerra di Spagna, Roma 1954

Volontari dell'esercito nella guerra di Spagna, Milano 1939

N. G. Usai, 1939, *Legionari e arditi in Terra di Spagna*, Roma.

J. Whittam 1977, *The Politics of the Italian Army*, London (tr.it. Milano 1979).

R. Zangrandi, 1939, *Il comunismo nel conflitto spagnolo*, Firenze.

L'AUTORE

Pierluigi Romeo di Colloredo è nato a Roma l'11 Febbraio 1966. Archeologo e storico, si è laureato in Lettere presso l'Università di Roma *La Sapienza* con tesi in Egittologia; si è specializzato in Archeologia Orientale (indirizzo egittologico). Ed ha conseguito il Dottorato di ricerca presso l'Università degli Studi di Venezia "Cà Foscari". Ha prestito servizio militare come ufficiale dei Granatieri di Sardegna ed è Capitano della Riserva qualificata. Come storico è autore di numerosi lavori sulla storia militare italiana:

Passo Uarieu. Le Termopili delle CC.NN. in Etiopia, ITALIA, Genova 2007
Emme Rossa! Le Camicie Nere sul Fronte russo, 1941-1943, ITALIA, Genova 2008
Eserciti sul Piave 1917-1918, Chillemi, Roma 2007
La Battaglia del Solstizio. Piave, giugno 1918, ITALIA, Genova 2008
La Guerra Italo-Etiopica 1935-1936, Chillemi, Roma 2008
I pretoriani di Mussolini. Storia militare delle Camicie nere 1923-1943, Chillemi, Roma 2009.
I Pilastri del Romano Impero. Le Camicie Nere in Africa Orientale 1935- 1936, ITALIA,Genova 2009
...Et l'Alifante battaglio coll'Aquila. Sigismondo Pandolfo dei Malatesti e Federico da Montefeltro: vita parallela di due condottieri nell'Italia del XV secolo, Chillemi, Roma 2009
I Cavalieri della Croce Nera. L'Ordensbuch del 1264: statuti e regola dell'Ordine Teutonico, ITALIA, Genova 2009
Il Generalissimo. Luigi Cadorna prima e dopo Caporetto, ITALIA, Genova 2010
Croce di ghiaccio. CSIR ed ARMIR in Russia 1941-1943, ITALIA, Genova 2010
Talianki karashoi. La campagna di Russia tra mito e rimozione, ITALIA, Genova 2010
Luigi Cadorna. Una biografia militare, ITALIA Storica, Genova 2011.

I suddetti volumi sono presenti nel catalogo della Library of Congress, Washington DC, della Stanford University, della Berkeley University of California, Los Angeles e della University of Toronto, Canada.

(Note)

1 Includendo i dispersi che non risultano tra i prigionieri, molti dei quali da considerare uccisi dopo la resa; 557 secondo Romano Canosa.
2 Esclusi tre probabili T-26B. Secondo fonti sovietiche, il 19 marzo rimanevano efficienti nove carri su sessanta: Radey 2007, p. 29.
3 Tre Fiat CR 32 e tre Romeo Ro.37
4 Undici caccia, tre bombardieri, un assaltatore.

www.ingramcontent.com/pod-product-compliance
Lightning Source LLC
LaVergne TN
LVHW081541070526
838199LV00057B/3740